哈佛问学录

Dialogues with Harvard Scholars over 30 years

[美] 张凤 著

与哈佛大学教授对话30年

重庆出版集团 重庆出版社

图书在版编目（CIP）数据

哈佛问学录 / (美) 张凤著. -- 重庆：重庆出版社，2015.10
ISBN 978-7-229-10150-3

Ⅰ.①哈… Ⅱ.①张… Ⅲ.①汉学家—生平事迹—世界
Ⅳ.①K815.81

中国版本图书馆CIP数据核字（2015）第147147号

本书中文简体字版权由张凤授予重庆出版集团出版发行

哈佛问学录
HAFO WENXUELU

[美] 张凤 著

出 版 人：罗小卫
策　　划：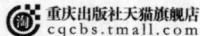华章同人
出版监制：王舜平
特约策划：王　水
责任编辑：何彦彦
责任印制：杨　宁
装帧设计：主语设计

重庆出版集团
重庆出版社　出版

（重庆市南岸区南滨路162号1幢）

投稿邮箱：bjhztr@vip.163.com
香河华林印务有限公司　印刷
重庆出版集团图书发行有限公司　发行
邮购电话：010-85869375/76/77转810

重庆出版社天猫旗舰店
cqcbs.tmall.com
全国新华书店经销

开本：787mm×1092mm　1/16　印张：21.75　字数：292千
2015年10月第1版　2015年10月第1次印刷
定价：42.00元

如有印装质量问题，请致电023-61520678

版权所有，侵权必究

目　录

一怀孤月映清流 / 1
　　——汉学名师杨联陞教授

叫我如何不想他 / 13
　　——语言与音乐学家赵元任、赵如兰教授父女

启发汉学的中国考古文明 / 23
　　——考古人类学家张光直教授

为往圣继绝学 / 31
　　——致力于儒学现代化转化的杜维明教授

铁屋中的呐喊 / 43
　　——解读城市现代性、中国现代浪漫文学教授李欧梵

如此繁华 / 57
　　——首开哈佛大学中国现代文学课程的王德威教授

论性别格局升降 / 77
　　——哈佛大学艺术史与建筑史系教授汪悦进谈《红高粱》

明清文学的审美风尚与女性研究 / 87
　　——哈佛大学东亚系教授李惠仪

古典与现代的学术及诗情 / 105
　　——哈佛大学东亚系教授田晓菲

中国之美典与审美态度 / 119
　　——普林斯顿大学高友工教授

改变现代文学史生态谱系 / 131
　　——感时忧国的小说史家夏志清教授

融汇古今卓然有成 / 143
　　——开拓古诗词现代观的叶嘉莹教授

文学的声音 / 159
　　——孙康宜教授的古典文学研究与生命情怀

老男人现代化 / 171
　　——创办《女性人》杂志的陈幼石教授

《未央歌》歌未央 / 183
　　——鹿桥吴讷孙教授的艺术史和文学深思

论中国文化与史学意识 / 191
　　　　——诗人郑培凯教授

欲识乾坤造化心 / 203
　　　　——剑桥新语社创办人陆惠风教授

生爱死与生死智慧 / 213
　　　　——探索生命哲学的傅伟勋教授

论近代戏剧和表演艺术的还本归原 / 225
　　　　——台益坚教授谈戏剧

红尘里的黑尊 / 235
　　　　——高能物理专家郑洪教授

黄金岁月 / 243
　　　　——航天结构动力学专家卞学镃教授

美国东亚图书馆第一位华裔馆长 / 247
　　　　——哈佛燕京图书馆首任馆长裘开明博士

中国赴美教学第一人 / 255
　　　　——哈佛1879年首聘中文教师戈鲲化

绣荷包的缘分 / 263
　　　　——哈佛中国古典小说史家韩南与张爱玲

附录 / 273

  哈佛燕京学社的汉学贡献

  哈佛理科人物掠影

  诺贝尔奖得主的启示

  哈佛三百七十五周年庆散记

  作者小传

跋 / 327

序 一

杜维明

张凤女士的《哈佛问学录》是因对一批当代旅美学人"所学所思所感所行的关切",而加以引介论述的文集。这本文集所采的笔法,既非扣紧文本的学术批评,也不是浮光掠影的品题人物,而是通过和每人进行面对面的沟通,逐字逐句地阅读有关文献,再加上"寻觅根苗"的思索,让心影渐有雏形才勾勒成篇章的。

自从1982年,学历史出身而偏好文学的张凤和夫婿黄绍光博士迁居剑桥一带以来,她即苦心于笔耕开拓人文天地,并借方块汉字建构自淑淑人的文化事业。张凤选择了一批文史哲工作者为书写和评介的对象,与其说是对海内外媒体特别重视政治和企业人物(不必提明星和歌星)的反应,毋宁说是为自己提供了一吐胸中块垒的园地。我们这批乐观其成的学人对象,为她的热忱、敬业和锲而不舍的精神所动,也都感到能和一位有志趣投身人文领域的道友谈天、谈心或通信,不是责任而是欣然的承诺。

多年来因为李欧梵教授,以及现在王德威教授、张凤女士召集主持的哈佛中国文化工作坊,郑培凯教授和我们主持的中国文化研讨会(原《九州学刊》)年会及哈佛儒学研讨会，赵如兰教授和陆惠风教授做东（张凤联络）的剑桥新语，还有张凤创会的北美华文作家协会纽英伦分会及通过大波士顿区中华文化协会安排召集的艺文小集等，哈佛已经成为在英语世界中经常用普通话谈论"国学"（中国学问）的道场。

《哈佛问学录》生动地刻画了协力使哈佛大学成为"人和"胜境的一批求道者的学思历程。我们不能改变新英格兰的严冬和酷暑，我们虽然希望面向大西洋的美国历史发源地可以为东亚文明的再生创造契机，但我们有自知之明，真正塑造剑桥话语的是现代西方的启蒙心态。

不过，如果我们真像张凤描写的那样（她带着深情，怀着厚意，用褒而不贬的热笔替一群在海外为"文化中国"招魂而不知自己魂归何处的智识分子，绘制了一幅具体图像），我们的"想象社群"也许在花果飘零之后还有一线"灵根再植"的生机！

（杜维明教授：哈佛燕京中国历史及哲学与儒家研究讲座教授，哈佛燕京学社首任华裔社长，现任北京大学高等人文研究院院长。）

序 二

王德威

  哈佛大学是举世闻名的学术重镇之一，也是美国常春藤八大盟校的龙头老大。

  自1636年建校以来，哈佛大学培育无数人才，堪称人文荟萃、精英辈出。近百年来，更有众多华人学者在此传道授业，或研究讲学。他们的所思所见，不仅为这座学府倍添光彩，也为20世纪中美文化交流写下重要篇章。

  张凤跟随到哈佛任核磁共振实验室和贵重仪器中心主任的先生黄绍光博士来到哈佛大学，并在西方汉学研究的宝库——哈佛燕京图书馆编目组任职二十五年，借地利人和之便，得以与哈佛文理各科教授时相往还，而与前来哈佛客座或访问的学者，亦多有求教交流机会。本书各章，即为这些学术因缘的结集。每位学者不止畅叙他们的专业所长，也兼及个人治学历程的省思。如李欧梵教授谈城市现代性，孙康宜教授谈女性学者与女性研究的互动关系，等等。张凤对各个学派及学者都做了专精的研究，再经各位亲阅授权发表，每一篇皆严谨呈现学者的面貌风采，深入浅出，鲜活感人，且极具可读性。

当代人物传记，多偏重政商两界；所谈所录，亦囿于一时一地的话题。而《哈佛问学录》则以学者为主要写作对象，以学术思想为论介重点。诚如哈佛校徽"VERITAS"美丽充实所谓，知识的追求、真理的辩证，方是文化建设百年大业的基石。本书现由重庆出版集团出版，特为之序。

（王德威教授：哥伦比亚大学丁龙汉学讲座教授，哥伦比亚大学首任华裔东亚系主任，哈佛大学东亚系汉德升中国文学讲座教授，哈佛燕京学社董事会首位华裔董事委员。）

一怀孤月映清流
——汉学名师杨联陞教授

杨联陞(1914—1990),生于保定,台湾"中研院"院士。

早年考入清华大学,受教于陈寅恪等人,后应哈佛大学贾天纳博士之聘赴美;太平洋战争爆发后,协助赵元任在哈佛大学为美国军队特殊语言训练计划讲授中文;获博士学位后,1947年执教哈佛东亚语言系,为哈佛首位华裔教授和燕京讲座教授。

杨联陞涉猎极广,在中国史的相关研究领域做出了许多开创性贡献,被誉为"中国文化的海外媒介",亦有"汉学警察"之美称。叶理绥曾盛赞其曰:"杨联陞教授受过最严格的现代学术训练,是最杰出的中国史学家。"但因其早年留学哈佛,著述也以英文为主,他的学术成就并不为大陆所熟悉,直至其辞世后,其作品才开始陆续在大陆出版发行。其主要著作有《中国制度史研究》《中国货币信用小史》《汉学散策》《国史探微》等。

岁暮天寒，哈佛大学燕京讲座教授杨联陞先生于1990年11月16日不幸病逝。杨先生学问博大精深，是公认的启沃西方汉学界的先导史学家之一。在哈佛东亚系近四十年间，教诲培育出无数英才遍布世界各地，如赵如兰、高友工、劳延煊、张灏、刘翠溶、陆惠风等多位教授。

在追思仪式的前夜，适逢华裔教授、学者在赵如兰和卞学鐄教授家有个剑桥新语讨论粥会。当我领着学者与《联合文学》的发行人张宝琴到达不久，陈大端夫妇和杨先生的其他弟子也应邀赶来参加。当晚杨先生的一个弟子跟我提到："今年是我最难过的一年！两位与我最亲近的老师，钱穆先生和杨联陞先生，竟先后在三个月间都去了……"

11月24日，在大波士顿华人圣经教会举行的追思仪式庄严隆重，到场的有哈佛柯立夫、魏格纳、孔飞力等杨先生的老同事或受教者。当时正休假的、1990年在夏威夷大学东西中心做研究的哈佛东亚系主任杜维明，也千里迢迢地赶回来。膝部开刀未久、行动十分不便的张光直的太太李卉老师，亦拄着拐杖同张光直教授前来。赵如兰、卞学鐄教授帮忙拍下了感人镜头。

追思是由麻省理工学院（MIT）退休教授、台湾"中央研究院"（简称"中研院"）院士林家翘先生，回忆他与杨先生的认识经过而展开的。1933年，他与杨先生一同进入清华大学。大一时，杨先生就以一手精彩的文言文，显示出深厚的国学基础。杨先生精力过人，这也是他以后在学术上成功的重要因素之一。

陆惠风与另外一位学者都曾受教于国学大师钱穆先生，也是杨先生的得意门生。两位教授都是杨先生在哈佛执教时的辅士——副教授，曾共同开过中国制度史、通史等课程。这位学者哀伤地谈起三十五年前的往事。他初遇杨先生，正值杨先生的事业高峰，他推崇杨先生为汉学界第一流、真正居于领导地位的学者。在1955年以后的二十二年间，除去他在密歇根和香港中文大学的几年时间，他们师生几乎天天见面。无论是教学或讨论，都能体会到杨先生的照顾和关切。杨先生做学问从不偏私，有时还专门为学生而做。譬如，杨先生在法国得奖的学术名著《中国货币信用小史》（1952），就是因为教学没有适当的教材，而特意为学生做的一本书。

"杨先生的研究工作，常常以一点重心、一个文化的侧面问题，从古到今全面地来看。他的学问融会贯通，在思想、制度、经济、科学、艺术、语言等方面都有独特的素养，而且摒除学派门户之局限，能兼容并包。好比师长辈的陈寅恪、胡适、柳诒徵、钱穆等都曾与他往还研究。尤其是钱穆先生，直到后来都一直感念杨先生给予的协助支持。"说起钱先生，这位学者分外沉重地说出他原本盼望圣诞假期来看杨先生的憾事。

对于杨先生的过世，所有仰重他的学者，都万分伤感。杨先生的弟子在追悼会上说："昨夜我再回到剑桥，整个世界已经改变！"在哀思之余，这位学者也说："对整个世界的汉学研究来说，有杨先生与没有杨先生是大不同的。他提高了汉学水平，他的工作是不朽的，在立功、立德、立言方面均为不朽！所以就学术生命来讲，杨先生的生命已进入我的生命，我好好地活下去就算他精神的不朽……"

陆惠风以英文悼念，"先生待人宽厚热忱，但治学处事却冷峻认真。对于复杂的概念，往往能用三言两语明快扼要地剖析清楚。他学问渊博、思想玄深、才艺多端，对于接近他的年轻学者，有着谜一般的吸引力。"杨先生年轻时，就与京剧名角赵荣琛结为好友，后访港台时，还经常票戏。杨先生兼好其他戏剧音乐，曾写成《子弟书》贺赵元任先生金婚。几年前载先生出门，师生二人各以苏州评弹及河北歌谣唱和《杜十娘》。当他与大家娓娓道出这段珍贵的记忆，说起杨先生仿佛参透那悲壮凄寂失落之爱、河北腔唱得哀怨感人之时，我不觉以杜十娘怒沉百宝箱的寓言，再与陆惠风作的挽联两相对照，似乎他意在言外，别有所指。

夜侵静室重衣冷，魂系人天短梦愁。
万里乡心埋异土，一怀孤月映清流。

陆惠风相当周全地提到杨先生钻研政治，但不涉及政治的态度。杨先生于清华毕业后急欲施展抱负，却不愿接受周作人的聘约——因北大当时似受日本操纵。终其一生，他虽有许多日本学者朋友，但总在欣赏研究日本文化和日本军国主义间保持一个明晰的距离。杨先生对危机重重的世界及未来，十分忧心，以致晚年患上忧郁症，需要电疗。即使如此，他仍奋力坚持汉学传统。

陆惠风还引用杜甫的《有客》来纪念杨先生常有客来探病、忧喜参半的晚年：

　　幽栖地僻经过少，老病人扶再拜难。
　　岂有文章惊海内，漫劳车马驻江干。
　　竟日淹留佳客坐，百年粗粝腐儒餐。
　　不嫌野外无供给，乘兴还来看药栏。

少年时，我就爱读传记。赵如兰教授的母亲——赵元任的夫人杨步伟女士的《杂记赵家》和《一个女人的自传》，就是两本相当受中国青年学生喜爱的书。在《杂记赵家》中录有杨先生巧妙写成的《子弟书》——一首打鼓词，杨先生还亲唱并将其制成录音带以贺赵元任夫妇金婚（1971）。

　　金樽酒满贺金婚，三生石上良缘分。
　　一位是双修福慧仁山公孙女。
　　一位是管领风骚瓯北公后人，
　　声名洋溢乎中外，著作是层出不穷，
　　早已等身。
　　喜孜孜娇娃佳婿，添几位活蹦乱跳，
　　孙男孙女。
　　闹哄哄高亲贵友，数不尽晚生下辈，
　　贺客盈门。
　　大众齐唱春不老，川流不息，不断地饮香槟。
　　忽然二老开玩笑，雌雄高下假争论。
　　五十年细账从头儿算，你欠我我欠你，

难解难分，
一个说，易定乾坤，男人走运，
大宋皇爷赵姓人；
一个说，姓赵的虽然做皇帝，
挂帅还须老太君。
各写打油诗一首，再比文才把上下分。
一个说，要来生得变成，阴阳颠倒，
才能再配；
一个说，下世纪，没问题，男女平权，
福寿平均。
再一想，打碎了泥人儿，把水泥和合，
重捏成男女，
你有我，我有你，从来如此——
还认甚么真——
相爱一笑温，高正难论，
算了罢，
果然是，各有千秋，平分春色，
春色二十分。（一作二千分）
诌成子弟书一段恭贺
元任吾师　韵卿师母
金婚大庆

　　　　　　　　　　　　　　学生杨联陞　缪钤
　　　　　　　　　　　　　　　　　　呈稿

　　杨先生是哈佛大学的教授，又是台湾"中研院"院士。我在密歇根时，由于受研究所教授指引，陆续读过他的《中国制度史研究》《汉学散策》等英文著作。20世纪80年代初，绍光刚应聘到哈佛主管核磁共振实验室，杨先生才退休不久，但仍常看到他来燕京图书馆查书，回办公室指点学生或接见访客。我得识杨先生是在一个欢庆酒会上。一方面是仓促，另一方面是像他这样深受国际学术界尊敬的学者，难免人人皆想亲近，所以未便多所请益。这些年，因与赵如兰、张光直、杜维明、陆惠风诸师友时有聚首的机会，从他们的谈话中，我对这位太老师辈的国学通儒，有了更深入的认识。

杨先生，祖籍浙江绍兴，1914年生于河北清苑，毕业于保定志存中学。他1937年毕业于清华大学，在陈寅恪先生指导下写成的《租庸调到两税法》论文，当时就很有影响。后随史学专家贾天纳（Charles S. Gardner）到哈佛学习，当时尚有与他共同被称为陈寅恪门下最聪明的学生周一良先生。

杨先生1942年获硕士学位，1946年得博士学位。在1947年任哈佛助理教授前，曾任哈佛、耶鲁讲师及联合国语文研究组专家等职。1951年升副教授，1958年升正教授，翌年，获选为台湾"中研院"院士。1962年讲学于法国巴黎大学和日本京都大学，1965年荣膺哈佛燕京讲座教授，为哈佛讲座教授华裔第一人。杨先生曾获圣鹿邑华大暨香港中文大学荣誉博士学位。1971年以《中国货币信用小史》修订版，在法得奖。治学严谨的杨先生在学界有"汉学警察"之称。

我在燕京图书馆中查过，杨先生除了英文的重要学术著作外，还有中译本的《中国制度史研究》《汉学散策》《中国语文札记（杨联陞论文集）》《杨联陞论文集》《中国货币信用小史》《中国文化中"报"、"保"、"包"之意义》《汉语否定词杂谈》《国史探微》《杨氏桥经》《东汉的豪族》《国史释论》和《汉语否定词杂谈》等语法书，还有《杨联陞日记》的特藏复印件。1998年台北胡适纪念馆在杨太太捐赠之后编著了《论学谈诗二十年：胡适杨联陞往来书札》，2004年杨先生的外孙蒋力编著的《哈佛遗墨——杨联陞诗文简》等作品也被收入馆中。

杨先生的兴趣其实十分广泛，他好戏曲、爱下围棋，担任过围棋俱乐部的会长，甚至写过《杨氏桥经》和麻将规则。但陆惠风认为杨先生对游戏的兴趣，还是在于研究其发展的历史，好比他发表过有关古代游戏"六博"的论文。有好一阵子，他喜画国画，张大千先生到他家拜访时，二人还合画了一幅。赵如兰教授提到杨先生晚年票戏，曾因过分入戏而引起高血压，遂以画国画代之。这样的晚年，依我看来仍是丰富又饶有情趣的。

杨先生的家庭美满，杨太太是贤妻良母，育有两个女儿（忠平、恕立）和两个儿子（道申、德正），名字以"忠恕道德"起头，其疼爱的孙辈华岳（Harry）就任科技界，外孙吴其光（George Wu）任教哈佛商学院，皆有成就。杨太太缪钤娘家哥哥是四川的国学家缪钺。后经叶嘉莹教授提示，我查得杨太太哥哥缪钺，即彦威先生，亦是辞章绝妙的学者。郎舅扬名东西。诗词专家叶嘉莹教授寄赠给我的《迦陵存稿》中，就写有《赋呈缪彦威前辈教授七律二章》，首段即有"早岁曾耽绝妙文，心仪自此慕斯人"之句。杨太太高寿九十六岁，于2011年5月30日安然而去。

台湾"中研院"院士赵如兰教授，也特别空出时间来细诉她所认识的杨先生。赵如兰教授是赵元任先生的女儿。"杨先生是我的导师。早年他是我们家的常客。据母亲说，父亲从不和人结仇。只有一次，与魏楷（Ware）大骂起来，为的就是杨先生入学申请奖学金，魏楷不肯给，说杨先生是跟贾天纳来的，所以不给。父亲就指责他说，像杨先生这样优秀的人还不给，给谁？结果还是给了。母亲也很喜欢杨先生，常邀他到家中吃饭。我读博士班，研究中国音乐，就是杨先生提议的，父母亲对此倒无所谓。那时，我刚结婚没几年，学镛还在麻省理工学院念博士，女儿出生了，我在东亚系教中文。有一天杨先生就对我说：'你念了音乐，在东亚系教中文，空的时间还多得很，为什么不研究中国音乐，一半在音乐系修，一半在东亚系，我愿做你的导师！'听他这么一说，我就认真起来了，规规矩矩地在系里把原来不行的中国历史（因为一直在国外）、文言文，以及如何运用参考数据等，在他指点下全都修完了，研究起中国音乐来。

"杨先生给我非常好的训练，记忆最深的是，他要我把日本学者林谦三于1937年写的《敦煌琵琶谱》翻译成英文。那时我刚修日文，正好做练习。他还要我把文中提到的数据在图书馆里统统查出来，我花了一学期的功夫才做成。

"杨先生不但指点我读了很多从来没有想到要读的书，还教我利用时间，累的时候，就整理卡片数据，免得我随便玩掉宝贵的时光。因为他跟我父母亲熟，我小时候他就认识我，也知道我年轻时爱玩。杨先生待学生真的好！退休之后，还跟我说，他办公室里那一屋子的书，要什么就去拿好了。杨先生阅历又广，讲课也生动活泼。"

赵教授说："杨先生有一次在系中开会出来，相当激动而不乐，原因是费正清想把训练学生方式不同的费正清中心与东亚系合并，引起杨先生、柯立夫等汉学根基深厚学者的坚决反对。1990年9月1日刚过世的前美驻日大使赖世和（E. O. Reischauer）当时是系主任，则持中立态度。最后虽未合并，但是在那个年代里，杨先生多少也总有被压抑的不愉快吧。"我想这争锋旧事，也许可以为四十多年前一些激烈的言论，误将杨先生与费正清牵扯在一起，做一个明白的反证。

考古人类学专家、台湾"中研院"院士张光直教授感慨地告诉我："前一阵有中国学者，欲整理杨先生旧友的集子，来信问我，杨先生可否作一篇序。我打了几次电话都没人接，就去问陆先生。未料回信不到一周，就听说杨先生过世了。我虽未跟他上过课，但他是老师辈，课外也曾受教很多。前辈学者中，像他这样，学问宽广透彻的还真不多！"

当年，负责哈佛燕京图书馆善本书库的戴廉先生，在保险柜中，捧出五十多封胡适给杨先生信的手稿复印件。这些信装订成册，封面上由馆内贴有小条注明"不得流通，不得影印……"我花了三天时间阅读这些珍品，在吴文津馆长的指点下了解到杨先生七十六年生平中的一鳞半爪。

从1943年到1958年，这十多年间，是他事业发展的巅峰时期。期间，胡适与杨先生过从甚密。存在燕京图书馆的五十四封信的复印件，亦是永世的珍宝。从胡先生答复杨先生"自汉至宋的史料之中，有什么相当重要而不甚难译不甚长的东西吗？我偶然想起《颜氏家训》，此书比较合你提出的三项条件（较人物志易翻）"起，他们讨论遍及"全祖望、赵一清、戴震《水经注》大疑案的重审"、封神故事的产地是否为福建……直到20世纪50年代初所论的范缜"神灭论"、《坛经》版本，及承负、业报观念是否为中国本位思想等，题材辽阔。据我揣摩，《水经注》等是胡先生的兴趣，至于《坛经》等则恐怕是杨先生数度在哈佛开讲"禅学"的准备工作,杨先生在1980年左右最后一次开"禅学",协助他教课的就是陆惠风先生。

　　杨先生更多次与胡先生谈到语言学方面——关系代名词等文法问题。胡先生回函说:"我是很欢迎你下海的!"杨先生后来还与赵先生合编了一本字典,在语法、语言方面都有独树一格的追溯。为了弥补杨先生去信的阙如,我又翻阅相关文字,在《胡适秘藏书信选》中,寻获仅有的一信。附录如下:

　　杨联陞致胡适:
　　　　……
　　联合国又在裁人,这次据说裁一百至三百,若裁三百就要去十分之一。我们这个语文研究组,好像还可以苟延,只是组长马高奇(G. Margoulies)已经免职,改去做传译,组务由语文处副处长鲍思齐(Le Bosquey)兼理。鲍不懂中文,诸事由我。我一个人也做不出什么事来。现在正写一篇文章,讲英文被动句的译法,是有感于传译、翻译诸君之滥用"被"字。如"这个通知,将要被分送给各国代表团",我看了实在难过。"就要分送"四个字岂不又自然又清楚。中国语文对于"格"(voice)本来是不大在意的,他们这种"谋害中文"(这也是外国话,一笑)的行为,我实在不能坐视!
　　敬请
　　双安

　　　　　　　　　　　　　　　　　　　　学生　杨联陞
　　　　　　　　　　　　　　　　　　　　1947年3月16日

　　另外他们以接近白话体诗互相应和,十分有趣(见胡先生1943年11月18日信)。

　　莲生先生:
　　古人说用将不如激将,我的一激竟使康桥多产新诗——多产这样新鲜的白话诗，岂不大有功于白话诗国也哉？
你的《新闻怨》和《出塞前》都很好，佩服！
我作不出这样"地道的"新诗。

胡先生十分客气，常常借用杨先生的诗。好比在1949年7月27日的信中：

你劝我"多作几首诗"这个意思颇新鲜，我一定记在心里，可惜的是"待等秋风落叶，那时许你荒寒？"诗是你的，是我借加的……

在《胡适日记》中，也可看到1944年12月21日胡先生所抄录的杨先生的诗。

杨君在火车上作小诗：
才开寿宴迎佳客，又冒新寒到草庐。
积习先生除未尽，殷勤异域访遗书。

杨先生此诗是记1944年深秋，胡适来哈佛讲学，于12月17日其五十三岁寿诞前日在饭店宴请了杨先生、赵元任夫妇等二十余人；生日当天赵元任在家中又为他大宴嘉宾四十多人。12月19日，杨先生、胡先生二人与哈佛燕京图书馆首任馆长裘开明，同赴波士顿以西的渥斯特乡下，去看一位老传教士于五十年前在日本、中国买回的书。结果胡先生出五百美元向教士之侄买下这些旧书。作诗的当天（12月21日），杨先生再陪胡先生去把书装箱托运回纽约寓所。

此外，1944年的6月21日，胡先生给杨先生的信中有一段："P. S. 北京大学万一能复兴，我很盼望一良与兄都肯考虑到我们这个'贫而乐'的大学去教书。"6月29日的日记与信均录有："喜见新黄到嫩绿，悬知浓丝旁堤垂。虽然不是家园柳，一样风流系我思。"日记上载有："戏改杨联陞的《柳》诗，却寄杨君及周一良君（我上周去信，约杨、周两君去北大教书，他们都有宿约，不能即来）。"在信上则为："北大近来不敢多约人，正因为前途无把握，故怯于'自媒'，等到'春心动'时往往太迟了！戏就您《柳》诗换几个字寄我解嘲。"又录上述"喜见"之诗。

关于此事，陆惠风述及当年杨先生在他二楼的办公室，曾谈起杨先生自己的希望和挫折。杨先生刚到哈佛时，曾与周一良相约，在美国他们当尽力提升汉学研究，然后再回到清华、北大开创事业贡献一生。这两个梦，似乎一个实现了，另一个付诸遗憾。杨先生崛起于20世纪40年代，正是中国思想界从五四运动激情荡漾的救亡时期渐趋成熟，转而着眼于对中国文化深沉反思的阶段。他的一生贡献，正是这一转变时代中的一个重要环节。由于战乱，他不得不改变初衷，托身于宁静的哈佛校园，以另一种方式来完成他的使命。这一转变虽未必符合他当年的师友陈寅恪、胡适的初衷，但从世界史的观点上来看，却未必不是一件好事。今日在世界各校执教的中外学者中，曾受他影响教益的大有人在。

杨先生弦歌虽止，同样之于其他无数的接棒者，也只有承其无穷余音，以继志述事使杨先生的风范长存。

叫我如何不想他
——语言与音乐学家赵元任、赵如兰教授父女

赵元任（1892—1982），著名语言学家，台湾"中研院"院士。

赵元任博学多才，涉猎广泛，在语言、音乐、数学、物理、哲学等方面皆有造诣，从事教育达四十多年，桃李满天下，著名的语言学家王力、朱德熙、吕叔湘等人都是他的学生。

其长女赵如兰（1922—2013）是生于美国剑桥的著名音乐学家、台湾"中研院"院士。她幼年随父母在中国、美国及法国等地生活，获得哈佛大学音乐学博士后执教哈佛，是哈佛历史上首位华裔女教授、东亚系和音乐系两系同聘的教授，也是哈佛前十位的女性正教授之一。

赵如兰精通中西方音乐，长期从事音乐历史研究及教学工作，经常为了获取第一手资料，年届七旬的她仍背着沉重的录影设备到处"采风"，创立了中国演唱文艺音乐研究会，对中国音乐贡献良多。其夫卞学鐄是美国麻省理工学院的教授，为人谦和沉静，夫唱妇随，卞家也延续了赵家热情好客的家风，经常聚集着一群华裔学者，在红白粥的香气中每每相聚至深宵。

如果不晓得赵元任夫妇于1922年4月20日，在哈佛大学教书时，得了最长的千金——赵如兰；也不知道赵如兰在哈佛毕业后，又在东亚系任教了三四十年的话，一定难以看出她的年龄。平日的赵如兰教授总是挽着个雅致的髻，额上的美人尖和她蔼然可亲的笑容，几乎令人忘却她在课堂上也有严肃的一面。

赵教授是当年哈佛及毗邻的麻省理工学院学者中少有的女教授。她非但承袭了父母在语言和音乐上的造诣，更对中国民族音乐和表演艺术之分析有精湛的研究。

1990年夏，赵教授当选了台湾"中研院"人文组第一位女院士。其实早在1969年她就与康奈尔的谢迪克（Harold Shadick）以及其他对中国演唱文艺有研究的汉学家，创立了"中国演唱文艺研究会"，定期开会并发行研讨刊物，后曾被推选为首任会长，所以她一向是这方面的权威学者。

每当有后辈学者问起她在美居住的年份时，她总幽默地说："我第一次来的时候是1922年，第二次来已经是1941年了！"自出生至两岁离开哈佛到欧洲，这八十多年来，她先是跟随父母，后是随先生卞学鐄教授或独自研究讲学，可以说跑遍了世界各地。

其母杨步伟在《杂记赵家》中提起赵教授的第一语言是法语，因为赵教授开始学说话是在法国人家。三岁后赵教授随父母回到中国大陆，先后生活在北京、上海、南京、长沙、昆明等地，十六岁时前往夏威夷，十七岁就到了美东。

回想起中学快毕业时，她说："我的数学考得比别人都好，还胜过那些男孩，我原本打算是要学数学了——像父亲原来一样。直到跟父亲转到哈佛来之后，才念起西方音乐的学士与硕士。毕业后，我又受研究导师杨联陞教授的指引，重点转移到中国音乐，重新踏踏实实地钻研起中、日等国的乐谱、音乐史。"她在1960年以《宋代音乐文献及其诠释》获得博士学位，此论文于1968年还在美国音乐学会得了金克代（Kinkeldy）学术大奖。她以严谨的学术方法处理各种音乐版本，又有独到的见解，"说来也是几位导师的持续训练，记得杨联陞教授要我把日本中国乐专家林谦三先生有关敦煌乐谱的论文下功夫翻译，并到燕京图书馆亲自查看各项文献"。

哈佛音乐系的华德（John Milton Ward）教授，原擅文艺复兴时期的音乐，却开明地将各地民族音乐学发扬光大，那些音乐教授慨然承认中古西方宗教音乐理论也有好些盲点是弄不清楚的，这种"知之为知之，不知为不知"的求真态度给她留下了深刻印象和不可磨灭的影响。

这么些年，赵教授在哈佛开设了音乐系方面的"民族音乐学介绍""中国音乐概论""古琴音乐""京剧的音乐结构"等课程；在东亚系则开设有"口传文学""说唱艺术""初级、中级语言"等课程。"刚开始资料不足，逐渐录音、唱片、乐谱书、录像带等都齐全了，甚至愈来愈说不完，有些题材一说就豁出去了，还得改课程。"她曾前往中国内地、香港地区、台湾地区及日、韩各地收集录音录像材料，虽然自谦为偶然的田野工作者，她仍然有计划也有牺牲地收集了无数材料。

1964年，她独自返台，整个夏天，每天就坐在大鹏剧团演戏班子的剧场里头考察录音，即使咚锵的锣鼓声把耳朵都弄坏了也不悔。在那时候，难得地录到许多从头到尾的好戏，再加上后来到处收集的，经过又谱又译的淘炼之后，就开了一门京剧研究课。对于古琴，她特别求教于中国台湾、香港地区的古琴专家，又到中国内地访问音乐界的学者，她特别感兴趣的是分析琴曲音乐的结构。

谈到赵元任先生的影响，她叹了口气："唉！这个说起来啊……在中国社会一介绍就说我是名人之后，赵元任的女儿，可是外国人不在乎你的家庭怎么样，他们听了就会起疑心，那你自己有什么能力呢？所以中国式的介绍常常给我造成压力。"

其实她与她父亲的工作，有许多不同。赵元任先生在语言方面是进行学术性的分析研究，在音乐上主要是艺术性的创作，而她则是致力于音乐方面的学术性研究，在语言工作上，只是关心实用的教练问题。赵元任先生编过一本着重实用的中文教科书叫《国语入门》，内容非常丰富，而她没有正式学过语言学，只是修习一两门课程而已，但是相信她比一般教中文的老师，对《国语入门》这本书下的功夫要多些，这也就是她的基本训练，之后她还编了一些附带的补充练习材料。在学术的研究方法论上,父亲并没有正式教过她,但是我相信,无形中她也受到了父亲的影响。总而言之,父母都是任她们自由发展,比如她写完那小册文法上的补充练习材料后,请父亲过目,父亲不过点个头说声OK,也并没有加什么意见。

在音乐方面,赵元任先生是以创作了《上山》《海韵》《教我如何不想他》等百余首歌曲而闻名的,她说:"我可能遗传到一点音乐天分吧!从小只要可能,家中总有钢琴,但难在常常搬家。"这在她的《我父亲的音乐生活》(哈佛东亚系刊物《石狮评论》1985年13期),以及杨步伟女士的《一个女人的自传》《杂记赵家》中都有温馨的记载。赵教授提到:"常常同父亲一块唱他作的歌。新曲子,父亲总是先唱给母亲、我和妹妹们听。……父亲经常弹琴,喜欢巴哈、海登、莫扎特、贝多芬、肖邦,特别喜欢舒伯特……有古典、浪漫的,有些近代的作品,难得听到他全盘地拒绝哪个派别哪位作曲家。……有回我们正在北京邮局等挂号信,父亲掏出他为捕捉音乐灵感常带在身上的小本子,就与我们坐在一条板凳上一起练唱。20世纪30年代,他写了许多家庭歌曲,有二重唱,有三重唱,让我们唱着玩。"赵元任先生作过一首三部合唱曲《小中!小中!如兰、新那、莱思在叫你!》给四个女儿,这些音乐的熏陶,对赵教授怎能不深远?

我曾有幸在她"说唱艺术"的课上亲炙教诲。讲题由京剧、山东快书、相声、数来宝、昆曲、越曲、苏州评弹、十字唱儿、大鼓,到二人转、山歌等民族歌谣无所不包,她对民俗说唱的资料网罗,可说巨细靡遗。单举一项大鼓,赵教授就会讲到奉调大鼓、西河大鼓、京韵大鼓各家,比较它们不同的风格,分析结构、配字填词等,并可由魏喜奎自创一格的奉调大鼓,讲到章翠凤的"大西厢"、"丑末寅初"或小彩舞的"子期听琴",教材有录音带、录影带,内容包罗万象不胜枚举。

1988年秋,赵教授应身为首任大波士顿区中华文化协会艺文小集召集人的我的邀请做演讲,旧友新知来了七十多人。她笑眯眯地走上讲台表示:为了要给大家听各种录音,所以选了"讨论民歌唱法、通俗唱法和美声唱法"的主题。但她强调并不是以声乐家的观点论高低,只求诠释其风格的不同。

影响风格的原因有很多，诸如区域、表演环境、观众的亲疏多寡、歌曲内容、歌唱者脾气、演出目的等。

她播放了1985年农历六月初到甘肃兰州南边一百八十公里的莲花山录"花儿"会的录音。那次是首度开放外人研究，共请去四位学者，除赵教授外另外三位是美裔、日裔学者。欢迎餐会后，首先由公认的花儿王朱仲禄先生上前表演。会上有比赛斗智格式的唱法，另有三五人一组的洮岷唱法，常是男女找对象的方式，每人唱一句，还没唱完就有了脑筋快的"串把式"的人指点下一个人唱，尾声还唱着："花儿……莲叶儿。"

她说："上山那晚我们不想依安排休息，只想去看村子里满街的热闹，结果意外地看到各种唱花儿的实况。"一串轻快的女声唱了起来，感受不同于响亮圆润的花儿王，难以想象的，街道桥上、铺子里、山顶上，黑黢黢的，谁也看不见谁，一丛丛、一堆堆的男女老少，刁难的、挑情的、一触即发的歌声不绝于耳。

之后，赵教授又说起20世纪50年代，法国学者在长江上录的工人打夯歌、劳动号子、儿童游戏歌以及上述的花儿等山歌，全不是为观众而歌，都是有实效目的的民歌。民歌的定义不只是代表国家民族特点，也不一定都简单朴素。音域可以广，也可以变化复杂，有各种花音。在浪漫主义的时期，民歌是时髦的作曲材料，可以配上钢琴交响乐，不过那就不能算是民歌了。譬如她提出20世纪40年代斯义桂唱的《锄头歌》，那已经是把一首民歌表现为美声唱法的艺术歌曲了。

"十娘误坠勾栏院，托身李甲，结下良缘"，大家一听这石慧儒唱的单弦牌子曲《杜十娘》，就认同这是传统的说唱艺术。赵教授说："这就是通俗唱法，虽然也是跟着时代潮流发展的，不过变得缓慢多了，中国本有的通俗唱法，甚至于'迪斯科信天游'、'迪斯科二人转'中有时也听得到。"

当熟悉的《教我如何不想他》以美声唱法的方式唱完，观众掌声口哨四起。她笑着示意大家静下来讨论：美声对我们中国人一定美吗？在西方表演传统中，大家习惯地叫作美。我们听惯了京剧，听金少山唱花脸，听马连良唱老生也认为是美。多听，有了锻炼就能欣赏。"这首《教我如何不想他》的录音是1986年在长沙听广播时偶然录下来的，可惜不知是谁唱的。唱法因为咬字很清楚，可以说是有点中国化的美声，而这种唱法我们也都听惯了，我也很喜欢。"

第二首不同于先前的钢琴伴奏，并且改用了交响乐，唱者为江南口音，软软明晰地吐字，刚唱出"天上飘着些微云"，听众就笑了起来，每唱一句大家又笑，有些朋友懂戏，听完了像看戏一样鼓掌叫好！现场叽里呱啦地热烈透顶，她笑问大家："有多少人喜欢第一个唱法？第二个唱法？叫好的呢？""唱得跟我一样嘛！""是梅兰芳唱的？""第二个听起来比较有感情。"猜测和意见都太多。

"第一个唱的是爱情多么伟大，天上的云，地上的风、草、水、花、树都使我想起了她！爱情！你看这就是我的爱情！是我在那儿说爱！想她！第二个唱的是你跟我，把这爱情收起来是咱们的，这儿让我想到你，那儿也让我想到你，我唱歌给你听，所以唱的是《教我如何不想你》！风格不同。再问一个问题：'假如这两人跟你谈爱，你喜欢哪个？'"又是议论纷纷，各投所好。"现在要告诉大家，第二首是我父亲自己唱的！"赵元任先生自己唱的！大家又笑又指的傻了，大声欢呼开了！"是1935年百代公司要他唱的，录音前他们就对他说：'赵先生，这是一首情歌，请您唱得年轻一点儿……'唱完了，他回家跟我们说：'我特意给他们唱得甜甜的。'"真没想到啊！

赵教授平素无论在教课或演讲时都擅长以手势加强表述，生动活泼、戏剧化地把民歌曲艺中的精髓，栩栩如生地表现出来。依我推测这非但与她自幼调皮淘气有关，还是得自家传。据《赵元任早年自传》里说，刚上中学，赵元任先生的代名是"泼"，活泼的简称，另一个同学是"杀""必"，这大约是绰号一类的玩意儿。赵元任先生曾说："韵卿和我都喜欢说让人吃惊的话。"韵卿就是杨步伟女士。《杂记赵家》中，也提到赵教授两岁多就在法国人家追鸡砸碗的顽皮事，所以她的幽默和好动是与生俱来的。

有年春天，我与赵教授同时应邀吃饭。大伙随着她健步如飞地走过那绿荫红砖、阳光灿烂的哈佛老园。偶然，闲散地聊起东亚系的叶慈（Robin Yeats）教授总是头前脚后地紧张地冲来冲去，她说洋人大多是那样走路的，不像我们中国人，总是脚先出来，再是挺出的肚子和高抬的手……说着就在哈佛老园的水泥路上，踱了几个京剧老生的台步，大家都笑弯了腰，她也不以为忤。

1992年，我很荣幸地协助策划赵教授荣退志庆大会，以中英文隆重举行。她谈起将来的计划说，退休了，就可以欣然自在地研究讲学。她书架上恁多的音乐材料如录音带、录像带以及丰富的藏书也得整理。犹记得她宽敞的办公室，书架极多，四壁除了门窗外，尚备一方黑板，其余全是离地一尺直至天花板的书架。里面还有张长会议桌，可供我们举办讨论会，十来个人都不成问题。后来在赵教授退休后，这个办公室给了李欧梵教授，直至2004年李教授荣退。赵教授的书架全放满了书，他们家中几个书房不说，连客厅也是一壁一壁的书，有书满之患。

1983年赵教授与陆惠风博士组成剑桥新语社，约定在每月最后一个周五夜，交替在卞家、陆家举行非正式的粥会学术研讨会。早期有张隆溪、叶扬、柯庆明和我等人参与，自1989年起，我也是联络人，协助联络组织邀请。一般由我联络朋友们，有车者和乘车者同在哈佛燕京图书馆门前7点会合，之后我和赵教授再领着主讲人及一伙学者前往他们家。1995年后，多在卞家探讨，卞家也就成了大家印象深刻的聚会的重要场所。

千禧年后，因人数太多，改在由我向哈佛燕京学社借订的哈佛燕京聚会厅举行，直至2005年。参加者除了剑桥城附近的哈佛、麻省理工学院的教授外，还有哈佛燕京学社每年邀来的访问学者。每次由一两位学有专精的学者提出主题，再互相思辨，主人则精心烹制热粥以飨宾客，卞家是红粥，陆家是白粥。这个传统也许能由赵元任先生和其女儿女婿卞家的宾客留名簿，还有陆家和我的留名簿中窥见端倪，宾客包括当年的胡适、傅斯年以及今日各行各业的许多著名人物，他父女两代名师，薪火相传。

风度翩翩的卞学鐄先生与赵教授结缡六十四年。他是麻省理工学院航空工程学系教了四十多年的名教授，他外祖是南开大学创办人严范孙（严修）先生。两位也像赵元任夫妇一样，懂得人生乐趣，历年来一起应邀到世界各地讲学，夫妻鹣鲽情深，同游天下；又爱朋友，"结交了许多大号儿、中号儿、小号儿的朋友",他们对待我们这些学生辈的朋友,不单奖掖拉拔,还待我们亲如家人。他们更以广阔的胸怀,不断求知,教学相长,令我们这些后辈受益颇多。

卞先生谦和沉静,在剑桥新语的粥会中,常见他微笑聆听。"他很开通,我要上哪儿去,就让我去。1958年到日本跟宫廷里出来的乐师学雅乐,1964年去大鹏剧团录京剧,70年代后又去香港中文大学任客座教授三次,全是我一个人去的。"2000年之后,赵教授告诉卞先生说:张凤如果不能同去,就别跑来跑去了。我真有幸还与赵教授同去开会数次,亲近欢喜地同进出。

"1975年春天,我正在香港客座,他由东京大学刚到柏林也去客座教学。哈佛的教务长罗素夫斯基(H. Rosovsky)来电话说:'南学院(South House)提名你担任他们的学院院长。'南学院即现在的克北学院(Cabot House),原来有几个学生是我教过的。在我与卞学镛刚结婚时,我们就讨论过最喜欢什么样的生活,他说跟学校有关的最好,我想这学院院长是完全生活在学校里边的,他一定会喜欢,所以连问也没问他就先答应了,之后才打电话给他。回来一住就是三年,他是辅院长,有时候周末我们才回家看看。当时工作很忙,只得把教书减少四分之一,当作兼职,所幸他也并不讨厌,倒还自得其乐。"在美国依俗被称为卞赵如兰的赵教授含着笑,以她那优美的京片子甜蜜地回忆着先生。学院至今都高挂一张卞赵如兰教授的画像以示纪念。

问起女儿卞昭波,赵教授说:"说来惭愧,女儿一岁半,还在我们自己这儿,那时我打不定主意是否再深造。母亲看我们每天把女儿交给人家看,又忙成这样,就说你交给我吧!自己的父母帮忙比交给谁都放心,所以女儿一直在他们身边长到十五岁才回来读高中一年级,所以我母亲管她叫'老五'。父母的协助对我的专业帮助很大!"在《一个女人的自传》中,杨步伟女士提到在赵教授未婚之时已慨叹婚姻事业不能两全,双亲终于成全了她。

1974年,赵教授被评为正教授,是哈佛前十位的女性正教授之一,也是东亚系第一位女教授。1980年,哈佛母校瑞克利夫学院颁给她杰出成就奖。1990年,她当选台湾"中研院"人文组第一位女院士,她很谦虚地说出感想:"我第一个反应是也许他们认错人了!"再问下去,她才表示:"我觉得他们到底承认了音乐学是一门求真的学问，并且很重视，一般人还不大知道，这点我倒是非常高兴！"问起卞先生的感受，她说："很好啊！不过我们各人有各人的天地，我是搞有声音的，他是搞超声音的——太空工程超音速方面！"赵教授还是不改那活泼的赤子心。

2009年6月20日，在美国剑桥城我们失去了享年九十岁的卞学鐄教授。略有失忆、在我不断探望中常会重复发问的赵教授，在我们于2012年和2013年的4月20日热闹地为她庆祝了九十及九十一岁大寿，2013年11月30日，九十一岁高寿的赵教授在家中安详仙去。常常在卞家进出的我们，岂能不伤情……

赵教授在2006年至2009年间，决定将毕生收藏的音乐书籍、视听音乐材料及器材、教学材料、笔记和乐器等慷慨地捐赠给香港中文大学图书馆，即"卞赵如兰特藏"，并于2014年春举办了纪念展。

无论是在学习研究的路途还是人生之路上，我们总希望像她一般积极，是永远愉悦前瞻的求进者。

启发汉学的中国考古文明

——考古人类学家张光直教授

张光直（1931—2001），生于北京，二十世纪后半期中国考古学界最富国际声誉的学者、台湾"中研院"院士。

作为在北京生长至少年的"番薯人"（台湾人），张光直对中华文化怀有深深的眷恋之情，在裴文中大作的促使下，他终身致力于将中国的考古发现介绍给西方。台湾大学毕业后，张光直如愿申请入哈佛人类学系，任教耶鲁大学十六年后，回到哈佛创造了中国考古巅峰，从而将中国考古学置于世界主流文化的舞台当中。

张光直的研究专长为考古人类学，在"商文明"、"中国史前时代"方面的成就尤为突出，著有《古代中国考古学》《商文明》《中国古代文明》等作品。有人曾这样评价："在西方世界，近四十年来，张光直这个名字几乎是中国考古学的同义词。"在国际学界享有盛誉的张光直，在耶鲁、哈佛任人类学系系主任和哈佛东亚咨询委员会主任，皆首开百年华裔之记录。

三十几年前刚到哈佛，人人都提醒我们，一定要去看大学里碧波地（Peabody）博物馆的玻璃花。这四千多种纤细精巧的玻璃花和八百四十七种植物标本，很多已绝种，是由父死子继的两代德国植物学家制作而成，每年吸引数以万计之人前来参观。对于我，这座博物馆令人亲切之处是：国际考古人类学名家张光直教授的办公室就曾设在这栋百年老建筑里。他屹守在这天地玄黄、宇宙洪荒的古文明研究领域之中，从事着人类学和考古学的教学和研究。

张光直教授，1954年毕业于台湾大学（简称台大）考古人类学系，1960年获哈佛大学博士。张教授毕业后即在耶鲁大学担任教授十六年，1970年至1973年兼任人类学系系主任，1977年应哈佛的延揽回来任教，1981年至1984年兼人类学系系主任，1985年至1988年兼哈佛东亚咨询委员会主任，并为哈佛赫德荪（Hudson）考古讲座教授，影响极大。张光直在耶鲁、哈佛任人类学系系主任和哈佛东亚咨询委员会主任，皆首开百年华裔之纪录。他也是台湾"中研院"院士，应诺贝尔化学奖得主李远哲院长邀请，在1994年至1996年担任副院长，共同领导这个台湾地区最高的学术机构。

哈佛化学及化学生物系和博物馆之间原有停车场，是当时我们每日来去的必经要道。张教授的停车位，就在那儿。K. C. Chang 的红色名牌，与一旁的赫施巴赫（D. Herschbach）、利普斯科姆（W. Lipscomb）等获诺贝尔奖的化学家们遥相呼应，Chang字更显得熠熠生光。

平素张教授渊默沉潜，望之俨然。其实他即之也温，总是虚怀若谷地指引后进，还称大家先生小姐，引得大伙深感不安。记得那年陪同已是师范大学教授（后任文学院长）的同学吴文星前去拜望，张教授特意前来接引，下了老式的电梯，曲曲弯弯地好不容易进了他的办公室，不免要客套寒暄。他对我说："张小姐，我们都是同行，你今天怎么这么客气！"真折杀人也！某次在我家夜宴，大伙起哄，喜爱美食的他一高兴，竟神采飞扬地说要高歌一首《夜半歌声》，后来却因喧嚣相戏，赌吃苹果而未唱。还有一回在赏心悦目的兰花幻灯讲演中，他询以："兰花能不能吃？"他这种冷不防的妙语，令端丽又擅长昆曲语文的张太太也不禁对其童心莞尔。

张教授的太太李卉，是哈佛东亚系资深语言老师，也是我的前辈好友。早年在台大历史系毕业时，她高张教授一届。其子女皆毕业于哈佛：女儿张仲琪已就业，儿子张伯赓博士更是多年在哈佛肯尼迪政府学院担任亚洲部副主任，最近才迁居北京。他们夫妻都说得一口漂亮的京片子，因为张教授虽是台湾板桥人，却是出生在北京（1931），而张太太则是在天津长大的广东人。

翻检张教授1975年为他的父亲张我军先生所编的文集，可以发现他以考古的手法为七十年前的板桥做了如此的复原：现在的板桥是闹市，是大台北（现为新北市）的一部分。七十年前的板桥还是个乡下地方，有一两条大街，有一家大绅士（林家），有一些小生意人，但多半住民是种田的。我们张家大概和那时板桥大部分的人家一样，也是林家的佃户。但我听说祖父在过年时写对联卖钱，父亲幼年时也从老先生念过塾堂，所以他们算是庄稼人（作者按：一说为商人）里受过教育的。

祖父早死，张教授的父亲为了养家，离开板桥到台北的高新银行做职员，被派到厦门鼓浪屿的一个支行去服务。两年的厦门海边生活，大概是张教授父亲一生的一个转折点。在那里他不但直接受到祖国文化的熏陶，而且"自从领略了海的感化和暗示之后，我就不想回到如在葫芦底的故乡了"。

张我军这个名字，也是自厦门时代开始的。回来不久，张教授的父亲就北上进了北京师范大学。张教授曾说："父亲1921年到北京时，五四运动刚过去，只能说他受了'五四'余波的影响……"他屡在《台湾民报》宣传大陆的新文化运动，做了台湾新文学运动的急先锋，把自己和妻子罗心乡女士的恋爱情诗集印成《乱都之恋》。这是台湾第一部白话诗集，曾与其他千百万字的文稿一起遗失殆尽。幸亏张教授和其兄张光正先生分别在台湾、大陆查访收集，才搜成《张我军文集》《张我军选集》。1986年张教授喜获台湾黄天横先生所赠其在旧书摊购得的1926年台湾版的《乱都之恋》，将其带回哈佛燕京图书馆编目组，经我和同事的仔细处理，现珍藏于图书馆善本书室。

张教授谦称考古学是学问中"冷而又冷的冷门"，但一般认为他的学术文章并不干枯乏味。或许是由于家学渊源吧。他同意其学术文章的感悟是得自父亲张我军的启迪：科学性的学术文章，尤其是人文社会科学，最好也能采取文学的基本技巧，一步步引导读者的兴趣，进而说服读者。他谦然地说："这一点，我受李济之老师的影响较大，他的文章内容是科学的，文字是文学的，我自己希望朝这方面努力。李先生对我做学问最大的影响，是坚持最高的科学水平，每篇文章都要提出最多、最强的证据，以排山倒海的方式提出证据来说服别人。"

如何选定考古人类学来做研究的呢？张教授回忆说，在与父亲同住北平的年代，父亲从事教育、写作、翻译维生，译有一本日本早稻田大学西村真次教授的《人类学泛论》，他对书里的人类进化史、石器时代等很感兴趣。1946年张家四兄弟除长兄外，全随父母迁回台湾，张教授由北平师大附中转到建中，在街头购得第一本探讨中国史前考古的书《中国史前时期之研究》，是裴文中写的，他把当时新旧石器时代的资料和研究成果做了初步综合，感叹中国的考古虽说是遍地黄金，然而有才华有志气的读书人多不愿献身考古研究。

张教授说："读了裴先生这本书以后，我对这门学问更加向往。"正逢考古人类学系刚在台大成立一年，他以第一志愿考进去，当初有五人考取，翌年转走两人，只剩下三人。他说："我很幸运！当时考古人类学系的名师有李济之、董作宾、凌纯声、芮逸夫、石璋如、高去寻等先生，都是中国考古学的精英，教学又非常认真。"台大毕业后，又因李济之先生的推荐，张教授获得哈佛燕京学社奖学金，到哈佛进修。"我的理论倾向是三十年来在美国考古学界生存所培养出来的；另一方面，我的考古学实践是在中国文化范围内进行的，当然也受到中国考古学传统的许多影响。"他已出版了数十种学术专著，均为研究中国考古学的经典著作：英文的有《古代中国考古学》；中文的有《中国古代文明》《商文明》《美术、神话与祭祀》（有日文版）《中国青铜时代》（一集、二集，有日文版）《考古学专题六讲》《考古人类学随笔》《中国考古学论文集》《青铜挥麈》《考古学：关于其若干基本概念和理论的再思考》《李济文集》（主编）等。他的学术文章见解精辟备受推崇，1990年获颁香港中文大学荣誉博士，尤以聚落考古学和中国考古学先驱性的研究驰名于国际学术界，是中国古代研究的领头人物，讲学考察的足迹遍及世界。他大哥张光正为他编有《张光直文学作品集》等作品。而张教授力述白色恐怖的自传《蕃薯人的故事：张光直早年生活自述》（有繁、简及法文版），是有异于学术而真情流露的作品，细述了他在建中时所受囹圄之难，此书入选河南大象出版社《世界（纪）华人学者散文大系》。

在紧凑的日程中，他曾专为我们演讲"从美术谈中国古代文明的起源"。以罕有的幻灯配合，由三皇五帝谈起，透过美术这扇窗户检视中国古代文明的特征：夏商周三代华北遍布千万城邑建筑，台基以上多为木造，与欧美的石材有异，年深月久毁损烧蚀后，五彩斑斓富丽堂皇的形象全无踪影，只余下以铁石重器层层加高的夯土台和柱洞。艺术家经考古学家的指点，据其基址等可想见堂庑门座画出复原图。他出示《生活》杂志早年所刊的殷代国王以奴婢嫔妃做人牲的殉葬图，人物表情惊恐张皇，他说：人的表情是有不少想象，基本上是合乎事实的。

由殷墟出土的殉葬兵器，能推论出统治者有制度化的暴力使用。再由青铜彝器等运用"在祀与戎"（《左传》），而不用在生产工具上。在此范畴中，中国从新石器时代过渡到文明有着很强烈的连续性，在宗教和政权的集中方面，与中美洲的玛雅文明相似。他引用普林斯顿大学牟复礼（F. Mote）教授和哈佛史华慈（B. Schwatz）教授等的理论解释原始社会的宇宙观，有别于苏美及欧西的"破裂性"文明（不外乎在生产工具技术和贸易组织劳动力等方面的变化，与宇宙形成整体论的破裂）。中国的连续性是文明发展史的常态？"破裂性"文明是突变？他这种阐释有一定的说服力，曾掀起了欧美考古人类学界的大辩论。

巫师对法器——含美术宝藏——的独占，也是中国文明的特征。巫在甲骨文中是 ✝，其解释却是众说纷纭。张教授表示：很荣幸与台北故宫的袁德星先生，也就是诗人画家楚戈谈过，他认为工就是"矩"，"我完全接受，很合理。"答案在《周髀算经》中，矩是掌握天地圆方的工具，使用矩的巫是通天地的。玉琮也是法器，还有山、树、风、凤鸟动物、酒药乐舞等，均为通天之手段。他用中国巫教与美国社会人类学家佛斯特（P. Furst）所说的亚美式巫教意识形态进行比较，发现二者非常相似。相信这代表人类的老祖先通过白令海峡，从亚洲进入美洲，并已有相当发达的文化。另外，"亚形"在中国青铜铭文和中美洲的出土石刻里也均有发现。由此，张教授假设，殷商文明与中美的玛雅等文明有共同的祖源，并将其祖先文化，追溯到一万多年前，美洲印第安人祖先还处在亚洲的旧石器时代，称之为"玛雅中国文化连续体"。独占美术品法器，与垄断戈戟兵器等统治工具类同，是巩固政权的方法。这在商周艺术核心——青铜器的九鼎传说上看得很清楚，王朝占有九鼎，即独占通天手段。故改朝换代，不但政权转移，而且也有作为国之重宝的美术品精华的转移，这种现象由古代一脉相承下来。

在哈佛之外，于各地的考古研究、实践上，张教授亦有独特贡献。在台湾，1964年至1965年间，张教授主持台北大坌坑、高雄凤鼻头遗迹的发掘，树立了其在台湾史前文化上的地位。1971年至1974年间又积极促成台湾"中研院"、台大和耶鲁携手合作"台湾省浊水、大肚两溪流域自然与文化史科际研究计划"。80年代中，张教授想把"中研院"分散的从事台湾史研究的雄厚资源集中起来，并向当时的钱思亮院长提出，希望在"中研院"成立一个台湾史研究中心。钱先生很赞成，却因病去世，直到吴大猷院长继任后，于1986年才开始"台湾史田野研究计划"。这一计划集合史语所、近史所、民族所和现改为中山人文社会科学研究所的三民所四个人文科学研究所的人力，通过独立的编制和预算，进一步扩充收集保存台湾史的材料。在这个基础上，张教授持续奔走，真正推动了在90年代引发台湾学界热议的"台湾史研究所"计划。他说："开始时台湾史的研究并不是很热门，这几年整个风气才有了变化，我很高兴在'中研院'已经有多年的研究基础，我只做了设立推动，对研究并未直接参与。"推动筹备处多年，于2004年正式成立台湾史研究所，由庄英章先生担任首任所长。

在中国大陆，他联合哈佛和社科院考古研究所的考古学家们，共同设计先商文化研究计划，计划长期用地下勘测的手段探研商朝前期的文明遗存。商早期遗存集中的地区位于河南东部、山东西部、安徽北部、江苏西北四省交界处。商代之名由商城而来，商城传说在河南商丘附近，但自有历史记载以来一直连续不断遭水淹。张教授说："我假设商城遗址是埋在很深的泥土下面,因为属于黄泛区。"我问道:"黄泛区的遗址与一般土层下差别大吗?""更深!我们一般认为在八米到十米以上,详细的地层地点要等待地质物理学家的工作了。"

他又补充:自1928年河南安阳殷墟的发掘,寻得了商代晚期的遗址,继而在50年代的郑州和70年代的偃师出土了商代中期文物,湖北长陂盘龙城的遗址也比殷墟的时代早。但在探寻商代建立王朝前的先商时代遗存方面,中国考古学家于20世纪30年代依传说在河南商丘一带寻找,却遍寻而不得。泥沙太深,非但商代的不见,连汉代的都湮没了。不过在20世纪末已有新资料,相信能找得到代表先商的聚落、宫殿建筑、铜器、玉器、文字等都会有所发现,现在来说还早,这是长期计划。"我们知道得太少了!"

张教授说:"我很乐意跟青年人谈我所做的事情、做事情的方法或结果等,这可能是唯一能鼓励他们的。至于学习经过及师友影响,是个人生命史中的一些偶然因素,好比对我影响大的哈佛教授都已不在了,他们也没法寻得,所以我想这些没有特别的重要性。"后辈受他教导和影响者不胜枚举,赵元任先生的长外孙女,即卞学鐄和赵如兰教授的女儿卞昭波,就是在1964年参与了张教授的考古工作,才决定主修人类学。

追问他有关"玛雅中国连续体"争议的发展,他说:"时间慢慢会做个判断,还会继续研究,也会有更详细的报告。有些问题开个头觉得很兴奋,等三五十年、一百年研究清楚了,就觉得幼稚可笑了。""不会吧?"不由我分说,他毫不着力地点出我在密歇根州大研究所钻研过的中俄关系人物:"就像你以前研究瞿秋白、陈独秀等人,不曾觉得他们的社会理想不严肃,岁月流转,看到制度思想的变迁结果,不会觉得他们幼稚?"在自传《蕃薯人的故事:张光直早年生活自述》中,他也指出考古学常有后来出现的材料推翻先前的全盘结论。我不觉迷惘,又无言以对。

忆起常见他自博物馆出来,走过树影遮阴的哈佛神学街(Divinity Ave),在燕京图书馆石狮伫立的对街举手相招,总想起澄心净虑、抗尘抵俗、治学修身的宋明高士。而严谨的他却不辞辛劳入世,赞许导引后进如我辈,并分赴各地进行考古田野工作和提升研究,还不辞病体贡献台湾"中研院"。他以

"冷门"学问，来为历史解决热门的中国古代文明起源之疑惑，卓然有成，怎不令人钦佩？

张教授患帕金森氏症约十年，2001年1月3日凌晨1点50分，我们痛失了这位考古人类学大家！

为往圣继绝学
——致力于儒学现代化转化的杜维明教授

杜维明，1940年生于中国昆明，当代传播儒家文化的重要思想家。

杜维明早年在东海大学亲炙牟宗三、徐复观、鲁实先诸先生的教诲，乃唐君毅的私淑弟子，史华慈为其哈佛大学导师，并先后执教于普林斯顿大学、加州大学柏克莱分校、哈佛大学等校。

在辛勤从事讲学研究的同时，他又以开放的心灵论学：20世纪80年代以来，他全神贯注地致力于儒学第三期发展的前景问题、文化中国及现代精神的反思；90年代以来，他更加关注"儒学创新"。

杜维明因对儒学贡献突出，获誉无数，曾荣膺美国人文艺术科学院院士，是获此殊荣的研究东亚学问的第一人；更荣膺哈佛大学哈佛燕京中国历史及哲学与儒家研究讲座教授，此教席为英语世界里第一次以"儒学研究"命名的讲座教授；还曾担任哈佛宗教研究委员会主任、哈佛东亚语言与文明系系主任、哈佛燕京学社首位华裔社长等职，并荣获美国人文学者终身成就奖，等等。

"我们虽然生为中国人，但对中国自己的东西不论古往今来，都了解得太有限了。学文学的不懂莎士比亚是耻辱，但没有摸过杜工部却是可原谅的；学哲学的不能不知道康德，但可以完全忽视朱熹；学历史的没读过《罗马帝国衰亡史》是遗憾，但没摸过《史记》却很平常！我们必须开始有系统地先来了解自己……对中国文化和西方文化都再做更深入的了解，那么我们的基础必厚，立论必高，呼声也必大。"我刚入师大历史系念书时，《大学杂志》在校园相当风靡，陆续读到自哈佛毕业后到普林斯顿开课的杜维明教授发表在上面的很有见地的文章。尤其是对上述这段话，懵懵懂懂的我，仿佛是有点领悟，也因此扩展了对中西史学的兴趣，读起《史记》《罗马帝国衰亡史》……

杜教授早年师承牟宗三、徐复观、鲁实先诸先生，并为唐君毅先生私淑弟子。杜教授在建中就因启蒙老师周文杰的引荐而认识了牟先生，再得识唐、徐二位。因牟、徐先生转任东海，他遂决心入东海大学就读。杜教授先考进外文系，次年中文系徐复观主任建议他转入该系专治哲学史学，是东海第三届毕业生。

杜教授是儒学第三期的代表人物之一，他始终辛勤从事讲学研究，最难得的是又能以开放的心灵论学。他奔波全球，毫不懈息地前往北京大学、南京大学、台湾大学、香港中文大学及法国高等研究应用学院（EPHE）担任访问教授；并担任浙江大学、中国人民大学、中山大学及上海社会科学研究院名誉教授；还先后获得美国理海（Lehigh）大学、山东大学、台湾东海大学、香港岭南大学、伦敦大学国王学院等学校的荣誉学位。此外，杜教授还担任了国际儒学联合会副会长、马来西亚拉曼大学的国际顾问，并在新加坡、巴黎、东京、温哥华、斯德哥尔摩、新德里、开普敦、伊斯坦堡、丹麦等地的高校宣扬讲授儒家哲学，并由比较宗教学、伦理学、美学的视野，来阐明儒家传统及其现代化。

杜教授多年来，全神贯注致力于儒学第三期发展，并反思文化中国及现代精神。曾先后担任哈佛大学宗教研究委员会主任（1983—1986）、哈佛东亚语言与文明系主任（1986—1989）、哈佛燕京学社首位华裔社长

（1996—2008）等职。1988年，杜教授荣膺美国人文艺术科学院哲学组院士，是获此殊荣的研究东亚学问的第一人；1999年，更荣膺哈佛大学哈佛燕京中国历史及哲学与儒家研究讲座教授，此教席为英语世界里第一次以"儒学研究"命名的讲座教授；2000年荣获托马斯·贝里奖（Thomas Berry）；2006年荣获美国人文学者终身成就奖；2012年当选央视举办的"第一届中华之光——传播中华文化"年度人物，等等。

杜教授还受联合国安理会前秘书长安南邀请，与世界各地的卓越人士，在联合国商议如何周游列国，遍访领袖人物，了解各文明传统的现况与传统，为联合国推动文明对话杰出人士小组成员。不仅如此，杜教授积极参与国际事务，定期参与在瑞士召开的世界经济高峰会议，主持每年在亚斯本学院召开的亚洲执行会议等。杜教授还获得了第九届国际李退溪学会大奖，并荣膺国际哲学学院委员。

杜教授担任哈佛燕京学社社长后，十二年来引领学社蒸蒸日上。当时正值经济繁荣的岁月，选访项目均欣欣向荣：广邀英彦访问学者计划多达三十位，研究讲师计划二十位，博士奖学金计划四十五位；并且设立访问研究学者和公共知识分子计划，邀请学科专才如北大陈来教授等亚太学者短期开课、做系列演讲。

1997年陈来教授就以中文开过课，教室内听讲的有杜维明、包弼德两位教授，还有当时的准博士的祝平次、宋家富、访问的贺广以及我。在哈佛英语世界，过去只有王德威、李欧梵、赵如兰教授和高级语言中文课，得以如此讲课，这样多元开放，殊为可贵。

当时学社富足，强化经援，用在出版、交换学生、奖学金（供中美博士学生申请），以及举办学社社友会议，首度在南京（2000），第二次在苏州（2002）；助益返国社友之联系；跨学科互动；支持交换图书馆员来访；著名文学学者作家林文月、陈子善、李锐等来访演讲；创办哈佛燕京学社网站等项目。杜教授更积极为学社在拥挤的哈佛园，争取到研究室、办公室梵瑟楼（Vanserg）、学社官邸和学者交谊地点房舍等；积极与三联和广西师范大学等出版社合作出版，对《燕京学报》《中国学术》《当代》等杂志津贴经费；每周由黄万盛先生协助举办哈佛儒学研讨会，赞助举办我们年年召开的中国文化研讨会。

杜教授还开辟新局面资助难得的研究，如赞助公元前300年郭店竹简的研讨印行上网，哈佛校报特别报道了此事。在杜教授率引之下，学社蓬勃发展。2009年6月8日他邀请我参与庆祝他的哈佛燕京学社社长照片高悬哈佛燕京学社门楣的仪式，见证华人在哈佛光耀门楣，叹为观止！

回顾他1961年于东海毕业后，获得哈佛燕京学社博士奖学金，1963年和1968年相继获得哈佛硕士、博士学位后，任教普林斯顿四年、加大柏克莱分校十年，1981年任哈佛客座教授，1982年正式应邀返回哈佛讲授中国思想史、中国哲学及进行儒学研究。在哈佛任教至2010年，举行70岁庆生盛大学术研讨会后荣退，现转任北京大学高等人文研究院院长。

杜教授1940年出生在昆明，祖籍广东南海。杜教授的父亲杜寿俊老先生，早年自金陵大学毕业即考进资源委员会任职，与陶声洋、蒋彦士、李国鼎诸位相熟，还被资源委员会送到美国深造，专攻企业管理。在台湾造船公司退休后赴美，因通晓方言，杜老先生考进美国法院，是官方指定的翻译。母亲欧阳淑丽，在20世纪40年代的"国立中央大学"，是徐悲鸿的女弟子。杜教授略带自豪地说："母亲不单是家庭主妇。她一直在外面上班，（在台湾）后来做过奔驰汽车公司经理。移美后在旧金山做了多年公务员，曾获市政府颁发特奖。"

不得不提到对杜教授母亲影响很大的人——他母亲的二姐夫黄毓沛先生。黄毓沛先生是美国芝加哥华侨，很早就被来美旅行的林森请回国去帮忙发展空军，曾由新疆迪化（乌鲁木齐）护送国旗飞往沈阳给东北军，立了不少功劳，为此还出了一套"中国进入航空时代"的纪念邮票。杜教授说："在那种气氛下，母亲年轻时是要做第一个中国女飞行员的。"终究她成功教养了杜教授，及杜教授任职空军的哥哥、专攻生物学的妹妹和在旧金山侨界热心公益以建筑为专业的弟弟杜维新。

杜教授是中国思想史的专家，尤其是在儒学、亚洲哲学和比较哲学等方面，更是闻名于世的权威，已经出版了多部英文学术专著和以中国儒家人文精神的现代转化为中心的学术论著:《今日儒家伦理》《人性与自我修养》《儒家思想：创造转化的人格》《仁与修身：儒家思想论文集》《杜维明学术文化随笔》《道学政：论儒家知识分子》《儒家思想：以创造转化为自我认同》《杜维明文集》(中文版为五卷本)《对话与创新》《文化中国的认知与关怀》《现代精神与儒家传统》《儒学精神与儒家传统》《儒家传统的现代转化：杜维明新儒学论着辑要》《儒家自我意识的反思》《儒学第三期发展的前景》《三年蓄艾》《人文心灵的震荡》《新加坡的挑战：新儒家伦理与企业精神》《论儒学的宗教性：对〈中庸〉的现代诠释》《儒教》《儒家传统与文明对话》等几十本。另有其他学者对杜教授的学术成果做了归纳，编辑出版了《杜维明文集》《一阳来复》《天与人——儒学走向世界的前瞻：杜维明范曾对话》《现代性与物欲的释放：杜维明先生访谈录》《杜维明学术专题访谈录：宗周哲学之精神与儒家文化之未来》《杜维明：文明的冲突与对话》《杜维明学术文化随笔》《十年机缘待儒学：东亚价值再评价》《儒学发展的宏观透视：新加坡1988年儒学群英会纪实》《思想·文献·历史：思孟学派新探》《纪念孔子诞辰2550周年国际学术讨论会》等作品。他还是《哈佛亚洲研究》《东西哲学》等期刊的编委，常在各著名汉学研究刊物上推出文章。除此，他还结合日本的"会读"和德国的研讨会方式，在1982年组织了"哈佛儒学研讨会"这个学术团体，中英文并重，发展文化科研项目。

20世纪90年代，他在港台地区、中国大陆以及美国的汉学刊物等媒体提出"文化中国"的论说，引起热烈的反响。他表示，这是超越一般人类学概念的"文化构造"，这个论说只是针对近年来事实上业已呈现的情况而做的一番描述，但仍有一定的客观基础。"文化中国"的含义很广，包括了：第一意义世界，指中国大陆、台湾地区、港澳地区和新加坡华人为主体构成的地区；第二意义世界，指散布全球各地的华人社会；第三意义世界，指全球从事研究、报道和传播与中国有关事物的学人、记者、官员及商贾。在此论说中，杜教授将那些和中国既无血缘又无婚姻关系，甚至连中文也不认识的"外人"也统统纳入，并盼他们与中国健康互动又相对独立，以形成一种有创造张力而无恶性抗争的态势。

杜教授主张从文化的角度对中国进行反思。他提到四十多年前以加大柏克莱分校的列文森（J. Levenson）为代表的思想家，认为传统儒家已经没落到无生命力，将逐渐被埋葬。但有鉴于世界发展的多元化，除了欧美和苏俄模式之外，至少已出现第三种或更多不同的工业文明。或可以说是"个人资本主义"之外，还有"关系资本主义"——这就是与儒家影响极有关系的日本、中国台湾和香港地区、新加坡以及韩国亚洲五条龙的兴起。这些现象怎能不使我们反问，列文森的说法能成立否？学术界只从经济因素，如美援、技术引进、劳资关系、资本积累、劳动力、企管等来认识这些现象，那么解释一定是片面的。如世界接受美援的国家极多，却并未造成类似奇迹，非经济的结构功能歧异性也很大。美国现代化理论突出的学者帕森斯（T. Parsons）曾提出，市场经济、自由民主制度、个人主义为三个不可分割——有一项不能体现，则不能完成——的现代化内容。然而东亚的发展不完全符合这一说法。这几个国家地区不论是多党民主制还是一党专政，政府都对经济有主动规划，扮演着相当重要的角色。杜教授说："很多人认为香港是自由经济的十足体现，那是对香港比较陌生的关系。单看香港百分之四十以上的市民，是住在政府所建的住房，政府还配合当地华人精英，对各种问题的领导及介入都是常见的事。1987年纽约的股票市场突然崩溃，日本股市当然很受影响，而苦无办法，但香港股市马上决定停止，三天不动。哪一个利伯维尔场有那么大的力量？这完全是政府和经济社会的精英所为，维持了香港的安定。"贤明的政策与智识精英配合，有时在促进经济成长方面，比灵活市场也许更有效。

杜教授以哈佛教授、曾任美驻日大使的赖世和为例。赖世和注意到儒家在日本产生的作用和基督教在欧美所产生的作用，是有相等的决定性。对应德国现代化理论家韦伯（M. Weber）探讨出了新教伦理，成为促使资本主义在欧美勃兴的动机，那寻找这五条龙在东亚现代化过程中的文化共通点，便不能忽视儒家伦理。虽然儒家传统在它们的社会结构和功能上的深浅广狭大不相同，却同样对士、农、工、商、贩夫走卒有极大的潜移默化、导引调节作用，树立了东亚工商业的价值精神典范。当然文化不是单因，而应视为不能消解的背景理论。

从广义的"文化中国"来看，还可发现一个特殊现象：边陲向中心挑战。边陲，大而言之，是指大陆以外的华人社会；而广东、闽南、上海、山东等大陆边陲因受到港台地区以及日、韩的经济互动，也明显地发展出对北京核心有经济威胁的潜力。虽然"文化中国"是不包含日、韩等国的，但日、韩等都是日本学术界所谓"儒教文化国"的成员。

杜教授分析：文化中国不仅具有世界最多的农民——八亿以上，也拥有世界级的有影响力的企业队伍，分散各地。1991年8月在新加坡召开第一次世界华商会议，共有八百位杰出的华人企业家出席，代表七十四座城市、三十二个国家。再看中国夏天的水灾，港澳及世界华人均热心救灾，而大陆自己则以身作则；在民主制度催生的艰苦奋斗中，台湾则迈出一大步！如何能配合发挥力量？杜教授期待：希望未来大家能主动自觉地投身文化事业，从全球视野和已经涌现的华裔智识分子中的一种群体批判的自我意识，来为中国去往何处，以及如何再铸民族魂寻求答案。

杜教授在课堂上常强调，研讨中国文化，必须有三个前提：

一是多元化的认知。他以开放的心灵反思儒学，亦顾及中国的其他传统：释道及民间传统，智识分子传统，工商、军人、农民的传统。

二是继承"五四"批判精神，使传统的阴暗面，得到较充分的揭露，儒家的真精神，才可能以崭新的面貌重新起步。过去他在加大柏克莱分校历史系，就开过好几次批判儒学的研讨会，对过去、现在甚至将来可能出现的对儒学的批判，都做了广泛而深入的探索。

"对于儒学的批判，在我心中占有相当的分量。不管你把儒学说得多么高明，多么富有理想性，我都可以马上举出很多与之相应的阴暗面来。我对儒家传统并没有任何浪漫式的迷恋。甚至可以说，我对儒学的阴暗面，可能要比一些以批判儒学为首务的学人，还了解得多一些。如果说，我是像一个基督徒研究基督教神学，或者像一个佛教徒研究佛教教义那样，试图身体力行地去认识儒家的智慧，因此只能进行内部批判，我不能不首肯。但这并不意味着我放弃了批判的权利和意愿，只去照察儒家的那些精彩的东西；我是从最残破的，已经百孔千疮的表现形态中，去发掘还可能有的拯救中国的源头活水，那真正有精神价值和哲学意义的动源。"

三是现实考虑的前提。现实感愈强，对现实问题的复杂程度理解得愈深，反思才愈可能深入。近代饱受屈辱的智识分子，基于救亡图存的使命感和爱国心的激励，对企图利用"尊孔读经"来维护既得利益和旧社会秩序的军阀，采取针锋相对的策略。这些智识分子包括：自由主义的胡适，社会主义的陈独秀，马列主义的李大钊，无政府主义的吴稚晖、巴金和鲁迅等文学家。他们接受西化的层次尽管不同，但不约而同地组成一个和儒家传统彻底决裂的联合阵线，一而再再而三地激发热血青年痛斥礼教，掀起打倒孔家店的浪潮，像吴稚晖先生甚至要把线装书抛进茅坑。这种不可抗拒的西化冲击使他们一面倒，但在感情和行为上，他们又无法摆脱儒家传统。杜教授说："胡适曾表示，他根本不赞成全盘西化，但由于传统的惰性太厉害，非要矫枉过正不行。"他比喻"五四"的智识分子，以为传统像一只可以一丢了之的包袱，却不料它已内化成骨血，是丢不掉的，只能谋求改善。他用禅宗《指月录》中的"解铃还须系铃人"来说明，如果传统真是儒家惹的麻烦，那这症结，还是要靠主动批判创造的儒家来解决。

如何看待"中学为体，西学为用"的说法呢？杜教授表示"中学为体，西学为用"实际上也是一种简单化的不能达到运作实效的提法，是一种抽象的理念，一种无用之体。把中学当成孤立的体，那么中学中比较有生命力的价值，就不可能发展。这样一来，青年人对传统的说服力、生命力，也就不可能有什么切实的体会，不可能鼓舞青年，最多不过塑造一批伪君子。我们应该继承"五四"的批判精神，但这一继承一定要建立在比较宽深的文化反思基础上，对政治化的儒家，保持高度警觉，对传统文化进行更深入的挖掘，不但去了解中学之体，还要了解其在中国社会如何运用。同时，我们也要从西学之用，进一步了解西学之体。把西学当成散离的用，就是把西方文化当作一种工具性的东西来理解。对于它的科学、民主法治、自由人权、道德自律、宗教情操的思想精神，广泛的文化背景和深刻的精神根源没有体验，只是引进它的科技管理等方面，自以为别的东西都可以不要，那么我们引进的必然是最肤浅的东西。不论是迷恋中国文化的优越感，还是丧失自信的自卑感，都是两股缺乏思想性、知识性情绪化的浪潮。单以富强为终极关切，误将西化以为现代化，这就忽略了人并不只是经济或政治性的社会动物，同时也是历史文化性的精神实体——有生存的要求，也有向往艺术感受和宗教体验的意愿。

杜教授坚定地说："儒学必须对现代西方文明所塑造的生命形态，做出创建性的回响，才有进一步发展的前景。在这样的理论基础上，恐怕儒家传统将来的发展，也可能有这一侧面。也就是说儒学要进一步发展，必须先在国外的某些地方发生影响，即如经过纽约、巴黎、东京等，在外面取得了发言权，再回到中国才比较有说服力。"

新文化运动者，认为中国的落伍保守和方块汉字有不可分割的关系，故而提倡白话文，进行汉字简化，甚至主张汉字拉丁化，以达废除汉字的最后目标。对此，杜教授特别指出："今天我们回溯这段历史，站在现代化趋向多元模式的基础上，可以断言，这种努力是混西化与现代化为一谈的特例。"就看日本在第二次世界大战后，曾受美国语文专家的影响，把小学生汉字减到八百字左右，而韩战、越战之后，日本现代化突飞猛进，在工业上有凌驾欧美之势，可是通行的汉字反而倍增。

目前计算机电传处理汉字的基本技术问题解决了，从普及教育和大众传播的实用观点，来批评汉字的言论，更缺乏说服力。杜教授说："我最不习惯的是像'聖人'的'聖'字，本来很庄严，从耳从口从壬，表达了很特殊的文化意念，但变成'圣'以后内涵是什么？就很难讲了。还出了个笑话，颐和园有块牌子介绍慈禧，为了古雅一点，工人根据指示把简字都改为繁体，结果成了'慈禧太後'。可见，在认同的问题上，最好不要做简单化的判断。"他强调彻底西化是全面抛弃中国文化，那正归趋王阳明七绝中的两句："抛却自家无尽藏，沿门托钵效贫儿。"总之，我们该扬弃、继承、引进、排拒者均未达成。要如何摆脱枷锁和狭隘的实用观点，采取宏观角度来看待中国的儒学传统？

从比较文化的角度来看，德国哲学家雅斯培（K. Jaspers）称，公元前8世纪到公元前6世纪,世界各地竞相出现光辉灿烂的精神文明时代称为"轴心时代"。思想的主流是:印度的印度教、佛教;中东的犹太教和以后发展出的基督教、回教;欧洲的古希腊哲学以及中国的儒家和道教,都是人类共有的精神遗产。我们观察,除了中国文化儒家伦理独自憔悴外,其他上述思想均仍保有旺盛的生命力。这是不应有的特例。我们的文化和儒学是否能像其他思想一样,成为现代文明的组成要素?那就得看我们能否了解并效法孔孟荀以降的历代大儒,在每一个时代中,通过自觉批判,重新创造人文价值。

有人认为,若把儒学通过严格的推理形式,用当代的哲学方法和西方的学院术语表达出来,使欧美学术界极有地位的国际学人乐于接受,未尝不是一种宣扬儒学的权宜之计,也许可以收到文化交流的浮面效果。但杜教授认为这最多不过是起码的铺路措施。如果毫不自觉地以为儒学的中心问题如心、性、修身、圣、仁、义、礼、孝、经世之类,只要通过现代哲学的洗礼,就可以粉墨登场,变成一种放诸四海而皆准的国际概念,那就太无自知之明了。他说:"我不反对学术工作的趣味性和游戏性,但真正庄严的哲学探究,是一种终生事业、一种'道不可以须臾离'的宗教奉献。"

现代我们不称读书人、士大夫、儒者,流行称其为"知识分子",但这"知识分子"要如何定义?杜教授认为当把 intellectual 意译为智识分子,以智慧与见识来定义的智识分子,应该能站在自我意识较高的立场,能纵观大局,关切家国天下大事,在历史和文化智慧的导引下,不丧失高瞻远瞩的批判精神。专家学者不一定是智识分子。智识分子可以来自社会各阶层,应和人类全体保持精神的交通,和社会大众保持紧密的接触,和自己所属的群体保持血肉的关联,有存在的感受和参与的精神而成为社会良心的一群人。

如此的现代智识分子,才不致陷入无根之本、无源之水的窘境。杜教授承认现代中国的智识分子的确不易,无论是社会风气的腐蚀性、政治权势的局限性,或经济结构的压迫性,都会使一个本来胸怀大志的读书人物化为酸气十足的躯壳。一旦智识分子自弃读书人的灵性,成为一个被世风所转,为利欲所迷者,则常会不惜牺牲道德原则,做一些损人不利己的事,甚至为求速效,投靠现实权势,难免不参与助纣为虐的勾当。

回顾传统的儒者，已用血泪为中国智识分子浇灌了一株以道德责任为根、以学术修养为茎的大树。儒家这门学问的对象不是一套观念、一串命题，而是每个有血有肉、具体存在的人——真实无妄之人。儒学就是引导如何做人的学问。

杜教授曾在美公共电视《观念世界》节目中，对专访他的比尔·莫耶斯（Bill Moyers）由比较文化、比较宗教的角度谈儒家传统的现代意义兼论社群问题。作为多年身在国外的儒者，杜教授当然不是抱残守缺、食古不化的卫道者，但不管多么开通审慎，强调对话交通、聆听了解，偶被误解仍然是避免不了的。他还是坚持"知其不可为而为之"地在生活践履上体认儒学："我的基本思考重点，还不是使儒学在一个多元化的环境中起某种积极的作用，或者让儒学对中国的现代化，乃至东亚的现代化做出巨大贡献，虽然我确实有这方面的心愿……还必须先站在一个更根本的基点上，就是儒家如果有第三期的发展，它要经过怎样一个创造性的转化？在20世纪或是21世纪，儒家传统有无再生的可能？有无真正的生命力？这里除了很多客观的外在条件需要考虑外，我最为关注的是在对儒学没有下最后结论之前，怎样对这一精神传统进行一个全面深入的反思。"

从前杜教授苦恼未能像罗素、哈耶克那样幸运地生在英国的社会文化大发展时代，如鱼得水，如鸟翔空。他们或在恬静的乡间别墅中著书立说，或在喧嚣的世界都会里评论时政；退可以传道授业，进可以振奋民心。但在艰苦困难之中，他仍努力通过基于道德勇气的批判精神，以负责的言论和实际的行动拓展"集体意识"的领域，增进现实存在的合理性，并充裕大众的文化生活。这不正符合先儒范仲淹之"先天下之忧而忧"，以及张载"为天地立心，为生民立命，为往圣继绝学，为万世开太平"的磅礴宏愿？真是任重道远！

铁屋中的呐喊

——解读城市现代性、中国现代浪漫文学教授李欧梵

李欧梵，1939年生于河南太康，曾任哈佛东亚语言与文明系教授。

李欧梵学生时期，曾先后跟随学术巨擘史华慈等人学习，并曾在台湾大学与同学白先勇、陈若曦、欧阳子、王文兴等人创办了《现代文学》杂志。

李欧梵自台湾大学毕业后，先后求学于芝加哥大学、哈佛大学，并执教于达特茅斯学院、香港中文大学、印第安那大学、芝加哥大学、哈佛大学等多所大学，为华裔首位哈佛族裔委员会主席、台湾"中研院"首位中国现代文学院士。其主要研究领域包括现代文学及文化研究、都市文学、现代小说和中国电影。王德威赞誉李欧梵"但开风气不为师"，其著述包括《铁屋中的呐喊：鲁迅研究》《中西文学的徊想》《上海摩登》《狐狸洞话语》《范柳原忏情录》《东方猎手》等。他创立的中国文化工作坊演讲会，迄今仍是哈佛最盛的研讨。

初来波士顿这个文化重镇，绍光就被一些合唱团的朋友请去指挥，在圈子里就听得谈论写有《西潮的彼岸》《浪漫之余》的李欧梵教授和他那声乐家妹妹李美梵的音乐造诣，对这位现代文学专家的才艺之宽阔，很是讶异。1990年"五四"刚过，他应王德威教授之邀，回到哈佛费正清中心来参加"中国当代文学的创新与传承"大会，我总算得见当年曾与陈若曦、欧阳子、王文兴、白先勇等人创办《现代文学》的他。

当时李教授正被哈佛及加大洛杉矶分校两校拉角，分身乏术。经过两年的迂回，1992年他先回哈佛任客座教授，1994年正式任教哈佛东亚系。

李教授是河南人，长在新竹，1961年毕业于台大外文系。1970年，即在获哈佛博士前一年，他已在常春藤盟校之一的达特茅斯学院（Dartmouth College）任教，1970年冬至1972年1月任教香港中文大学崇基学院，1972年1月至1976年暑假任教普林斯顿大学，1976年至1982年任教印第安纳大学，1982年至1990年任教芝加哥大学，在芝加哥大学最后三年兼东亚研究中心主任，1990年至1994年任教加大洛杉矶分校，1994年终于返回母校哈佛任教十年，2004年荣退后客座香港各大学。

李教授1939年生于河南太康。父亲李永刚（影桦）先生与原籍江苏的母亲周瑗女士，是南京中央大学音乐系的同学，在20世纪30年代初，由念书相恋到结婚，成为佳偶，颇有"五四"的浪漫精神。成婚之时，李永刚先生正任教河南信阳师范，抗日战争也已开始。李教授说："他们婚礼那天，信阳师范全校师生列席参加，日本人也来凑热闹，派了数十架飞机来'贺喜'！家父母这一代人由'五四'的浪漫心态转向抗战的爱国奋斗精神，心情上的变迁也是中国近代思想和社会史上可以大书特书的。"

从李教授父亲珍藏了三十多年后才发表的一本日记《虎口余生录》中，可明了他们一家于1945年3月到6月间在河南山区逃难的来龙去脉，深感这类真实生动的家史之鲜见又可观。

1945年正值抗战尾声，那时学校就是一个大家庭，学生流亡在外，他们的父母早已把他们交给老师。李教授的父亲曾任信阳师范的教务主任、代理校长和校长（胜利后），母亲是音乐教员和女生指导员，所以真可说是学生们的父母一般。当时信阳师范校址迁到豫西的师岗，学生大部分是穷乡僻壤的贫民子弟，逃难所接触的大多是农村老百姓。

李教授记得幼年时父亲往往数日不归，住在学校办公室内料理校务，这种献身教育的精神，是这一代教书的人包括他自己都望尘莫及的。这是谦辞，其实他尽心教学早已有名。

当时父母全校集合欲逃难前往西安，一家流落虎口。李教授说："我实难辞其咎，当时刚满六岁，患了严重的伤寒。"他父亲公私两忙，睡眠更少，1945年3月30日他父亲显然面临重大的决定，是该以责任在身率领学校大家庭西行，还是为一己之私而放弃出发？

李教授的母亲以眼泪倾诉，其弟亚梵在师岗病逝，此时母亲极不愿损失欧梵这个孩子，想暂时脱离大队，等他病势稍轻，再设法西去。父亲也不愿丢掉这个孩子，只好忍痛告别学生，仅将行李书籍随同运出。

最后所有藏书丢尽，他父亲身边仅带一本《英文会话文件辞典》和小提琴："父亲在大学从马思聪先生学小提琴，又从一位奥地利教授学指挥，更喜欢读翻译的西洋小说，可算是典型的西化人物，即使在紧要关头，仍不忘他的西方嗜好。"

李教授全家逃到了山区。那个4月，正是他们兄妹过生日的初春季节，不想却赌上了命运。在河南山区，本以为安全，全家躲在牛棚。两岁大的妹妹连吃了五个冷鸡蛋，李教授自己正坐在山坡下的竹林中玩耍，突然山头出现一队黄制服的人，接着就有声音噗噗地响起来，像放炮，似乎是儿戏，事后回忆犹有余悸。

他父亲在4月11日的日记中写道："昨夜狂风，今晨见天色阴晦昏暗，七时许，开始落着小雨，村里的军队都在岭上布防了，重机枪手雄伟地站在土岗上，凝望着前面。今夜会与敌人遭遇吗？机枪声清越可闻。大炮则二三分钟一发，震动山谷。每一发炮弹，都是'砰'一声响后，隔三五秒，甚至约十秒，才听到哗啦炮弹落地声，随着是群山的回声呼应，声音的路线历历可寻。彳亍在生死的边缘上，人本能地趋于自求生存的自私，把妻儿们安置一下，就爬上山顶去……"

他父亲与友人，把手枪埋在碎石堆里，把日记本也塞在石头缝里，处置好后屏着呼吸，等待最后的命运。半小时后，不见动静，一切都沉在死寂里。他父亲总觉得所躲的地方不安全，又沿着山沟，爬到巨石堆积的另一山坡，躺到山洞中，在从石缝里取回的日记上潦草地写着："离开妻儿们已经两三个小时，不知道他们安全否？生命系于一线，随时可断……他们如果遇到不幸，我的一切都完了，我会傻、会疯，也许会死——死，多么可怕的字。几十声枪响，断续地掠过头顶；一阵寒栗自脊背而下。"在死亡的阴影下他们相顾失色。

李教授回顾这段虎口余生时，只有庆幸，并有种天地不仁的罪咎之感："为什么这几个家人因我而落入虎口，但今天音讯全无生死不知，反而没有我幸运？重读同学陈若曦的《尹县长》，也同样有犯罪的感觉，人世间有幸有不幸，往往幸运的人得以生存，是很多不幸人的生命换来的，我这个幸与不幸的看法近于迷信命运……"

逃避日本人的噩梦，早已被他的下意识压抑下去了。对于继续从河南边境逃入陕西，越过秦岭而至西安的"原始旅程"，记忆反更清晰。也可能是最后一段漫漫长途，使李教授突然从幼年进入"少年"。据他母亲说，在某些地方，他的心理竟然相当"成熟"。当时李教授当然还不能了解父母贫困到变卖订婚戒指的程度，但于世事也有了深切的体会。大概是在安康，全家寄住在父亲的朋友梁冰潜伯伯家，两三家人至少有一个多月不知肉味。有天母亲带他到市场，偷偷买了个牛肉烧饼给他吃——说不定是用典当衣物后的钱。他津津有味地大吃大嚼后，母亲对他说："我们李家的孩子最乖，能吃苦不乱闹，所以给你一个烧饼吃，用作奖励。"他听后并不自鸣得意，却突然想哭，"从此之后，在我的脑海里，'乖孩子'就等于'能吃苦'，也就是'懂事'，似乎对于整个人生也看'乖'了。"

那一段旅程，他家一路上处处靠朋友照顾，至今难忘。他父亲的朋友像他父亲一样义气，又因河南民风淳朴，老农的真挚待客，也与沿途壮丽的山路一样深留记忆。

群山之下常有清溪，李教授的父亲有疾怕湿气，走在山上，他们则沿溪山上山下呼应，非常有趣。他父亲以诗人之笔记道："遍山青绿，异常鲜丽。春匆匆来，又匆匆飞去。黑暗留在后面，敌人所占据的山地留在后面，前面是光明，是自由，是祖国的大好河山。"身历其境，他犹记得最后从群山中走出来，突然看到生平从未见过的平原，那一片一望无尽、欣欣向荣的自由美景，使他顿时对将来生出一股幸福的憧憬。多年后，他在台大，想把这初望平原的心境，做讨论人生小说的象征主题，可惜当时未能写出来。

一般抗战时期的报道文学，经矫揉造作的文字修饰后，不忍卒读，可以说是浪漫精神的不良影响。他记得威尔逊（Edmund Wilson）论南北战争文学时说：战乱时的作品，往往带煽动性或新闻报道性，有思想深度者极罕见。他颇客观地说："在真实战乱下写的东西，是不可能夸张做作的，因无时间在文字上下功夫，这种言简意深的作品，反而令人感动！"

战火再起，李教授的父亲考虑举家迁台之时，在一张台湾地图上发现了新竹——好雅的名字，又是距离大陆最近的地方，于是全家真的在新竹定居下来。父母亲同在新竹师范任教，也把献身精神带给新竹师生。李教授从小在学生堆里长大，家里来访的学生络绎不绝。他们全家在小城住了八年。

多年前的新竹，到处是风沙脏乱。记得小时候赤着脚，穿过稻田中的小径去上学。放学后，在泥泞中打弹子，阴沟里抓泥鳅，有时也会在屋后的草丛里捕到几只彩色缤纷的蝴蝶；还记得夏日骄阳如炙下的柏油马路，走起来脚底烫得发热，远处冰店传来靡靡之音……

他们一家四口挤在一间斗室里，三家人共享厨房，十几家人共"享"公厕，就这样安定了下来。战争的梦魇，逐渐在回忆中消失，新竹遂变成了他真正的家。

"淳朴的生活，成了我的习惯。在这八年里，我不知道生命有什么特别的意义，只知道念书。"早晚恶性补习，由竹师附小入新竹中学，初中升高中，高中考台大，这就是人生的大事。进了中学后，他不再赤足上学。

父亲为他买了一辆脚踏车，他每天骑着车子，穿着土黄色的学生制服，在风沙里疾驰。学校在半山上，每天清晨，当他背着书包骑车上山，总觉得是段漫漫长途，目的地虽遥遥在望，"但我知道，抵达目的地后，我的负担会更吃重，一天的课业压在心上——数学习题、国文作文、英文考试、化学试验，从早到晚，似乎永无喘气的余地。于是一天又一天，周而复始，难道这就是生命？"

书本和学校以外的世界，他很少接触，父母也不准接触。但唯一的例外是电影院，这成了他的避难所，看电影也成了他心目中的美事，有时不禁感到奔波于家门和学校间，目的就为了周末可以看电影。周六晚和周日午后是他的黄金时光，一场接一场地看，在漆黑的座椅间，忘记身外一切逆来顺受的难关苦楚，完全陷入银幕上的理想世界。

他可以在黑暗中放胆遨游，把银幕旁幻灯片上的剧情任意渲染，织造出更美丽动人的故事。他得到不少安慰，更发现了西方世界：古希腊的废墟、古罗马的竞技场、中古欧洲的城堡、美国西部的原野……好一个五光十色的世界！

散场后，从戏院走出来，他猛然感到小城的窒息，幻想将来要远渡重洋，到西方世界开创自己的天下，将在陌生的国度里，遍尝人生酸甜苦辣，再悄悄回来走进戏院旁的咖啡店，静静回味。夜晚，在万籁俱寂的街上，看完电影，骑着单车，迎着皓月，驰骋在更绮丽浪漫的梦幻中。

李教授从读书以来，兴趣一直在文学。1957年考上台大外文系这个十分热门的系，同届共一百多位同学，原本相当疏离。到1958年5月20日才由陈若曦、陈次云发起"南北社"，他和几个好朋友白先勇、欧阳子等人被邀加入，王文兴、戴天、席慕萱等人后来加入。这个社早期多游乐联谊、桥牌、郊游、座谈，因为都对文艺感兴趣，又写又谈，并在1960年年初白先勇任社长时，正式创立"现代文学杂志社"。刘绍铭、丛甦、王祯和、刘大任、蔡文甫、朱西宁、陈映真、黄春明、施叔青、李昂、林怀民、七等生、三毛、荆棘、李黎、水晶、奚淞、余光中、叶维廉、杨牧、张错、钟玲、郑恒雄、杜国清、柯庆明等许多现在文坛上举足轻重的人，都曾帮忙写、编、校，尽各种努力。2008年9月20日，由台大和"国家图书馆"主办的"蓦然回首：现代文学"座谈演讲，邀请他和白先勇、陈若曦、王文兴、叶维廉等人畅述那段风风火火的盛事！

李教授自谦：因为当年，他还未创作小说，只是帮助好朋友们"摇旗呐喊"。他们要翻译卡夫卡等西方作家的作品，他就译。事实上当时也不太了解，等到了国外多年，才发现当时已闯出几条路，值得重视。白先勇老师对我说：欧梵学业成绩好，每学期考第一。

在同学欧阳子等人的笔下，李教授多才多艺，对音乐和电影，更有惊人的丰富知识。所以快毕业时，他有两个"妄想"：到好莱坞去学电影导演，到维也纳去学指挥——虽属家学渊源，但也遭父母反对，当然是无法实现的。只有做做梦！

李教授从好友刘绍铭教授处得知读文学备受"吃马铃薯"之苦。他自认还没有创作，怕申请不到奖学金，所以就选择外交、新闻、历史等路子。结果1962年芝加哥大学的国际关系要比伊利诺伊州立大学广播电视系给的奖学金更高些，他就去念了。

但是他对当时国际关系研究所流行的"游戏理论"，不顾人文道义的外交方式，感到索然无味。辛苦烦闷，又穷得无钱买酒，也没胆量去酒吧，当然更没有胆量效白先勇的《芝加哥之死》去自杀，穷途末路下除了看看电影，就买学生票听芝加哥交响乐团的演奏做仅有的娱乐。在焦虑之中他念沙特（J. P. Sartre）、卡缪（A. Camus）；又因看遍欧洲电影，电影梦再度汹涌起来，想申请加大学电影或印大学戏剧。但是，由于他在芝大跟随选课和工作的东亚图书馆馆长钱存训的推荐，哈佛东亚系给了他全额奖学金，1963年秋他转学这首屈一指的学府，开始念中国近代思想史。

"历史是偶然，文学是兴趣！"他不免感到内心的恐慌。儿时的家庭教育中灌输的多是希腊神话，他的名字就取自希腊神话人物奥非欧（Orpheus），且他之前接触的是西洋音乐与文学，而非国乐京剧围棋及"四书五经"、《左传》、《史记》、唐诗，但他逐渐在一知半解中对过去的文化产生好奇心，重新再发现传统，也发现了自己。

李教授的指导教授史华慈研究过严复，于是他由严复的好友林纾（琴南）翻译的大量西方文艺作品推究起，发现从"五四"的一代到他父母的时代，都怀有一种浪漫的情绪，对外在世界不满，对庸俗价值藐视，个人反抗遂演变成对纯艺术的本体追求,故而有创造社初期"为艺术而艺术"的口号,实则熔浪漫与象征为一炉。这一代极为主观地发泄个人情感如勇气、热情等,推崇强调人的本质和尊严,又对社会现实具有人道同情心的作品,是特殊的历史社会环境下的产物。

李教授的博士论文《中国现代作家的浪漫一代》,就五四新文化运动与文学革命的密切关系,以20世纪60年代的历史视野和角度,较客观地析论当时文人的种种颓废、逃避、自哀自怜的现象,虽各有其个人原因,但背后却隐现着一个时代的大征象——中国知识分子,有史以来第一次集体感受到与政治社会的疏离。郁达夫有意无意间,用了19世纪由俄国的屠格涅夫首用的一个重要意象——零余者。

"五四"文人的弱点,正代表历史上价值的变动。他们的疏离感——西方的并不尽相同——并非全出自物质环境的变迁,而是渊源于对社会的一种自觉。从古至今,有心的知识分子很难挣脱,也不愿挣脱个人与政治、社会文化的密切联系。

胡适以文学革命与西方文艺复兴相比,但李教授认为与欧洲18、19世纪之交的浪漫主义反动相比更较适切。二者皆反对古典传统的迂晦、雕琢、形式化,主张发扬个性、主观、人性、皈依自然,奔泻一己的坦诚和情感。如果说卢梭是浪漫主义之父,其《忏悔录》是后来各浪漫作家的经典,中国新文学所受的正是这种影响。

如徐志摩由哈代(T. Hardy)之死,歌颂整个欧洲文学。徐志摩的着眼、词汇和看法全是浪漫的:"从《忏悔录》到法国革命、浪漫运动,到尼采与陀思妥耶夫斯基,从尼采到哈代,我们看到人类冲动性的情感,脱离了理性的挟制,火焰似的进窜着,在这火焰里激射种种的运动和主义。"他推崇托尔斯泰、罗曼·罗兰、泰戈尔、罗素,认为"他们柔和的声音,永远叫唤着人们天性里柔和的成分,要它们醒来,凭着爱的无边力量,来扫除种种隔碍,我们相爱的势力,来医治种种激荡我们恶性的疯狂,来消灭束缚我们的自由与污辱人道尊严的主义与宣传"。这显然是卢梭的翻版,也证明其号召力。

郁达夫亦曾赞扬卢梭为人类解放者、反抗的诗人、自由平等的拥护者、大自然的骄子等。除上述者外，当时文人崇拜的英雄尚有：拜伦、雪莱、济慈（J. Keats）、歌德、高尔基、雨果、拉马丁（A. Lamartine）、莫泊桑，西方重要作家几被网罗殆尽，用同一浪漫气息，不论优劣派别，一口气全都吞了进去。

对此，1926年梁实秋在哈佛就学时就写过长文加以针砭。梁先生指出，"同时代的新文学运动根本的是受外国影响，推崇情感、轻视理性，对人生的态度是印象的，皈依自然、侧重独创。"梁先生师崇白壁德（I. Babbitt），白氏师崇阿诺德（M. Arnold），是抨击浪漫主义最烈之人，梁先生的态度是师承有自。

李教授又感觉到中国近代文学，也许是受西潮影响太快，往往兼容并取，只要是新的、时髦的，都是好的。但与西方浪漫作品相较，独缺带有宗教色彩的对宇宙人生的神秘感和想象力——20世纪英美批评家认为这是最重要的。

而且"五四"的文学作品，浪漫情绪的表现还是与国家民族的大问题相连，文学的形式，脱离不了写实的手法，从一鳞半爪的消息走向前卫式的各种新文学——自然主义、象征、抒情、伤感的人道主义等，又与纯写实的福楼拜大相径庭。

他们也没有把西方浪漫主义，自歌德、雨果之后的那种浪漫哲学特色吸收进来。欧洲作家觉得对现实不满而创造、想象的艺术文学，应该是个有距离的美学世界，背后含有哲学背景，层次是高于现实社会的历史的、政治的。

而中国方面自晚清以降，"现代"取向的意识形态，在字义含义中都充满"新"内涵：维新、新民、新青年、新文化、新文学，"新"字几乎与一切社会性、知识性的运动息息相关，欲求中国解脱传统的桎梏，而成为"现代"国家。

因此，中国的"现代性"，不仅是以排斥过去的现时意识为主的信念，而且也是往西方求新的探索，在不同程度上继承西方中产阶级现代性司空见惯的观念：进步与进化的观念，实证主义对历史前进运动的信心，以为科技可能造福人类的信仰，广义的人文主义架构中自由与民主的理想。正如史华慈所言，其价值已然经过"中国的"再阐释。

19世纪前半叶，依照马泰·卡林内斯库（M. Calinescu）所言，在西方文明的舞台上，现代风便发生无法改变的分裂：一面是科技跃进，工业革命和资本主义带来势如破竹的经济社会变迁；一面是成为美学观念，产生象征、立体、未来、意象、表现、达达和超现实等主义，代表对前者激进的反动。

　　这反动，事实上可以远溯到浪漫主义运动，反抗一成不变而讲究完美的古典观念和包藏在19世纪日增月涨的物质文明中的虚伪和粗鄙，在20世纪之交已建立理论：反传统、反功利，借贾塞特（O. Gasset）的名言——甚至反人文。厌倦了空洞而浪漫的人文主义和市侩功利的气息，对生活形式或生命形式真正厌恶，使他们排弃在浪漫艺术和写实主义中显著的人文因素。亦如卢卡奇（G. Lukacs）所指出的："现代主义对人类历史感到失望，抛弃历史乃直线发展的观念。"他们视外在世界顽冥而疏离得令人绝望，以主观摧毁偶像的姿态，毅然再创立新的"艺术现实"。

　　当"五四"人士对传统发动总攻击时，他们感情的思潮激荡起自我而浪漫的主见，这和欧洲不同。在某种程度上，他们同样具有西欧美学的现代主义那种艺术性的反叛意识，但并未抛弃对科学、理性和进步的信心。在文学上，写实主义的主张，正呼应了贾射德为19世纪欧洲文学所做的整体结论："他们把严酷的美学因素减缩到最低，让作品在虚构中涵盖人生真相，在此意义上，20世纪的一切艺术都是写实。"

　　"五四"文学醒目的特征，是假借外在现实，极为显眼地展现自己的个性，即近似西方初期的现代主义。依欧文·豪（Irving Howe）所见，当现代主义犹未隐藏浪漫主义的原貌时，"它自称是自我的扩张，是个人生命力使其本质和实体产生超越性和狂欢性的增大"。"五四"文学初期具体的缩影是郭沫若早年的偶像惠特曼（W. Whitman）。但中国1960年以前的现代文学，都避开了西方现代主义的中晚期。"中期，自我又自外界回转，仿佛它本身便是世界的躯体，精细地探究自我内在的动因：自由、压抑、善变。到晚期阶段，由个人的厌倦和心理的觉悟发生剧变，成自我的完全消失。"这两个阶段的典型人物是伍尔芙（V. Woolf）与贝克特（S. Beckett）——只有鲁迅的散文诗中偶现近似之境界；伍尔芙的遗绪则要到凌叔华和张爱玲才接到。

　　"五四"文学在其巅峰时期，是表达心理冲突和苦恼的形式。外在现实的压迫，并未在作家意识内消退，反而萦绕不去，腐败庸俗社会的弊病又加剧侵入作家的良知，使之不能忘怀现实。从较非美学的观点看，中国文学对现代风的探索，屈就于悲剧性的人性意义，不曾转化到纯美学主义的死巷，也不曾遭逢西方现代主义的窘境：时间无常，必须永远挣扎，始终不得完全成功。

中国现代文学的主流，受到感时忧国的意识左右，20世纪30年代更将视野扩大到社会，描写城市和乡村，表现出夏志清教授所称的"结结实实、根深蒂固的人道写实主义"。现代性在中国文学史上那时并未真正成功，但仍有少数作家如诗人李金发、戴望舒、卞之琳、梁宗岱等，确实努力摸索，想体会契合西方现代主义的技巧，却遭到抵触辱骂，到抗日战争即告终。

李教授说："我之所以要解开'中国现代文学中的现代精神'一系列的探讨，就因为他们都提出中国怎样走向现代的道路。从'五四'徐志摩、郁达夫的浪漫情结，到20世纪30年代都市文学、新感觉派及台大的《现代文学》，再到大陆的现代热……文化研究，这研究愈来愈扩大，到现在'现代'还没弄完。"

他遂深入地将各主题分别探究并开课，好比他在哈佛所开设的"20世纪30年代都市文学"的讨论课，除研读上述诗人，更选介他很拿手的"新感觉派"城市文学作家，如施蛰存、穆时英、刘呐鸥，并兼及张爱玲等人的作品。

他概括地论及："五四"以降，中国现代文学的基调是乡村，乡村的世界体现了危急存亡之秋作家的挽救精神，而城市文学却不算主流。这个现象，与西方完全以城市为核心的文学，形成明显的对比，尤其现代主义各种潮流，没有巴黎等几个大城市，也就无由产生，如威廉斯（R. Williams）所说："西方现代作家想象中的世界唯在城市，不论光明或黑暗。"

中外文学区别太大，研究中国现代文学的学者，特别是在大陆，往往不重视城市文学，甚至一度将城市文学视为颓废、腐败、半殖民地的产品，因之一笔勾销。事实上，20世纪30年代乡土作家也有不少住在上海，出版中心和文艺论战等都在上海，可以说作家的想象世界虽以乡村为主，生活世界却不免受城市影响；心中的矛盾，就奠基在这无法调解的城乡对比上。

李教授搜索港澳台和大陆资料，首开都市文学作家研究之端，把被人忽视已久的施蛰存诸位推崇为中国文学史上"现代主义"的发轫者，也要大家留神他们主编的杂志《现代》。

对于张爱玲，李教授认为：在大陆，早些年她被定位于"小布尔乔亚"——小资产阶级，作品只能是反面教材；在港台又被捧得像宝，似乎缺乏历史感，一味赞她文字怎么华丽，意境怎么苍茫，都没有把她放在思想文化上来看，亦即是把她当作一位有现代艺术精神的作家。

1949年后，台湾多数人，无意面对前途不明的政治，于是在台的作家转向内在"生活在感官潜意识梦幻的个人世界中"。由夏济安教授主编的《文学杂志》，在台湾的文学史上是个重要的里程碑，所提倡的是"写实主义为小说创作的信仰"，但他们对描述真相觉得为难，不得不采取"现代主义"，因此这朵史无前例的花朵，绽放的时机业已成熟。

诗比小说抢先一步。1953年纪弦等创办《现代诗》杂志，1956年又组诗社，现代诗社、蓝星诗社和创世纪诗社等；诗人如杨牧、痖弦、余光中、郑愁予等均特别强调现代诗形式上虽受惠于西方，也要有明确的中国感，以期同化中西菁华。

李教授很客观地论及他和同学创办《现代文学》的壮举，在于有系统地介绍西方现代主义文学大师，由卡夫卡到托马斯·曼（T. Mann）、乔伊斯（J. Joyce）、劳伦斯（D. H. Lawrence）、伍尔芙等，主要是小说家。小说技巧的创新性，是这份杂志"现代主义"的另项品质证明。

两三百篇小说，包括他的好友白先勇、王文兴、欧阳子、陈若曦等人，在风格上都显示出自觉地受到西洋现代小说的启发，有象征、超现实、意识流、弗洛伊德式心理分析等各种技巧，怎能不"震惊台湾的文坛"？

当时这群才二十几岁的年轻作家，所学和政治认识总有其局限。台湾的现代主义形成了形式重于内涵、风格技巧甚于哲学学理的特征。不过李教授总说，作品站得住最重要！

李教授喜欢历史，是深受家庭影响，几次赴欧"踏寻徐志摩的踪径"，后来记述此段经历的文字还被集成一书，就为钻研他父母那浪漫的一代。他将这种个人家庭影响，提升到历史的层次。

家史也好，家庭回忆录也好，不该只把它当成历史洪流的部分，它和国家民族的历史一样重要，一样能争取到其独特的发言权。"您是指权威性？""对！就因当年的禁锢，我一出国就故意研究鲁迅，大看曹禺、巴金，早在十多年前参加'国建会'文化组就与白先勇等人倡议开放。"他最爱写文学味道的历史，这深深影响了我们。

读许多李教授公开发表的或仅止于师友间流传的文字，都能从中感受到他的浪漫。无论被说成"忠厚而痴情的感情主义者"或其他，他并不回避，反而从历史的角度来打趣说："我以前浪漫的历史，都是'断代史'，得从'断代史'里面读出'通史'；从文学理论来说，我把过去当作'作品'，那时的作者是我，可是已经死了，所剩下的只是'作品'，你可以谈论，我也可谈论的就是'作品'。"

李教授把美满的家庭提升了层次："我独身很久才结婚，一向对婚姻有永恒坚持的理想，所以虽然朋友们以为我是浪漫主义者，终于找到了归宿，我却不认为婚姻就是找归宿。我非常尊重太太，处处也为太太考虑。"据悉他转任，就为太太也能一展长才。他于1994年秋回哈佛，也多哈佛相聚的机会。之后听他说过"待人以诚，断代史很多，但我问心无愧"。千禧年中秋，李教授与李子玉（玉莹）结缡，我获赠他俩合著的《过平常日子》。他们夫妻二人退休后，在港台讲学，恩爱携手写读多年。

或许由于夏济安老师的感召，或是因为从心理学派名家埃里克森（E. Erikson）上课时研究了鲁迅，感觉鲁迅又历史又文学，孤独悲观十分复杂，他就摸索研究了几十年，想把鲁迅由神还原为人，1987年终于出版了《铁屋中的呐喊：鲁迅研究》英文巨著，被英美学界公认为鲁迅研究的重要工作。"这本书写得艰苦漫长！"也几乎令他陷入事业的逆境，还多亏真正的朋友刘绍铭教授敦促他由历史回归文学，令他特别感激。"如何善处逆境呢？""很简单，甘于孤独，还要自嘲，中国知识分子最爱自哀自怜，扩大逆境，可能别人的痛苦更深重呢！特别是男性，所以常由文化视野反思男性。"

近年来，他还出版了论著《中西文学的徊想》《狐狸洞话语》《上海摩登：一种都市文化在中国（1930—1945）》等评论集十种，并写成长篇小说《范柳原忏情录》《东方猎手》等。此外，还著有《世纪末呓语》《寻回香港文化》《交响：音乐札记》《现代性的追求：李欧梵文化评论精选集》《苍凉与世故：张爱玲的启示》《我的哈佛岁月》《清水湾畔的臆语》《都市漫游者：文化观察》等。尤其值得一提的是他和太太李子玉（李玉莹）合著了《过平常日子》《一起看海的日子》《恋恋浮城》等书，这可谓是琴瑟和鸣，令人羡慕。

李教授在哈佛荣获院长提名兼任族裔委员会主席，为百年来华裔首任。但是，他认为在美国文化里哈佛带头做族裔比较研究的中心，无甚建树。2002年李教授当选台湾"中研院"首位中国现代文学院士。

李教授待人随和得体，常有学生直呼他英文名 Leo 或欧梵先生；常见他轻松不羁，高立台前上课，西装球鞋是在哈佛或维也纳、布拉格听音乐时可能的穿着。十多年，蒙其指点顾问，与其所创哈佛中国文化工作坊合作主持白先勇、杨牧、张错、李锐等名家演讲（现在由王德威与我共同召集，我是主持人）中，我受益颇多，他尊重小辈，时时不忘给予幽默的赞许，曾在台上介绍我是演讲会的总导演，给予种种令人汗颜又感激的溢美之词，堪称"平等扶植弱小民族"！

听他自在挥洒地论讲香港、上海的文学媒体，或从容坦荡地大谈多元文化和文化中国，在在都是崭新而值得喝彩的博大题目，与哈佛同感深庆得人，能蒙指明迷津并加提携。

如此繁华

——首开哈佛大学中国现代文学课程的王德威教授

王德威，1954年生于台北，哈佛汉德升中国文学讲座教授、台湾"中研院"院士。

王德威大学毕业后即赴美威斯康星大学学习，获比较文学博士。师承刘绍铭教授等人。曾任教于台大外文系、哥伦比亚大学、哈佛大学东亚系，在哈佛首开中国现代文学课程，曾担任哥伦比亚大学东亚系主任、丁龙汉学讲座教授、哈佛燕京学社首位华裔董事等职务。

王德威提出的"华语语系文学"，"被压抑的现代性"和"没有晚清，何来五四"等，颇受海内外学界注目，并在"继夏志清之后，把张爱玲的文学地位再予以肯定及发扬"。他被认为是海外中国现代文学研究界继夏志清、李欧梵之后的第三代领军人物。其名作有《小说中国：晚清到当代的中文小说》《如何现代，怎样文学？19、20世纪中文小说新论》《被压抑的现代性：晚清小说新论》《现代"抒情传统"四论》等。

1986年夏天，我们就听到哈佛的张光直和韩南（Patrick Hanan）教授辗转邀请到台大王德威教授任教一事。而后我多次参加王德威在哈佛东亚系主持的作家演讲，并且多蒙他襄助，在哈佛大学和大波士顿区举办了许多文艺讲座，至今他仍在支持我主持哈佛中国文化工作坊，并协助北美华文作家协会纽英伦分会的工作。

　　在哈佛大学1990年5月11日到13日召开的"中国当代文学的创新与传承"会议上，哥伦比亚大学的夏志清教授在结束之前有一段谈话，提到1990年即将任教哥大而当时还在哈佛东亚系的王德威教授（他是该会的两位召集人之一），他说："王德威，能有他做接班人，我感到放心，他具有我所有的一切，除了我的机巧（wit）。"夏教授妙语如珠地畅所欲言，却顾不得颇不自在的王德威和满堂大笑的学者。

　　王德威教授，1954年生，祖籍吉林（辽北）长岭，父亲王镜仁先生和母亲姜允中女士都是东北极有影响的领袖人物。王教授1976年台大外文系毕业即赴美国威斯康星大学麦迪逊校区攻读比较文学博士。1982年返台，任教于台大外文系，教授欧洲文学史等课。1986年，王教授再度赴美，任教于哈佛大学东亚文明系，开设中国现代小说与戏剧等课，首开在过去只重视古典文学的哈佛开讲中国现代文学教程之先河。1990年，王教授跳槽至哥伦比亚大学，担任东亚系及比较文学研究所教授，曾为哥伦比亚大学丁龙汉学讲座教授和东亚委员。自1997年起，王教授兼哥伦比亚大学东亚系两任系主任，被誉为哥大百年来华裔第一人。2004年秋，哈佛大学东亚语言及文明系，邀他回来担任汉德升（Edward C. Henderson）中国文学讲座教授。2004年，台湾"中研院"第25届院士会议中，不足五十岁的王德威教授当选"中研院"院士，并应邀兼该院文哲所研究员，翌年于北京大学等学校开课，又受聘为复旦大学"长江学者特聘教授"，常在两岸及欧美等重大文学奖盛会中担任评审委员、主席等。自2008年起，王教授开始参与哈佛燕京学社董事会，担任首位华裔董事和东亚系务等。

　　王教授勤于写作，出口成章，常受邀前往世界各地演讲任教，是中国现代文学领域中数一数二的精英。王教授又兴味古雅，喜欢中国戏曲和绘画，大学时曾票戏扮大仙，现偶尔抽暇画山水，眼睛累得有点问题，不怎么注意，有时间以游泳步行为运动。他孝父母，多年来寒暑长短假必回台，又多助朋友，谦和欢乐，忙得不亦乐乎。

王教授是自1986年起，在哈佛讲中国现代文学的头一人。他认为汉学或中国学，不管在国内怎样的蓬勃热闹，在国外相对于英美文学与文化研究来，还是绝对的小众，我们要知道自己的边缘定位。当然，广义的海外汉学的中国文学研究，从18世纪至今，起码也有两百年的历史了。一开始它就属于东方学，是东方主义对中国的好奇，研究方法是五花八门，非常杂乱，用的是萨依德所说的东方主义的那套。东方学、汉学或中国学在哈佛大学，自1879年的戈鲲化和20世纪的赵元任、梅光迪开始教授中国语言语文课，才有根苗。海外比较严肃的汉学研究，尤其是文学研究，要到20世纪二三十年代之后，比如高本汉的语言学研究，或者费正清的历史学研究，等等，才逐渐烘托成了一个大的学科，基本还只是对中国的研究，也就是所谓的地区研究。文学方面的汉学研究，王教授倾向于用英文 philology，主要指很细腻的文本解读，所以传统汉学往往是钻在故纸堆，找个题目钻进去，虽然很精深，但也可能钻错地方了。

谈到中国文学的现代意识，王教授一开始就有很多保留。他的书中有《被压抑的现代性》，提出"如何现代？怎样文学？'现代性'、'现代意识'，这些名词就让人意识到很多问题"。什么是"现代"？"现代"，基本上是引进西方的 modern 这个词，经过日本的中介，逐渐翻译而来的，其意义是非常复杂又难以解决的。从时间观点来看，现代意味着排除历史和传统的限制。

在1970年后，西方的建筑界，首先展开"后现代主义"，之后漫延至视觉艺术界、绘画、文字艺术。当然，运动总是具有后见之明，在逐步意识到有这个后现代运动兴起之后，于是后设，去做建议的体系。如果"现代"已经变成"后现代"的话，"现代"这个词，已经被历史化了，这是个吊诡，"现代"显然是在历史潮流里的一段时间，在这种情况下，再来讲中国文学的"现代化"岂不是很反讽？"现代"已经过去了，我们怎么老瞠乎其后？

"我今天并不准备解决这些问题，但是我得先提出问题后，才能再进一步讲：什么是现代文学。"他表示：20世纪定义下的现代主义，可以上溯到19世纪中叶，像波特莱尔（Baudelaire）的诗作等。所谓"第一世界"的现代文学（如果中国等国是"第三世界"的话），也应包括19世纪末瑞典的斯特林堡（Strindberg）的剧作，法国里波（Rimbaud）、马拉美（Mallarme）等人象征主义的诗，以及19世末20世纪初的尼采哲学、弗洛伊德心理学、索绪尔（Saussure）的语言学和傅瑞哲（Frazer）的神话学等思想，都肇始了现代主义的周边和间构，在20世纪初逐一形成"现代主义"。

第一次世界大战前后，由于19世纪以来的实证主义、科学主义挂帅，接着共产主义等也渐次兴起，社会、政治、经济的变动，科技的过度发展，物质过度膨胀，就因为这些客观的时代背景，欧洲的思想家、文学家开始涌现疑问和争执，也提出"现代主义"的观念。这个词有相当的自我意识。他们意识到时间的焦虑感——时间是留不住的，现代与过去、历史、传统，有了强烈的罅隙、断裂的焦虑感。

另外，疏离感也是现代文学的特色，人性经过19世纪科学文明的洗礼后，失落在科技文明的茫茫大海中，这种孤独、分离，以致在20世纪二三十年代有"失落的一代"之说。四五十年代，存在主义则发展到巅峰，人仿佛失落在孤岛找寻方舟。这种切断，一方面让大家感到疏离，价值意义若有所失，一无所恃；另一方面也让这些学者、思想家，兴起了乡愁式的感觉，想要重新追溯意义的所在，跟传统文明的起点建立一个新的关联。

比如说，傅瑞哲在这方面就有明显的倾向，他观察现代社会结构及部落的仪式，希望再度去访求失传的远古文明发端的神话架构，而把几千年的西方文化、文学活动压缩在神话格式里，写成《金枝集》。或像弗洛伊德，由每人的生活资料，从一切都是性的升华压抑来诠释他的心理学观点，去探索每个人的焦虑，或者存在于焦虑之后，那种不可说的、内心永远被压抑的源头。或像尼采那样去做哲学上的反思。不论傅瑞哲的外向、弗洛伊德的内向，都可以发现一个吊诡：二者思想的基本模式，都是要找寻人类文明的源头和意义，或是人类生命意识成长的源头；对不可追寻的过程，再次塑造一种新颖的研究和连接，经由文字的揣摩和象征符号，去把那无法用平常语言表达的深层意义，用圆融精致的文字实验重新定义出来。对于意义的关怀以及如何衔接过去与现在，是现代文学重要的课题。

在文学上，著名的例子如乔伊斯（James Joyce）的《尤里西斯》。《荷马史诗》中的希腊英雄尤里西斯在十年特洛伊战争之后，又经十年的寻觅、流浪终究回家的神话，投射在爱尔兰都柏林的一天——1904年6月16日，以庸俗的中年商人布隆（Bloom）游荡在市区所见的琐碎事物，来对历史神话和现代人的心灵做一个内向化的崭新鉴别。

中国现代文学，是怎么样的情形？王教授谈道：我们的现代文学，是19世纪甲午战后，有识之士意识到须有一套新的言谈媒介来看待谈论，甚至"书写"出我们的国家社会。早在清末，严复、夏曾佑的《本馆附印说部缘起》（1898）中，即力倡文学再造人心的功能。"但最为人所熟知的，是梁启超的《译印政治小说序》（1898）及《论小说与群治之关系》（1902）。梁启超笃信'小说有不可思议之力支配人道'，所以'欲新一国之民，不可不先新一国之小说'，俨然国家兴亡，端赖小说改良之成功与否，至若'五四'前后陈独秀'文学革命论'，霸气十足地宣传国民文学、写实文学、社会文学；鲁迅之弟周作人提倡'人的文学'以痛斥传统'非人的文学'；文学研究会号召'为人生而艺术'；乃至茅盾等推崇自然主义小说，皆可看作附和是类观念的反响。"

但王教授强调"五四"文学与西方现代文学，仍有相当的差别。中国现代作家不只对个人主体关怀，也再度估量"我"这个作者和读者群体之间的关系，作品跟国事、天下事之关系；他们虽也处理了孤立感、疏离感的问题，却是写作主体对国家社会的深切观点和参与被拒绝之后，感到无人了解的孤独；或是知识分子与落后故乡人事间有那堵看不见的墙，而坠入有心无力的自惭孤独，是不同于西方现代文学的。

有关文字的描摹形式，也有不同。在西方，文字的寓意性是很强的，他们相信文字是显而易见的象征符号，可用以揣摩那失去的根源或内心的世界，将它们重新表达，这种想回溯又回溯不易的乡愁感，是有别于我们作家迫不及待地要切断与传统的联系的（切得断否？不得而知），而且鲁迅以降的

"五四"作家，对于深刻关照主体人性、细腻的心理描写，仍缺少像西方同辈作者那样的关怀。他们琢磨新语言——白话文，并企图用19世纪西方写实主义的技巧：特写、讽刺、抒情等"不同"的叙述来摆脱传统。但主要还是出于对文字文学神奇力量的信念——他们相信文字可激发读者的道德良知，移风易俗，改造社会民心，让读者了解现代化的必然性。只要看梁启超坚信的"不可思议之力"，以及鲁迅弃医从文以期用文艺来改变国民的精神，便可明了他们信仰文字有天启式（apocalypse）的宣道、重整的魔力，也牵涉东西文化传统之不同。毕竟我们未脱离"文以载道"的传统，所以在将中国现代文学与西方对比或类比时，很难说有完全的相似之处。

在文字跟文学的实践角度来说，说穿了，中国的现代文学，相当于19世纪欧洲的写实主义文学，并不像普鲁斯特或乔伊斯的作品，但这并不代表中国文学跟不上"时代"或不够"现代"。"现代"要与过去或传统划清界限，但总也不能脱离历史情境的主宰。从这个层面上，我们又可看到"现代"这个词的吊诡性，"现代"到底在哪儿？

王教授莞尔表示：在中国并不缺少现代化这个词汇。"五四"有过，显然没有成功，是以在每个时期不断出现。这个现代化所具有的时间和进步的观念——在设定的时空环境上，要继续地进步——有强烈政治意义。从广义上来说，毛泽东1942年的延安谈话提出文学为政治服务，也可以代表另一个观点的"现代化"。此外，中国的文学现代化总是希望建在功利的关系上——要有用，不论是对自己还是社会，能使之变得更好。这与西方标榜的现代意识不同。

茅盾、郁达夫他们都翻译过现代主义的东西，更不提新感觉派作家如施蛰存、刘呐鸥等首倡者的贡献，不过在当时并未受重视。这点李欧梵教授曾在他编的《新感觉派小说选》的序文中，有很好的介绍。

将西方现代文学的写作技巧以及思维特征有系统地介绍到中国，还是20世纪60年代台湾的白先勇、陈若曦、欧阳子、李欧梵等人创立的《现代文学》杂志时代。这些作家间接又影响了80年代的大陆作家，如莫言、韩少功的作品，很像卡夫卡，也像马奎斯（Marquis）。

比如，中国首位乡土作家莫言荣获2012年诺贝尔文学奖，他的小说，以其风格来讲，是乡愁感的寻根文学，是现代意识的作品，如《白狗秋千架》《爆炸》等作品，其中对知识分子与农民间的关系，有独到的体会，上承鲁迅等二三十年代作家的人道精神，而能另抒新机，点出其间的矛盾龃龉！

以莫言为例，论述当代文字峰回路转之机：《白狗秋千架》描述了知识分子返乡再遇儿时旧识的一段伤心之旅，其架构源自鲁迅式的"返乡"小说，如《故乡》《在酒楼上》《祝福》等。

鲁迅写"我"与闰土、祥林嫂间难以跨越的障碍，道尽多少年来知识分子与农民间的"无言"情结，及至莫言笔下，刻意夸张了这个女性形体上的缺陷，以影响其政治或社会地位的卑下。暖，幼时曾自秋千摔下而跌瞎一眼，被迫嫁给哑巴为妇。盲哑之家，本就堪怜，更不幸生出的孩子也是哑巴。盲哑农村的凋敝，令莫言的批判反讽意图，不言自明。但《白狗秋千架》的结局却完全逆转了鲁迅式论述。

我们的叙述者临离乡之际，忽被独眼的暖拦路截下，不为其他，只为与叙述者苟合一次，以期生个"会说话的孩子"，这项难题的结果，不得而知。

然而莫言的突兀安排，已为鲁迅以降的返乡文学，增添一极具思辨余地的回声。在此时，农民以肉体的直接要求，既富个人逾越礼教禁忌的欲望，也遥拟弥漫社会的机会主义，揶揄、困窘知识分子纸上谈兵的习惯，以低鄙、嘉年华式的狂想，挑衅知识分子的高蹈姿态，当鲁迅"救救孩子"的呐喊被"落实"到农妇苟且求欢的行为上时，我们看到20世纪80年代大陆作家最奇特的反思潜流。鲁迅以降所示范的那套人道写实论述，亦因之暗遭瓦解。莫言的写作一路推上高峰，真是"千言万语，何若莫言"？

现代主义哲学的根源是人的焦虑性、紧张性，不论像西方作家失落在人间大海还是像中国作家描述"我"对社会的孤独感，到了"后现代"，这种焦虑都已经逐渐沉淀。文明发展到某个程度后，人之所以为人，已经开始变成问号了，对于过去认为不得了的问题——如存在、断裂等，均开始以玩忽的态度来看待，使之变成只是符号游戏般的活动。后现代文学，对语言也有基本不同的看法，他们认为，若要借着语言去追寻渺不可测的神话或心理源头，是一种自我欺骗，语言在不断自我解构。

针对价值体系，现代文学是含整合倾向的，希望经过文字的描摹，把现代跟过去，把渺小的我与遥远神秘的我，把史源和自然，重新定位、牵连在一起。后现代主义则采用分裂式的看法，不断分解、扩散问题。所以现在看到的"后现代主义"作品，是个很"轻"的东西，所谓"生命中不可承受的轻"，与现代的"重"，恰恰相反。后现代不去寻找始源式的"自由"、"独创"与"意义"，基本上它是寄生在那"现代"上的 Post-Modern，所以一定要有个东西在那儿，才能搬过来看，解过来看，是以权威消失，文字不再独大。映像媒体如电影、电视等各种传播媒介的技巧变异，使其在绘画和建筑及文字方面与旧有体系的冲突都很大。

"中国文学的现代意识"实在是一个自我瓦解的课题。在时间的潮流里，任何标签都是有倾向的，应该不断随着历史时空的变化来重新定位。"现代"一词，已经被"注册"了，我们以20世纪末的眼光，来问一个问题，21世纪后我们要怎么看"现代文学"呢？我们的"现代文学"会以什么来标签呢？我们也不好就两个人在这儿把"现代"一锤锤地钉起来，来个盖棺论定，能做的只有仿效福柯（M. Foucault）来做一个探源式的权宜回顾，把它历史化，赋予它一些时间标及"考掘点"，建立起一个谱系来。

这"现代文学的谱系"可以从晚清开始，经过了"五四"和毛泽东延安谈话的写实主义文学潮流，到20世纪60年代台湾的现代作家，再至80年代大陆提出四个现代化之后，作家们在海峡两岸彼此所做的文学实验，其间各种特征，有异有同，实不能以一言蔽之。

"我2008年与季进在《文艺理论研究》中谈道：一直认为，现代中国文学研究最重要的成果之一，是对'现代性'的探讨。'现代性'俨然成了一个无所不包的理论框架，相关论述层出不穷，但其对立面，'历史性'的辩证仍显不足。历史性不只是指过往经验、意识的累积，也指的是时间和场域、记忆和遗忘、官能和知识、权力和叙述等种种资源的排比可能。海外现代文学学者在借鉴福柯的谱系学考古学、巴赫金（M. M. Bakhtin）的众声喧哗论，或是本雅明的寓言观、末世论等西学方面不落人后，但对20世纪章太炎的史论，或陈寅恪体系、王国维诗学，并没有投注相等心力。我觉得这仍然是不平等的现象。"

归根究底，既然讨论"中国文学的"现代性或后现代性，我们就必须有信心叩问：在什么意义上，19、20世纪的中国文学发明，可以放在跨文化的平台上，成为独树一帜的贡献？这未必全然是乐观的研究，因为在任何时代，任何文明中，各种创造都接踵而至，但有的不过是昙花一现，有的是新瓶旧酒，有的被证明此路不通，而最新颖的发明，未必就能为当代或后世所接受。因此谈现代性，就必须谈在绵密的历史想象和实践的网络里，某种"现代性"之所以如此、不得不如此，甚或未必如此的可能。

"历史性"作为现代性的对立面，我们对它的辩证，又确实显得不足。"历史"在文学批评语境里永远是个大字，但过去二十年来有关历史性的讨论，或被后现代论说解构成不可承受之轻，或被左翼论述持续包装成最后的天启圣宠，以致不能有更具创意的发现。现在大家都开始强调历史的多元歧义现象——一样可能是空洞的指涉，有待填充，但相对以往的意识形态挂帅的一家之言，这无疑是一大跃进。所以这应该是问题的起点，而非结论。正因为现代的观念来自与历史的激烈对话，"现代性的历史性"就成为从事研究者最严肃的功课。

王教授选择1905年、1955年、2005年三个历史时刻，来讨论现代中国文学发展的曲折脉络：1905年见证了新旧文学互动以及"被压抑的现代性"的现象，1955年则标志着革命启蒙话语和国族主义的空前高峰和内爆，而2005年的文学虽然持续反映后现代/后殖民/后社会主义的影响，但1905年、1955年的幽灵其实驱之不去。虽然抽取了这三个年代，但并不想暗示这里面有什么历史因果律的必然。

相反的是，王教授想重探20世纪以来中国文学复杂的轨迹。他认为中国文学现代性不能以特定时期、公式、创作或阅读群体来断定，现代性意义不在于内烁真理的呈现，而在于对历史坐标的不断定位。只有当我们折冲于现代的多元时间面向间，我们才能持续启动、化解"现代"谜样的魅力。最大启示，应该是三个方面：

一、我们这个时代对于批评，对于理论有着很大的重视，我们站在所谓批评理论的立场上不断地辩证文学到底是什么，文学该做什么或文学该向何处去等问题，而他恰恰要提出：我们今天的文学批评是不是自己也应该被批评了？站在批评的位置上，是不是就让我们真正地、自动地享有道德上的优越或是知识上的优越呢？

二、前面也提到的，我们不断地强调现代性的问题，但是现代性的另一面，现代性本身的历史性，我们却没有给予适当的重视。

三、站在当下的坐标点上，我觉得我们对于中国文学的定义不能再停留于过去传统的帝国式的定义。中国如果能够成其大的话，它的文学地理的疆域不应该只采用国内与海外这样简单的二分法，对海外华语语系文学有必要进一步考察及对话。文学的过去可能渺不可寻，但文学的未来应该是什么，仍然是值得我们继续讨论或对话的。王教授有关变与不变的见解，振聋发聩！

在台湾《联合报》和《上海文学》（2006年第9期），以及香港《明报月刊》发表的文章中，王教授把Sinophone Literature一词，翻译为"华语语系文学"，这在海外汉学研究领域里，是一个新兴观念。历来我们用的都是"现代中国文学"或"中文文学"，但这样的表述在现当代语境里，也衍生出如下的含义：国家想象的情结、正宗书写的崇拜，以及文学与历史大叙述的必然呼应。然而有鉴于20世纪中叶以来海外华文文化的蓬勃发展，中国或中文一词，已经不能涵盖这一时期文学生产的驳杂现象。尤其是在全球化和后殖民观念的激荡下，他认为对于国家与文学间的对话关系，必须做出更灵活的思考。

基于严肃思考的汉学文学研究，王教授将华文文学重新定位：华语语系文学的提出，就是期望以语言——华语作为最大公约数，作为广义中国与中国境外文学研究、辩论的平台。"Sinophone"是新发明的词汇，但逐渐流行，意思是"华夏的声音"，相对几种有关帝国势力殖民属性文学或是文化的专有名词，像是 Anglophone、Francophone、Hispanohone、(Nipponohone) Literature，即英语语系文学、法语语系文学、西班牙语系文学、日语语系文学等。如西印度群岛的英语文学、西非和魁北克的法语文学、巴西的葡语文学等，都是可以参考的例子。这种表述提醒了在地文学和宗主国之间的语言／权力关系，但是另一方面也要正视：虽在当地厉行殖民主的语言，而在地文化从事者因地制宜，又以其人之道还治其人之身，对宗主国的语言文化做出另类衍伸、解释、发明。于是有了斑驳混杂的语言结果：杂糅、戏仿甚至是颠覆的创作。

特别点出：日语语系文学最具历史批判性，指日本殖民主在殖民地所加诸台湾地区或朝鲜的文化霸权结果，而在被殖民地区的作家（像杨逵、龙瑛宗等）和宗主国之间产生的或是妥协，或是共谋，或是冲撞，或是嘲仿的情形（常糅合言语），这可从文学的表达上看出端倪。相对上海的张爱玲等，还有其他沦陷区如伪满洲国，及部分台湾文学仍然是以中文为主。

华语语系文学并不等同上述文学，语言驳杂的马华文学也不能如此归类，但却可说是在地居民有意无意地赓续华族文化传承的观念，延伸以华语文学为符号的创作形式。

新观念兴起之前，已经有代表性人物，如我们所推崇的杜维明教授的文化中国、李欧梵教授游走的中国性、王赓武教授实践的中国性、王灵智教授双重统合结构的中国性等，都是对海外的中国性问题的思考，并有批判的声音出现，如周蕾教授说一本护照和种族的诉求，但又都不能完全代表中国性。

在台湾的赖和与陈映真，写作犹如启蒙的鲁迅。还有张腔标记的"南洋张爱玲"李天葆之马来地域特色，异于其他张爱玲的海外谱系，仿佛张爱玲的隔代遗传，鸳鸯蝴蝶派作家错置时空、隐讳叙事……摒弃李永平与张贵兴的现代派解构，免却任何感时忧国的情绪，华艳锦绣又空虚，独树一帜，是华语语系文学中的几个特例。王教授又说："哈金以借来的语言（英文）写作，但是'发声'的位置是中国的。"如此，他赋予华语语系文学（包括汉人的非华语以及非汉人的华语）写作一个极有思辨意义的例子。

华人投身海外，身份基本上是离境的、漂泊的"移民"。而年深日久，一代又一代移民的子女融入了地区的文化，真就成为外国人——"夷民"了。但还是有一种海外华语发声姿态，那就是拒绝融入移居的文化里，不论如何，仍然坚持"花果飘零，灵根自植"的想象，形成所谓的遗民和后遗民。这暗示了时间本身的裂变，是时过境迁之后一种乡愁的身份，追思时空的消逝错置，思绪不绝如缕，这是华语语系文学与其他文学最大的不同之处。

华语语系文学研究试图更加凸显的，正是看似一目了然的身份标签背后的权力运作与差异化过程。有别于强调中国文化或文化中国的广纳百川万邦，华语语系文学研究更愿意凸显的面向，包括了各地华人移民后裔移居离散的历史背景，以及跟当地人及其文化社会的交流互动。这些容易在传统中国研究或汉学研究中，被感时忧国的宏大叙事视为无关紧要的细枝末节，却可以帮助我们探索移民对侨居地（非中国）在文化与历史方面的贡献。在这个层面上，华语语系文学研究更贴近去国家化的思路框架。由文学所构筑的空间必然形成一种有别于历史、政治、社会经济学所界定的地理，必然会产生碰撞，产生或以虚寄实的对话关系，也生发出许多海外的最新反响。

在这个号称全球化的时代，文化、知识讯息，急剧流转，空间的位移、记忆的重组、族群的迁徙以及网络世界的游荡，已经成为我们生活经验的重要面向。近年因为初步铺展了"华语语系文学"的概念，出版论文和专书，陆续触及讨论的议题从文化中国／文化中华展开，研究的个案除包括上述作家外，还延伸至钟理和、西西、阿来以及中南美洲作家，替华语语系研究提供了多元的在地实例，并呈现出华语语系研究领域的深耕与扩展。各种"文学行旅和世界想象"对话的契机与声音，已逐渐浮现，在汉学学术圈掀起了对"华语语系文学研究"的研讨热潮。

王教授一向会对海外华语语系文学的成就做出细腻观察及评论，二十多年来，除在20世纪80年代我俩合作请来戴厚英、张系国、刘心武、张辛欣等华语作家来哈佛演讲外，他回任哈佛后，更是持续参与召集主持哈佛中国文化工作坊和作协演讲，组织举行中英演讲研讨会。基于对华语语系文学研究贡献心力的理念，所以自2005年起，年年邀请海内外作家如李欧梵、聂华苓、李渝、施叔青、也斯、平路、骆以军、黎紫书、纪大伟、余秋雨、龚鹏程、郑培凯、廖炳惠、陈国球、陈来、奚密、石静远、陈丹燕、王安忆、赵淑侠、赵淑敏、孟丝、赵俊迈、胡为美、周春塘、张美兰、张志强、叶嘉莹、陈昭瑛、朱天文、柯裕棻、刘克襄、格非、董启章、刘大任及现居哈佛大学的作家李洁、艾蓓与我等座谈。

2010年王教授与田晓菲教授,又请来王蒙、张抗抗、张炜、马小淘、毛尖、李洁、哈金、任璧莲及我等,举行盛大的第二届中美杰出作家论坛(作家与评论家的对话),并在东亚系常不断召集研讨会,让学者和就读现代文学的学生参与文化讨论,对全球语境下的中国现代文学做出观察与审思。

研究文学,自然应该对文学理论的动态保持兴趣和关心,他说:"这也是基本功夫。好比我对解构学的态度,是意识到它内蕴的吊诡性,但不轻言放弃诠释学的基本议题。我希望对过去与现在的关系,以比较性的文学角度,多少规范一些问题。我要自己承认,(不见得是一个传统的文学批评者)对于追寻那些严丝合缝的文学史做法,有人可以做得比我更好。这并不意味着我不重视传统文学史的做法。但不论从个性上,还是学术方法来讲,我较喜欢以新的角度,看文学史方面的存续或断落的现象,见识过去我们从来没有注意到的一面,把过去的也赋予新的意义。但是我要讲句实在话,国外的学者包括我自己在内,在客观研究,即所谓的材料部分,是有所欠缺的,所以才更多地注重理论互动。但是,对一些唯理论是尚的同事,我不太能够认同。我用了一个很不恰当的比喻,你们都知道齐人有嗟来之食的故事,这些理论是我们学来的,和自己发明的不太一样,其实是'嗟来之食'。在西方吃得快快乐乐,然后回过头来到国内,很是骄傲,接受掌声,这也许都无可厚非。可是,不能对理论,有一种自以为是的骄傲,应该用平常心来对待,不必过于夸大它的功效,回来之后这个'理论的身段'一定要放下来。"

他在《海外中国现代文学研究译丛》的总序中提到,最近现代中国文学研究的热点是中国现代文学研究与理论的互动,对理论的关注,当然说明学者在磨炼批评工具,以便更深入探讨学术问题,因此产生的史观和诠释,也的确令人耳目一新。像周蕾(Rey Chow)1991年出版的《妇女与中国现代性》,就具有相当的象征意义与代表意义,它对现有批评典范的反驳,对女性主义、心理分析、后殖民的批判以及广义左翼思潮的兼容并蓄,树立了不同以往的论述风格,也引起中国研究以外的学者的注意。

理论与文学研究的真正互动,其实还是不够的,尽管20世纪90年代以来,西方的中国现代文学界众声喧哗,可是挟洋以自重者多,独有见地者少。从后殖民到后现代,从新马克思主义到新帝国批判,从性别心理国族主体到言说"他者",海外学者多半追随西方当红论述,并迅速转嫁到中国领域,以至于理论干预,成了理论买办,这是我们必须保持自觉和警惕的。

其次,20世纪90年代以来,现代中国文学研究,早已经离开传统文本定义,成为多元、跨门类的操作。已有的成绩至少包括电影和流行歌曲、思想史和政治文化、历史和创伤、马克思和毛泽东美学、后社会主义、"跨语际实践"、语言风格研究、文化生产、大众文化和政治、性别研究、城市研究、鸳鸯蝴蝶和通俗文学、后殖民研究、异议政治、文化人类学研究、情感的社会和文化史研究,等等。尤其是电影或广义的视觉研究,更是备受关注。相对于以往以文本、文类、作家、时代为核心的研究方向,这些议题无疑为现代中国文学领域注入了源头活水。但换个角度来看,所谓的文化研究也不无历史因缘。

在很多方面,它让我们想起半个世纪以前夏济安、夏志清和普实克等人,从不同角度对文学与文化、文化与社会互动关系的强调。风水轮流转,经过了新批评、形式主义、结构主义、解构主义等以语言为基准的理论时代,新一辈的批评者,转而注意文学和文化的外延关系。性别、族裔、主体、情感、日常生活、离散、国族、主权、霸权等话题又成为津津乐道的话题。

以往文学史研究,强调经典大师的贡献、一以贯之的时间流程、历史事件和文学表征的相互对照,也就是所谓的"大叙述"(master narrative)。而20世纪末以来的文学史研究则对"大叙述"的权威性提出质疑。这背后是后现代的各种历史观,是对历史论述的重新审视,比如福柯的谱系学、德里达

（Jacques Derrida）的解构说、怀特等人的后设历史（Metahistory）等，都产生了重要的影响。

谈到主体性的问题时王教授指出，如果缺乏历史经验的填充，那就是一个空洞的词。其实最主要还是要有自己的一个场域，才能更好地加以利用，来和外界的场域进行交换。不能说接受了某种理论，或者跟某位海外学者有交情，就丧失了主体性。这就是学术对话的策略，而对话会越来越频繁。现在的汉学研究用的都是西方的模式、西方的理论，而王教授最希望看到的就是，我们在单调地谈本雅明、阿多诺、布迪厄、拉康等人的同时，也能充分认识同辈的中国学者在方法及理论上的独特建树。现在有多少时候，我们能平心静气地思考章太炎那种庞大的既国故又革命，既虚无又超越的史论历史观呢？现在对陈寅恪讨论很多，可他的历史隐喻符号体系的诗学，还有《柳如是别传》这样的巨著，有多少西方学者能够认识呢？很多人说钱锺书的《谈艺录》《管锥编》是老派的东西，我并不觉得。钱锺书那种跨越中西的胸襟与能力是令人惊叹的。当然，1949年之后，新的政治环境，也启发了他开创全新空间的可能性。诸如此类的建树，我觉得海外的同事并没有正视，很可惜。学然后知不足，虚心读读吧。王国维在国内备受推崇，可在国外，他那忧郁的文化遗民诗学研究却是小众中的小众。可笑的是讲了那么多年的文化学术交流，却还是单向的。身在国外的学者，有那么多的资源，又有语言的优势，理当为学术对话做点工作，可以让人们知道朱光潜、宗白华、瞿秋白。这其实又回到所谓"主体性"的问题。

我们不必斤斤计较各种理论的国籍身份，但也不应该仅仅甘于做"西学东渐"的代理人。我们应该叩问在什么意义上，19、20世纪的中国文学发明，可以放在跨文化的平台上，成为独树一帜的贡献。在审视海外中国文学研究的成果时，我们也应该问一问：西方理论的洞见，如何可以成为我们的不见，反之亦然？传统理论大开大阖的通论形势，和目前理论的分门别类是否有相互通融的可能？在什么样的条件下，中西古今的壁垒可以被重新界定，中国文学论述的重镇——从梁启超到陈寅恪可以被有心的学者引领到比较文学的论坛上？

对两岸学者重写历史或文学史的努力，不应一味否定，毕竟我们对文学史真相的挖掘、谱系的重组还远远不够。王教授曾说，述说历史不难，述说历史的"难以述说性"却又"必须述说性"才难，这应该成为文学史撰写者自觉的道德承担。

文学界提到王教授在象牙塔中融汇西方理论研究文本，已如庄子：道，由技入艺，游刃有余！出入得宜已入化境。尤其是运用巴赫金的众声喧哗（Heteroglossia）和嘉年华式狂欢（Carnival）对话论、福柯的话语论、布厄迪的文化生产论、热奈特的叙事理论等，均已俨然自成一家。他谦称："那是溢美之言！有些理论如'众声喧哗'的理论，早在20世纪80年代，就已介绍给中国文学研究的同行。"众声喧哗代表中国现代文学言谈的一个出路。

第一种众声喧哗，是对政治社会环境的反应——各种不同声音的出现；第二种是指原来言谈表面未曾涉及的，内在泄漏出来，不请自来的声音。"多元化"只是"众声喧哗"最表面的层次。我们也得继续关怀别的层次，如权力变化倾轧时可能发生的消长、对立或融合；此外巴赫金所提出的"嘉年华式狂欢"理论，虽然引介时难免有削足适履的顾虑，但介绍所得到的成效，可能仍大于这些负面影响。"狂欢"代表的是用笑来反对的声音，不但有很大的破坏性，可推翻既有的秩序和权力；另一方面也隐藏着危险的设计，在适当的范围内可能被同化为权力机构的应用媒介，如台湾的"选举假期"。狂欢完了之后，权力机构仍回到高高在上的原状。这些理论都需要仔细去考虑各种层次。王教授早就说过，对待任何理论、任何方法，不应该只是人云亦云地推崇或贬斥，它的合法性应该建立在是否能增进我们对某一文学现象的了解之上。

"我经常讲一个笑话。这个女孩子最理解了。你买了一件名牌的衣服，巴不得把名牌凸显，让人家看出你买了一个迪奥之类的东西。不要忘了，还有很多名牌故意把标签做得很大，像那个古奇就是这样。我觉得西方理论的运用也是这样。在理论操作中，没两下子就把理论的牌子亮出来了，不是可笑吗？理论本来就是为我所用的嘛，我最反感动辄借助西方的理论话语，来批评中国。"

王教授对当代文学做总体评估:"我只能说1977年以来的三十年华语文学有很多精彩的时刻,这些作家的成就是不容我们用一两句话来抹杀的,也不容我们用一两句话就捧上云霄的。无原则的吹捧或无限上纲式的批评,我都没法接受。"他强调,在过去三十年里很多值得骄傲的文学成就,不应该只限于大陆,他觉得在台湾地区、香港地区以及新马,甚至欧美华人社区的创作场域里,都有很多非常精彩的表现。他甚至有时候跟学生说,"五四"文学可能是被典范化、神话化了,其实我们拿过去三十年里当代文学的精彩作品来跟"五四"文学做比较的话,可能会发现它们有过之而无不及。但是"五四"文学时期是把文学当成一个神圣的、崇高的文化实践来看待的,这个典范的意义已经逐渐地解构和播散了,所以当代作家或当代文学未必能享受到"五四"时期那样的荣誉或者争议性。

至于当代文学的发展前景,要看你怎么去定义文学——如果文学就是我们用文字所铺陈的想象力的一种结晶,是对过去,对当下或未来的想象。他觉得文学作为文明持续产生活力和发展的重要媒介,无论如何都是有生命力的。也许我们现在熟悉的文类,会逐渐边缘化,甚至消失,但那并不代表广义的文学消失了。这一点他还是很乐观的。

教学之余,王教授的文学批评不断,书评结集,《从刘鹗到王祯和:中国现代写实主义散论》和《众声喧哗:30年代与80年代的中国小说》均以比较文学的理论特色,重新阐释华人世界的现代小说,笔法凝练,饶富褒贬之意。他备受推崇的第一本英文书是《写实主义小说的虚构:茅盾、老舍、沈从文》,之后陆续出版了《阅读当代小说:台湾、大陆、香港、海外》《想象中国的方法:历史·小说·叙事》《现代中国小说十讲》《历史与怪兽:历史,暴力,叙事》《如此繁华:王德威自选集》《王德威精选集》《后遗民写作》《当代小说二十家》《1949:伤痕书写与国家文学》,等等。而其名作《小说中国:晚清到当代的中文小说》《如何现代,怎样文学?19、20世纪中文小说新论》《被压抑的现代性:晚清小说新论》《现代"抒情传统"四论》等,被视作其梳理文学叙事与意识形态互动关系的重要成果。

他声称现在已由过去所研究的比较文学,改行专研中国晚清至现当代时期的文学，但却一向认为我们对现代性的认知，如果没有更广阔的历史意识和知识的铺垫，终究会显得狭隘。他精湛的书评及中英学术文章，在海内外掷地有声，二十年前就被论为凝练华丽：以当代语言叙事理论为经，辅以"五四"至当代海峡两岸作品为纬，铺陈为绵密多向的论述。评论文体，独树一帜，隐隐然有威尔逊、崔灵、雷文等大家风范，俨然是一种特殊的创作。评论书写文学史，这成为在哈佛等名校课堂的教本研讨，是评论典范。他说："对我而言，保持一种清醒而警觉的研究视角，厘清学术与外部的批评距离，写出好的学术著作，等等，都可算是文化参与，就能够对文化产生正面的影响。……作为一个评论者，必须要有勇气说一些真话。我通常缺乏这样的勇气，就要尽量和作者保持距离，如果有了人情的包袱，就更说不出什么了。"愿意着力做好研究的"专业性"是他比较能够胜任的文化参与。

现在跨国与理论旅行的问题，已经让我们无可避免地要面对没有"纯粹性"的问题了。对于西方主流的理论话语，我们所能做的就是批判性地转化。这十多年，西方的文学理论也陷入沉寂，已经很久没有新的理论话语出现，这也是契机，我们可以重新返回扎实的文本研究，进行细腻、专业的研究累积，努力真正丰富文学研究史的研究，发出学术之声。自1996年起，王教授就难得地推动中书西译计划，把华语文学介绍到世界各地，得到的评价反应非常好，但是好的文学作品不一定是畅销书。

王教授才学纵横，演讲上课每以意趣横生的例子引导，声调、风采都引人入胜，但他十分谦虚。他与杜维明、孙康宜教授均曾为我哈佛系列书作序，均是导引鼓励我最多的良师益友。我在写作摸索的路途上，经他指点，写成《哈佛心影录》，后又整理为本书，他与夏志清教授为此书取中英文书名，并在由他担任主编、要求严谨的麦田人文学术系列出版。这书后来被称为北美第一部华人"学术因缘的传述"。荣幸的是，我的书在他的课堂上还被推介过。

王教授对表演艺术很有兴趣，近来偏向于诗学与历史之间的关系，他重新考察了沈从文所代表的抒情传统和现代性问题的几次启悟。他在北大系列演讲中的抒情，跟传统的定义很不一样，不是小悲小喜的抒发，而是希望把抒情还原到一个更悠远的文学史的脉络里去。他讨论从瞿秋白到陈映真所代表的红色抒情，还跨界讨论音乐家江文对中国现代音乐史的突破，台静农的书法和胡兰成所代表的抒情传统、礼乐方案，还有白先勇的《游园惊梦》、李渝的《江行初雪》、阿城的《遍地风流》等都是讨论的对象。

"我一开始研究的范畴是20世纪30年代至40年代，也就是'五四'之后那段时期的文学、历史和政治之间的互动。'有情'的历史——《抒情传统与中国现代性》是探讨四五十年代国共分裂之后，作家、艺术家和知识分子的抉择问题。我觉得要弄清现代文学的发展，必须回到晚清，也要兼顾当代，首尾呼应，这样才能看出这个时代错综复杂的脉络。"

在《被压抑的现代性：晚清小说新论》中，王教授谈到晚清复杂的文学面貌、晚清文学种种不可思议的实验，都不是"五四"那一代所能企及的。如果没有晚清的《海上花列传》，怎么会有后来的张爱玲？如果没有晚清的《二十年目睹之怪现状》，又怎么可能有30年代鲁迅、张天翼、吴组缃这么一个批判现实主义的传统呢？晚清文学所建构的庞大的所谓正义问题，后来在革命小说、革命话语里都逐渐得到曲折的诠释。晚清其实有很多文学、思想、文化的资源，给大家提供了理解"五四"时代的最重要的线索。"五四"与"五四"文学后来是被典范化了，他写《被压抑的现代性：晚清小说新论》主要就是想做一个相反的观察："我认为'五四'重要，但是晚清一样重要，你能从中看出整个文学、文化史里非常微妙、细腻、辗转周折的改变。"

他今后研究中国文学的焦点以现代为主，时间上溯至明清时期。研究论理涵盖范围亦广，如钻研晚清文学史中被压抑的现代性、现代性（modernity）和怪兽性（monstrosity）的交集等。他还致力于考察历史不同时间点所折射出来的现代性以及性别、文类、国家主体的再现、文字与视觉文本的辩证等。其研究游刃有余又洞见频出，令人敬佩。

论性别格局升降
——哈佛大学艺术史与建筑史系教授汪悦进谈《红高粱》

汪悦进，1958年生于江苏镇江，哈佛大学艺术史与建筑系洛克菲勒讲座教授。

研究生时期，汪悦进曾跟随复旦大学的伍蠡甫先生研习中西文艺理论，后被选中为哈佛燕京学社访问学者，并在哈佛大学攻读艺术史，1997年获博士学位。其研究领域为中国艺术史，对甘肃敦煌、河南龙门、山东佛教视觉文化中的艺术品，如佛教遗址、寺庙和塔、变相等很有研究。此外，他对建筑、电影及摄影史等领域均有研究。

他曾荣获美国古根海姆基金会奖等，其代表著作《塑造〈法华经〉——中国中古佛教的视觉文化》于2006年获日本《法华经》研究所学术成就奖。译有《角度的变换：西方文学批评方法诸种》，编著有《意象批评》。

"你为什么会曾经选择电影美学来研究呢？"有不少人问过出身哈佛的哈佛大学艺术史讲座教授汪悦进这个问题。

他笑着回答："我承认研究电影理论有不少难处！由于画面的直观性，电影也是最通俗的传播媒介，几乎已不容学者见仁见智地进行文字阐释，但是中国近年的一些导演，拍摄了许多很值得人深思熟虑的电影，亟待敏锐的研讨发扬；而且在中国电影理论方面，能对欧美方面做点不隔靴搔痒的评介者，实在不算多，由我们中国学者来思辨，是比较能明了其中的甘苦，更能切中其间的奥妙。"

汪教授1983年毕业于复旦大学外国语文学系，1986年获得复旦大学英美文学硕士后，正攻读博士之际，被选中为燕京学社哈佛访问学者。1987年秋，他开始在哈佛研读博士，1990年他由东亚系转到艺术史系，得过如ACLS and Getty、Smith Learned Society、Mongan、Hoopez及国家画廊等论文奖金，发表中英论文无数，他的英文剧本还入选了夏威夷国际影展。1996年他被邀去芝加哥大学教中国艺术，1997年获得哈佛博士学位，并开始任教于艺术史和建筑史系。

汪教授现任哈佛大学艺术与建筑史系洛克菲勒讲座教授，研究领域为中国艺术史，专研中国中古艺术，对甘肃敦煌、河南龙门、山东佛教视觉文化中的艺术品，如佛教遗址、寺庙和塔、变相等很有研究，用研究重新建构中古光怪陆离的想象世界。

不过我仍念念不忘与他谈电影美学的日子，我因对电影艺术自早着迷，经由访问哈佛的钱满素教授介绍，数通电话畅谈后，就与他相约于1988年秋在我主持的大波士顿区中华文化协会艺文小集上谈谈中国电影。那段时间，在哈佛校园的文史座谈中，张系国、北岛等人都与他不期而遇。在中国文化研讨会（《九州学刊》第三届年会）上，他与王德威、张充和、李卉等学者受到赵如兰、郑培凯、杜维明和我的邀请，同做主讲，又欢聚一堂。

1989年春，在讨论会上听他发表过专题之后，我又请他来艺文小集演讲，颇令我们热血澎湃，还激发姜渝生和王小娥兄嫂回台到成功大学任教……顾长清瘦的汪教授，谈起中国电影来很带劲，1958年生于江苏镇江的他，略带些江南口音。中国电影起步并不晚于其他国家,只是中国电影过分依赖好莱坞的语汇,跟随好莱坞的模式去拍,中国观众又习惯地沉溺于大起大落、悲欢离合的叙事情节,以至于中国早一点的电影都没有"丢掉戏剧的拐棍",未能发挥纯电影的潜在力。

自1979年白景晟提出这个说法后,一连串争议接踵而至,包括电影理论家钟惦棐——小说家(钟)阿城的父亲,也提出"电影与戏剧离婚"等理论,并引进法国新浪潮电影批评家巴赞(Bazin)的长镜头理论来否定过去电影的拍法——隐形切割、戏剧化的叙事等,相当反讽的是,巴赞是主张兼容并蓄地运用舞台空间,而对电影要与戏剧分离的看法并不赞同。

汪教授认为这些中国电影理论家,反对的不是影剧的形式,而是反对沉淀在肤浅的戏剧形式中的意识形态及文化内涵,事实所见,中国新潮电影随后就以其不可抗拒的转换消化力量,在电影语汇上做了崭新的启发融合。

20世纪80年代初,大陆电影界就出现了一整批电影:吴天明、滕文骥的《生活的颤音》,黄健中的《小花》,史蜀君的《女大学生宿舍》,杨廷晋的《苦恼人的笑》等,在形式时空上都非常自由,体现风格、闪回、生活流、意识流、刻画人物心理、运用跳切、声音与画面的对位与错位——所有手法上能想到的花招,几乎全用上了。

分析起来,由于经历了"文革",大家急于强调人性,如吴天明的《人生》,其中特写婚礼场面,镜头里,红纱巾上,泪珠在灯光中熠熠闪烁,情感之饱满令人深感震撼,并将观众视角带进内心的探测,又如谢晋的《天云山传奇》,运用三个女主角多视角观点来叙事,这在西方如欧森·韦尔斯等人,甚至台湾的侯孝贤都早已用过!

可是,整个大陆电影界却感觉新鲜,就蜂拥而上,尽量运用这些手法,终于到大家都觉得需要整理思绪,对这种闪回跳接厌烦,不愿再滥用的时刻,就出现了走回现实的影片,如吴贻弓拍的改编自台湾名作家林海音作品的《城南旧事》及郑洞天的《邻居》,都是讲求情调、意韵,把生活慢悠悠地展开,节奏舒缓娓娓道来……

随后的新一代导演,又意识到上述电影尚欠缺理性批判,须再提升,就出了陈凯歌的《黄土地》、吴天明的《老井》等，后来张艺谋拍了2012年诺贝尔文学奖得主莫言的《红高粱》。

理性而不介入的冷静批判，与随戏同悲的感情，对观众而言都是一种享受或经验，又何必"冷静"呢？

中国的社会文化中仍有许多的问题，有待批判冷静型片子，为我们提供一些思维方式。以获得欧西"洛加洛"大奖的《黄土地》为例：其中送别和婚礼两个场景，十分独特。

学者统计过中国电影，婚礼场面特别多，《黄土地》的婚礼是很冷峻的一场，紧接在送别之后。送别在中国传统戏剧中拥有最复杂的感情，往往是大加渲染的，但陈凯歌有意识地用呆镜头拍静止人物，又挑选脸部表情不活跃的主角，反戏剧化的效果极好，造成天地万物什么都不想的场景……

起唱之后是陈凯歌最不满意之处，他认为镜头应该大量摇移，但汪教授认为其有特殊效果：远景的运用，远近的急剧跳接；又起唱后，呆镜头与歌声强烈的游移，造成矛盾，有冲破静止的意思，静与动、画面的框式与激越、情感之间的矛盾又形成了张力；画面上的山脉曲线，用以表现内心的起伏变化，就这样破了中国的传统——大起大落，空镜上的曲线、完全的沉默、歌声的含意，抒情而又不是过去的滥情，令人觉得有压抑感。整个空间是破碎的——无法以现在的空间来合成一个东南西北的完整镜头，不完整感本身就带有很多意思在内，值得予以深思肯定。

电影的音乐和听觉效果，也很吃重。送别的前段是由透明嘹亮的女声所唱，显示对男主角的归来有着充分的信心；后段声音低婉，象征内心独白，把信心否定："山歌救不了翠巧我！"人物两次被山势所淹没，大远景，再跳到中景，处理了内在的矛盾，也是陈凯歌作品复杂而隐晦的明证。

婚礼一般而言，是感情起伏的关键，可是《黄土地》用的是大远景：斜的山城，很小的送亲行列由山坡上循序而过，预示女性从此将被愚昧、昏暗的生活所折磨，类同哀悼殉葬，冷冷的不带过多感情；成亲也只演到一只黑手去揭红巾，不多着墨，点到为止，再以蒙太奇跳接热闹的"腰鼓舞"欢腾场面，与婚礼的麻木两相呼应；蒙太奇手法的第一镜、第二镜，直接结合成第三镜,真是高明的对照,至于翠巧的生死也故意模糊,并不明示她为激流吞没——令观众大掬同情之泪,而代之以歌声之倏然而止,弦外之意明矣,只抹去了戏剧化……陈凯歌拍戏相当冷!

汪教授对电影的评论并不在于恢复作者之原始意图,他也曾发表英文论文《老井:子宫还是坟墓?》探讨吴天明在《老井》中的创新,及那盘盘缠缠、割绝不断的传统。汪教授除了发表《盲人与悲剧》《东边日出西边雨》等论文,其代表作还有《塑造〈法华经〉——中国中古佛教的视觉文化》,于2006年在日本得学术大奖。他还译有《角度的变换:西方文学批评方法诸种》,编著《意象批评》,主编《庵上坊:口述、文字和图像》等作品。他还与我谈起他的另一译作:法国大思想家罗兰·巴特(Roland Barthes)的《恋人絮语》,这部名著问世后风靡西方文坛,被译成多种文字,并被多次搬上舞台。在他与武佩荣将此书译成中文后,法国巴黎电视台还派人来摄制了一个有关中国的恋人们如何思想与说话的节目,更罗曼蒂克的是这影响了中国的年轻人。

莫言的《红高粱》风格粗犷狂放,在被张艺谋用电影诠释后,赢得了柏林国际电影节金熊奖,引起了海内外的争议,汪教授也兴味高昂地做了仔细的研究分析,认为《红高粱》总体看来是以追求男性豪壮的姿态出现的,但检视其内在的含意却更纠结复杂。

在中国传统里,除了阴阳之说,及既有的男尊女卑的伦理规范,不可忽视的是处于统治地位之王权,又与男权呼应,发展出一套中国人的"女(柔)性哲学"之主张以柔克刚。用林语堂在《吾国与吾民》中的话就是:"中国人的心灵的确有很多地方是近乎女性的。"而西方女权批评理论中,所谓的女性少一器官的"缺陷",成为象征语言的缺陷,在中国社会文化的大背景下,这种"女(柔)性哲学"却是显得男性有了缺陷。翻点古代人物,完美的男性,似乎无一不带脂粉气,豪勇的男子成了有缺陷的可爱,如《水浒传》中的鲁智深、李逵等。

古代的骚人墨客,总爱以香草美人自喻,但是,这种崇尚"女性化"的传统使男性占据了女性意识空间,当男诗人以女诗人的声音出现,如曹丕写出"贱妾茕茕守空房"这类句子时，女性连做"被思念对象"的地位都没有了，女性地位自然不能提高。

在戏剧文艺的传统上，这种文弱青年、白面书生，似乎只有女性才能表达，所以有女扮男装的越剧等，到了中国近代，又沦为半殖民地的东亚病夫，所以一直到20世纪80年代，这种"奶油"小生的形象，还是难以摆脱。汪教授举出早期的好莱坞默片《残花泪》为例，来说明中国人的民族性，给西方的印象也是柔（女）性的。

20世纪80年代初期，后来担任上海人民艺术剧院院长的沙叶新，写了一出盛演不衰的剧本《寻找男子汉》，隐现当时社会的焦虑感，迫切渴求脱出那种阴柔受压迫的审美趣味（那时政治象征的意义相当强），于是带异域性（学日本）的沉默性格，深锁重眉，不苟言笑，竖着风衣领的男性形象出现了。当大家对这种做作拙劣的形象看腻了，《红高粱》应时而生，为中国电影文化和文学都树起一里程碑。

《红高粱》对剽悍阳刚的男性形象予以肯定推崇，汪教授引罗兰·巴特的看法："任何文字只不过是铺天盖地巨大意义网络上的一个纽结；它与四周的牵连千丝万缕……"莫言或张艺谋的"创作"亦然，可以从中寻觅到诸多历史的回声：粗犷的"我爷爷"，就似《水浒传》中英雄豪杰的重现；另外，也打破了狂饮在中国历史上承受道德谴责的传统。以往狂饮常常是误国、作恶的原因——狂饮代表对繁文缛节的越规、对超验境界的追求，《水浒传》对狂饮之后的故事，做过戏剧夸张，如武松打虎等。有趣的是，在中国不狂饮似乎就无法成就"男子汉"，《红高粱》在这种意义上，当然也有依附于旧有观念的表述，如祭酒神歌中所述："九月九酿新酒，好酒出在咱的手；喝了咱的酒，滋阴壮阳嘴不臭……一人敢走青杀口……敢见皇帝不叩头……"

《红高粱》对传统似有批判，但又将其意义狭隘化了。《红高粱》中以赞颂红酒，将一切的母题都联系起来——红色的花轿、喜帐，红色的背景；鲜红的血，鲜红的落日，把激情视觉化；似乎融入了一点儿西方的价值观念——尼采是赞颂酒神的。

《红高粱》也是蕴含着巴赫金的嘉年华会（Carnival）式的狂欢理论的，电影化的再现，瓦解既有的次序，喧闹、变形，使一切东西都不绝对化，如片头女主角被迫嫁给麻风病人是沮丧的，迅速就变幻成戏谑的颠轿舞；祭酒神的严肃庄重，又被"我爷爷"的闯入、冲着酒缸撒尿而亵渎；女主角麻风丈夫死后，她劝帮工留下，叫大伙直呼她"九儿"而不称"掌柜的"，瓦解了现有次序；当土匪包围酒坊，该是扣人心弦的动作片场景，却以中景的醉汉"我爷爷"倒叉二腿，倒在酒缸里"嗯啊"胡唱来表现，这亦庄亦谐的手法，同时出现于一个场景，就益显其嘲弄之意味；结局，女主角中弹死亡，可这悲剧性的场景又被声道上的喜庆音乐所摧毁，闪失了可能的悲壮！

《红高粱》对于病弱的嘲讽，由颠轿词开始，再到麻风病人抽水烟的萎靡，以及触目惊心的剥人皮场景，都对此有所反映。在剥人皮一场中营造出达尔文式"优胜劣汰"的残酷世界，以期观众由赞赏阴柔的传统中觉醒；也是鲁迅先生在《呐喊》自序中所叹："……凡是愚弱的国民，即使体格如何健全，如何茁壮，也只能做毫无意义的'为日军斩首示众'的材料和看客……所以我们的第一要者，是在改变他们的精神，而善于改变精神的是……当然要推文艺……"以及后来鲁迅在《阿Q正传》及《药》中所批判的那种对他人受难麻木不仁，视暴力行为为视觉快感的病态观众心理，《红高粱》有直觉的把握或暗含批判。

汪教授分析《红高粱》一片，说其中有个周而复始的模式是男人劫女人。女主角至少经历了四"劫"：一开头，由视觉叙事——九儿是被轿夫们抬（劫）去的一个不乐意的新娘；其次是遇到高粱地抢劫未遂的蒙面汉；第三次是被"我爷爷"在红高粱丛中"强占"；甚至当"我爷爷"回到酒坊，将九儿打横夹抱而去钻进屋里的场面，均可视为形象上的抢劫象征。从表面上看，莫言、张艺谋是想强调男性秩序和统治，但汪教授认为由于电影内在的叙事与银幕形象的限制，应当对此做不同的解读。

《红高粱》并非按传统通俗剧的发展来铺陈故事，恰恰相反——九儿每次遇劫，都镇静自若！从她面对半路杀出的蒙面强盗之场景来说，以电影镜头语汇的角度看，典型的正打镜头是对九儿面无惧色的静止特写，接着反打镜头是由九儿的角度看蒙面汉子，她目光上下游移观察这汉子；蒙面汉劫新娘，视觉上的铸造常常是摄影机仿照汉子的视线来打量新娘，而《红高粱》却将主观意识放在九儿这边。镜头再回给她，仍是对她从容不迫的描写，当汉子一把握住九儿穿着红绣鞋的脚，她突然"扑哧"一笑，出人意表地将双方较量的角力逆转，在此汪教授引用罗兰·巴特的说法："往往被抢劫的对象成了恋爱的主体，抢劫主体（我），成了恋爱的客体。"汪教授表示，此刻拦路汉子是否为抢劫者的写照，倒在其次；一对陌生男女，初次面对面，男人想得到这女人的力量，透露出薄弱感和不自信；作为被劫女性的九儿，反而成了一个有喜怒，有欲求，大大方方的"我"！

中国女性在传统的道德焦点上，常是受谴责的代罪羔羊、冶荡的诱惑者如妲己、杨贵妃，但在艺术鉴赏的风格层次上，又是被男性主观意识欲求、欣赏的对象，这种双重性的分割，充分暴露了传统意识形态中的内在矛盾，借用西方时髦的符号来说是"欲望X"，欲望摆在X号底下，想要抹去，却欲"X"弥彰。

表面看来，《红高粱》不仅企图改变男性格局，更想将"欲望X"的X号抹去，但无意识地建立了女性主观意识和性意识，这就形成片中内在的张力。故事刚开始张力就不断隐现，年轻的新娘，看似被玩弄于一群男性轿夫的掌股之中，事实上《红高粱》却一反格局：与现代女性电影小说所批评忌讳的好莱坞经典式的男性视角相反，经过张艺谋的描述，轿内成了一个自在的世界。确定的镜头是九儿她那带有渴望的眼神，不断由轿内向轿外投注凝视，轿帘不断随风掀起，由缝隙中，可以看到一个满身油汗，肌肉壮实的男性躯体在摇摆行进，这在某种程度上，就是把西方那种男性窥视女性的"观淫癖"颠倒了阴阳。

颠轿舞的动作本身，就带有一定的性含意，歌曲又粗鄙俚俗，被颠新娘的惊喘，表面看似是生理上的，但经过摄影机大做文章，具有很强的性暗示。这场颠轿舞，九儿始终在轿内，在她自己的意识世界中，经历了所有的身心起伏；这又与我们传统的女性心理描述——女性一定受男性撩拨、引诱，必在男人的视觉当中才能激起她们的性欲望——大相径庭，九儿与外隔绝的轿中世界，成了她唯心世界的象征，其中表露出的女性意识是自在一体、不假外求的。

另外，"我爷爷"在酒坊撒野，酒糟如雨般洒在九儿身上，女子却兀自不动，心神溃散，目光眩惑状，却暗含性的委婉用词"云雨"之意。最后九儿中弹身亡，在她倒下前，慢镜头出现，大加渲染，情节上虽与性无关，视觉上仍是一种迷狂，迷狂在弗洛伊德及许多文学传统中，往往是与死亡相连的。

汪教授重新解读了《红高粱》，但观众或导演编剧是否也有意见相左的时刻？汪教授认为当然可能！美学阐释本来就是仁者见仁、智者见智的。在叙事结构上，《红高粱》是表达对男性豪杰之气的推崇，但是它首先由第一人称的画外音叙述：我跟你说说我爷爷我奶奶的这段事，这段事在我老家至今还常有人提起，日子久了，有人信，也有人不信……接着就滑到一个中近特写——绮年玉貌的我奶奶，于是观众视角随之离开稚童的视角，与银幕上的女主角统一，故这片子是由美学的幻觉形象作开始，以孩子对母亲灵魂的呼唤结束，首尾形成一个框架式的结构——包容性的结构，也是对母性世界追求的结构，也可以说是弗洛伊德对他孩子玩"Fort\da"游戏的再现！

《红高粱》是被女性世界的幻觉所驾驭的，在片尾"我奶奶"死后，作为银幕男性形象的"我爷爷"成了木然的石头人，听不见孩子的呼唤！这仿佛是表明，女性形象一死，就欠缺一个主观的观照角度，于是其他人物也就象征性地跟着死去了。那女性视角是个活化世界的立足点，她一死银幕上的一切也就都混沌不清了，一大片红色将一切都消融了，无论生死、和战。汪教授说：稚子对娘的呼唤恰可被看作回荡在我们民族记忆走廊中的回声——仿佛屈原当年在诗歌中的呼唤"魂兮归来"！唤回来的可是日趋完美的民族魂？

明清文学的审美风尚与女性研究
——哈佛大学东亚系教授李惠仪

李惠仪，1959年生于香港，现为哈佛大学东亚语言文明系中国文学教授。

自香港大学毕业后，赴普林斯顿大学跟随高友工等学者深造，先后任教于伊利诺伊大学、宾夕法尼亚大学、哈佛大学等学校，曾荣膺哈佛青年学者。李惠仪对晚明至清代的诗词文学及其中蕴含的女性主义、国族思想素有研究，是少数将女性论述、文学与历史结合的研究学者。2014年，成为台湾"中研院"文学类院士。其作品多以英文写就，仅有少量作品如《清初文学中的创伤与超越》（合著）被引介到国内。

哈佛大学的中国文化研讨会，是我协助杜维明与郑培凯两位教授召集大家一起组织的年会（原《九州学刊》）。从1986年起，有二十四年风云际会的中国文化研讨盛况，其中包含"中国传统与现代""中国文明的起源与文化的发展""表演艺术与中国社会"等文化文艺思想兼容并蓄的论述。

1992年研讨"妇女与中国文化——女性主义对儒家传统之反思"，就请到年纪轻轻的哈佛青年学者李惠仪教授。她同讲求女性权益的孙康宜、陈幼石、李又宁、洪越碧等女权健将侃侃而谈，声调温婉，眼光柔和，及腰长发婀娜，精神内蕴谦抑自持，学术文字精妙。

千禧年间，她刚被哈佛大学延揽，从普林斯顿大学乔迁至剑桥镇，就念旧地来到燕京图书馆编目组寻我，询问中文学校的地点，想把女儿送去学习，时移事往，2013年她的孩子都就学宾大了。

李教授出生于1959年，父亲李照先生，母亲麦玉莲女士。从小生长在香港，在人声嘈杂和拥挤环境中长大，格外喜爱逃入幻想、静谧和孤独的文学境界。幼时的偏爱，在专业上开花结果，她成了文学教授。宇文所安教授从她做哈佛青年学者时就对她印象深刻，说她有惊人饱学的知识蓄藏，不但能长段引诵诗文，还融有原创的心思，在哈佛也没几位教授如她的研究般跨越了两千年。她曾致力于析论古早难以理解的奇特文本，她悠游自在地钻研早期的《左传》和《庄子》中的文字，快乐如庄周梦蝴蝶。

离港留学后即前往普林斯顿，普大毕业后前往伊大任教，接着她就到哈佛住了三年，成了哈佛院士会的青年学者！要加入哈佛院士会，得先要有学者推荐，院士会主动邀请才行。力荐她的，听说英译《西游记》的著名比较文学家余国藩教授就是其中一位。荣膺青年学者不必教学，只需参加每月餐会，可全力研究自己的课题。

忙于教研的李教授，也曾光临王德威教授和我召集的哈佛中国文化工作坊，客座主持或客气聆听诗词论讲或《海上花列传》等研讨。李教授在哈佛的研究和书写与众不同，她也不会重复自己。

她又开授多元的课程，像"历史写作和小说""中国文学中的英雄与反英雄""红楼梦研讨"等。她慨然接纳并深入地关怀学生，让稚嫩的学生感觉自己所说的每句话都值得聆听，建立孩子独特的视角与信心。她的学生王可有充满感激和温馨地回忆道，李教授把广博的知识谦逊地表现在她如何"搭建"他们的对话，及她温和地向他们提出挑战性问题。她始终保持着这种开放、不装腔作势、兼容并包的态度。

譬如，她"红楼梦研讨"课上讲授现实和幻想，欲望及其超越或否定的辩证法，课中并讨论相关的——清朝的文学传统、曹雪芹悲剧的一生和家族史、佛教和道教对小说的影响，当然，还有贾家成员的家族和个人关系。她不矫揉造作、温和的风度，具体展现了她在这段非常学术和令人生畏的探索时光中，所给予的个人接触，让人回想起来，总有着难以置信的喜欢和感激。李教授完美地引导，让学生明白，最有效、最有力的课堂学习，是伴随着性格发展的。

这样对红学早有新议的教授和这样的课程，给了学生绝妙的博雅教育，能驱动天性，有益于其个性和认同的成长，对生活和世界产生丰富多样的看法。学生到现在还记得并感受到"无用"的博雅教育和文科教授产生的冲击，并在多年后还会继续记得并感受到这种影响。

除动人的教学外，李教授秉承其导师高友工教授研究的美典以及其他方面下功夫，青出于蓝，峰回路转：听她论讲由世变与玩物来谈清初文人的审美风尚，以期约略了解她有关物的论述和国族思想在清初的转化。

鉴赏家与收藏家，在晚明文人文化中扮演极重要的角色，囊括了时代矛盾与关怀。李教授通过讨论晚明有关社会等第、雅俗分野、公私界定等问题，认为及至标新立异与恪守典范、重情尚真与遵循秩序等二端之分合，均可于玩物文化中察见端倪，更能从中了解到易代之后有关鉴赏与收藏的讨论，及清初文人对晚明生命情调持续与转化的追怀与反思。

晚明有关鉴赏与收藏的写作分为两类。一是以客观态度评定书画珍玩的真伪与价值，以及家居日用诸物的雅俗与宜忌。著作通常以经、史、谱、录、笺、志等字眼标题，内容是"指南"式的分类、品题与论述，故语调多带不容异议的权威性。这些文字，在对雅俗等第的客观述说中掺杂着风流自赏与流连光景，表现个人志趣的同时也纠合了士人集团特性的界定。玩物让士人游移于仕隐之间，并调和了自我对团体的参与与疏离。

其二是人与物关系的诗文，后世将其归类为"小品"。此类"性情文字"所关注的是主观地抒发对物情物理的感悟。笔调自标新异，肆情任气，亦有作品把物极端"人化"，使之成为情深思苦的对象。于是人与物的遇合，兴会淋漓，带浓厚的传奇性。物的价值，有时脱离市场价值，甚或与其社会、道德、文化等层面的意义也不尽相符。物主鉴赏家的爱憎喜恶成了价值的源头，其所体验钟情之物，也许奇异特殊，亦可是照常理看来乃是凡庸或有缺陷之物，述说的重点是物以人贵，以物抒情，通过物来表达自我的奇思、逸兴与深情。

谈论女性风貌的文字，品妓笺之属，即以女子作为"物"来品评。游记文章表现的猎奇心态，或可看为品鉴山水。晚明好言情，对一往情深的讴歌，交织了自喜、自赏与自远——把自我的情思变为鉴赏的对象。

李教授探讨晚明谈物的论述在清初的转化。文人通过玩物、体物、观物之时间性，在调和自我对团体的参与与疏离中"自我建构"，在易代之际融入兴亡之感与历史记忆，这往往先从前朝遗物谈起。

在清初的政治氛围下，谈物，实际上是界定一个文化空间，呈现其社会效用。这是遗民相濡以沫之情怀，亦往往是遗民与清臣交往的线索之一，而明清士人的抉择，经常可从其谈物赏鉴品第的语汇中察见端倪。以可能参与抗清义军的江南丹徒冷士嵋作的七古《文太史椅为姜仲子赋》为例，其在诗中这样述此椅及其他文物："此椅虽微百余载，兵火身经几更改。世间无事不沧桑，此物依然尚犹在。"在天崩地裂的时代，士嵋兄曦起义，兵败被执不屈死，士嵋遂服古衣冠而隐，蓑衣蒻笠，竹杖芒鞋，晦明寒暑不易。与张自烈、魏禧、姜实节（仲子，姜采之子）、文点（文震孟之孙）等遗民之交谊，见于酬唱。

姜实节，号仲子，有名的风流才子，朱素臣《秦楼月》传奇即以姜实节与其青楼相知陈素素的悲欢离合为原型。其父姜采、其叔姜垓以志节坚贞为士流所重。姜垓在临终易箦之际，把在庙市购得的内库玉羊转赠乃兄，姜采《敬亭集》有诗述事：前朝物玉羊不在大内在姜氏案头，览之能无亡国之痛？

铁画银钩在目。

文中以椅子联系文物典则：在文人想象中，唐祝文沈等代表吴中风雅的盛世，丧乱之后，兴会难再。文徵明卒后，椅子付予门人彭年，彭殁而椅复归文徵明曾孙文震孟，成为他忧勤国事的所在。

汪琬心仪文震孟为其作传，他据椅遗情想象，顾望怀愁的意兴。汪琬亡故，子又将椅赠姜实节。冷诗称姜所居为白屋，但吴绮说他"多藏而服古"。陈维崧《艺圃诗序》原注亦云："最为吴中胜处……旁列古鼎彝及茶铛酒董诸小物。"时置诸姜实节案头者，尚有他藏的宣德窑青花脂粉箱，是明大内故物，有关题咏屡见清初诗词，可考者包括吴绮、汪琬、余怀、毛奇龄（《宣德窑青花脂粉箱歌为莱阳姜仲子赋》）、陈维崧等人的文集千言。升沉各异的历史记忆，显贵败落，画家文点卖书画自给，文果沧桑后披缁逃禅。

姜实节宝爱此宣瓷脂粉箱，说其质素文青，体坚制妙，置砚塘侧摩挲把弄，但不知其为何物。后经老宫监判定始知为故宫所用，毛奇龄便在《宣德窑青花脂粉箱歌为莱阳姜仲子赋》中写："连昌宫监老不堪，落花时节来江南。见此忽而惊叹息……"宣德是明宣宗年号，宣德窑脂粉箱变为明初盛世的标记。

恸哭前朝，感喟无穷。遗物让观者感叹兴亡，重新考察盛衰之契机，但眷怀家国与历史判断之间的关系甚为复杂。前述诗词把宣德追想为明朝承平盛世，但明清诗、文、小说、笔记又好谈明宣宗嗜斗蟋蟀，因求异种劳民伤财，并认为这是王朝衰败的征兆。据沈德符《万历野获编》记载，宣宗"最娴此戏，密诏进千个"。有语云"促织瞿瞿叫，宣德皇帝要"，至今犹传，甚至有以得世职者。宣德窑蟋蟀盆其珍重，不减宣和盆。

吴伟业在京，见孙承泽藏宣宗蟋蟀盆，感赋《宣宗御用戗金蟋蟀盆歌》，长诗以沉恨与批判双管齐下，交织今昔、兴衰、真幻等线索，全诗贯穿反讽，借颠倒蟋蟀勇猛与名将武功、蟋蟀盆与历史战场，综述宣宗对蟋蟀独垂青盼，以草虫的殊遇暗示才人的不遇。易代之际诸王苟延残喘，认知知遇充满矛盾与危殆。

李教授论及晚明谈物，认为其有执着的私人象征，即提升个人爱憎使之成为价值来源。文化观点在清初与政治纠缠以后，私人象征遂变成政治抗争或是与政体疏离的暗喻。玩物的政治寓意可浓可淡，"风流遗民"在文酒社集中托物寄兴，衍生的多层联系是别有深心的郁勃愤懑，还是"虽不得志，亦且快意"的放浪？这又牵涉清初对明末文人文化任性恣情的反思。

她以孙承泽为例：审美文化是文人的共识，透过审美视野的共有空间，政治矛盾可以淡化。详审清初遗民与"贰臣"交往，往往离不开文酒之会及声华玩物的审美活动。以赏鉴知名者如孙承泽、周亮工等，均与遗民有密切往来。士大夫的抉择（是否出仕新朝）又与他们的鉴赏收藏行径息息相关。动乱中，大族败落，巨室收藏流散，有能力继续收购名迹者，多半是贰臣新贵。孙承泽在崇祯时任官兵科给事中，后归降大顺，官至吏部侍郎。孙氏经学、史学、理学著作颇丰，但湮没无闻，其鉴赏与收藏，却历来为艺林称赏。四库馆臣薄其变节，但亦认可他习掌故、精赏鉴。其传世之作较为人知者为《春明梦余录》等。

《庚子销夏记》乃1660年孙承泽退居后所作，始自四月，迄于六月，故以销夏为名。卷一至三录所藏晋、唐至明书画真迹；卷四至七录古石刻；卷八寓目则记他人所藏而曾为承泽所见者，其标题评骘，议论考据，颇称精辟翔实。屡述搜寻过程，从明故宫与大族收藏流出的书法、名画、彝器、珍玩，其不遗余力抢搜。兵燹劫难，北京变成文物市场，孙承泽住北京，鉴赏识见得以充分利用：如荆浩画作在明末已极为罕见，细案孙氏语气像是期待与预想可以遇见。后果收之，见"山与树皆以秃笔细写，形如古篆隶，苍古之甚"。世变赋予鉴赏与收藏火尽薪传的文化意义。另藏有《褚河南遂良书孝经　阎立本画》《李伯时袁安卧雪图》《关仝山水》《孙过庭书谱墨迹》《赵子昂千文墨迹》等，围绕这些书画石刻聚首的同好，在书中亦有描述。

鉴赏与收藏界定一种文化空间与审美空间。在其间，政治抉择的分歧可以搁置，文酒社集的交谊可以持续。政治氛围的淡化，显见于孙承泽本人及友人所表彰的隐逸情怀。显宦多年后，孙氏辞官退居，自号退谷逸叟。《庚子销夏记》序中洋溢着闲适之情：名画一二种，反复详玩，尽领其致，然后闭扉屏息而坐。吴伟业在赠孙承泽的《退谷歌》中，将退谷别业写成避世逃时的乐土。此诗作于吴伟业身不由己、仓皇北上出仕新朝后，诗中表现的无非愧疚与自责。客观来说，两人以明臣仕清的身份并无二致，但《退谷歌》却以诗人的困顿反衬孙氏解脱于"非朝非市非沉沦"的两可之境。

以玩物游移仕隐之间，本是套话，更是晚明文学的一大命题，却因清初的特殊政治环境而深化和转化。鼎革之际进退出处之矛盾，可能因一部分士人的惶愧与悲哀而更需要调和与化解。此中消息，竟似是以鉴赏与收藏作为逃避历史矛盾的根据。

士人出处之际志行的真伪，又可借赏鉴的语境来进行探讨。入清不仕的冒襄，字辟疆，如皋人，明末四公子之一，风节文章负重望，主持复、几二社，以其《宣德铜炉歌为方坦庵年伯赋》及《宣炉歌注》为例：据大木康教授考证，冒襄诗通过宣炉的文化历史意涵重申冒、方两大家族之世谊，并缘饰在文人文化中重新安身立命的方拱乾、进退出处种种决定之合理性。

张潮把《宣炉歌》及注收入他编辑的《昭代丛书》，并附小引与评点。张潮生于清初，但显然向往晚明的趣味与生命情调。张潮评冒襄真色之论："古今人品文章判断略尽。"《宣炉歌注小引》又云："一炉剖而为二，半真半伪，若两截人物。"内外不符，进退失据，或身仕两朝者，世斥为两截人。

冒襄本人珍藏的宣炉，已于1645年于过江避难时丢失。方拱乾寄情宣炉，无异荆棘铜驼，是不得不在文人文化中重新安身立命。因此，真赏不遑追究进退出处，而是通过"笔墨宣炉"的"艺术再造"延长历史记忆。冒襄请求方拱乾以擘窠大字书写《宣铜炉歌》，而他准备酬劳。

李教授再论风雅与气节的关系，她认为艺术境界与道德境界是相辅相成的。明亡，不与新朝合作的士人称之为遗民。他们的态度也多不一致。有些以苦节著称的遗民在悔罪与舍弃意识下"不入城、不赴讲会、不结社"。如徐枋戏剧性的与世决绝：以书画自给，足不入城市。豭一驴……"高士驴至"，取其卷，如所指备物而纳诸；如李确，数十年不入城，"山中粮绝……非其人，虽饥勿受也"。这类高蹈之士以奇穷见志节。

身无长物的遗民，谈不上玩物，但却可以重新界定"物"的价值。如林古度将儿时的万历钱佩之终身，标示追怀故国，吴嘉纪为其作赋。巢鸣盛的"匏杯"，都是遗民诗人引以自况并因而自贵之物。巢鸣盛隐迹深林，"绕屋种匏……携李匏樽，不胫而走……巢又作《题匏杯》《大匏赋》以见志"。匏味苦，可说是与社会及政治现实疏离的象征。晚明谈物，本有提升个人爱憎，使之成为价值来源的论调。这观点在清初与政治纠缠以后，私人象征遂变成政治反抗的暗喻。

遗民世界复杂多元，并不限苦节。有遗民虽经历明清之际的动乱不坠，依旧保有财富和影响力，有的更锐意经营结合风流与气节的精神境界。如海宁查继佐，以史学知名，又好讲论存诚经济之学，"甲申后家居，极文酒声伎之乐"。如皋冒襄，更可作为东南"风流遗民"的代表。他坚拒清廷征诏，却谈艺谈情，风怀感旧不衰。冒襄与名妓董白的姻缘，为世艳称。董白夭亡，冒襄追记情缘作《影梅庵忆语》。文中的董白，慧心巧思，多情善悟，才、色、艺俱绝，体现了理想的道德人格。易代之际的转徙流离，正足以彰显董白志节的坚贞。冒襄以婉恻的笔调，肯定了风流与节操的相辅相成，表现了晚明唯美精神与闲赏文化在清初以道德化的姿态延续。冒襄等文人集团的生命情调，与遗民苦节恰恰相反：把文酒社集，甚或征歌选色变为政治立场，不仅是前朝所遗，亦是畴昔风流所遗。风流遗民反映了公与私、儿女与英雄、艺术境界与道德境界之间虽表面对立却暗地相通，看似壁垒森严的分野其实并非不可凑泊。

冒襄在垂暮之年，编次与师友门生酬唱往还的诗文书信为《同人集》，多次提出遗民怀抱，是借追慕明季骚雅优游，哀悼风流云散的。《同人集》收录仕清官吏文稿，但亦有抗清烈士、隐逸高人，包括触犯清廷的钱谦益、陈名夏等，也许因此后来被清廷列入禁毁书目。以讲学负盛名的陈瑚，偕弟子瞿有仲访冒襄于水绘园，酒行乐作，欲辞，及演《燕子笺》，陈再避席，述说今昔之感。明亡前陈瑚看过《燕子笺》，江山陵谷巨变。来访途中，"黄沙白草……死者死而，老者老矣"，不忍终曲。冒襄忆金陵骂座，边看《燕子笺》，边诉詈阮大铖，几乎致祸。冒襄复辩：吾与子尚俯仰醉天，偃蹇浊世，兴黄尘玉树之悲，动唤宇弹翎之怨，谓之幸耶？谓之不幸耶？……瞿有仲亦引述冒襄的话，认为他借声色韬晦，寄其忧愁愤懑："……逃情寄志也。风萧水寒，此荆卿筑也。月楼秋榻，此刘琨笛也。览云触景，终不以悦时目。"

二十年后冒襄故交、以《板桥杂记》闻名的余怀，在冒家屡经祸患衰败后，仍操持同样论调；李清在《同人集》序中认为珍玩的散失与文字的积聚形成对比，有文化意义。

1679年冒家宝彝阁与染香阁毁于火灾，收藏的书画鼎彝古玩化为灰烬。生活渐入窘境，但冒襄仍然勉力以有限资源继续收购名迹珍玩。收藏的五十三种砚山只有一座幸免祝融，但之后，冒襄获得了据称是米芾"宝晋斋中物"的砚山。传说此砚山是南唐李后主之物，后收藏于宋宫内府，米芾辗转获得后为之绘图。冒襄门生张瑞为砚山作一正一背二图，并刻意形容砚山和在座众人的观赏兴致："峰峦洞壑，泉涧瀑布，靡不具足，座客有观止之叹。"藏天下于芥末微物，是想象空间的展现，亦是避世逃时的寄托，这常见的话题在易代之际有特殊意义。查士标，亦为砚山作图，是冒襄私淑古人的验证："爱石成癖，直可尚友南宫……"

鉴藏溯源于文化记忆。冒襄八十一岁，书童徐雏拿来惊绝非常，"罕见者，抚视久之"的两幅画，不但楼阁精工，更兼烟树樵渔，直逼董源《潇湘图》之神境。冒襄把两幅画命名为《滕王阁图》《岳阳楼图》，经鉴定是郭忠恕真迹。"画兼南北，独擅千古"，彰显的是江左风流的延续，亦是文化命脉的不绝如缕：生平所藏尽付灰烬于十年前。何复遘此。真赏。寄寓冒家的戴本孝赞叹冒襄与郭忠恕神交千古，"溯源穷流，坚持风流余绪"，使冒襄本人也变为文物化身。诚如孔尚任致书云："高燕清谭……如观先代之鼎彝。"玩物未必丧志。王弘撰以志节学术负盛名，为关中士人领袖，收藏最丰。

黄宗羲在《思旧录》推许"手障狂澜"，感喟"役于物"的徒劳，却不认为风雅有妨气节。结语时，他缅怀耽玩书画的清兴："公有家乐，每饭则出以侑酒，风流文采，照映一时。由是知节义一途，非拘谨小儒所能尽也。"

李教授以典丽奥博之文字阐述：鉴赏与收藏背后的激情与艺术精神，变为忠义节烈的前奏。戴洵记述访冒襄时，得睹曾为瞿式耜珍藏的沈周长卷，写下《观白石翁画卷记》。瞿氏一生酷爱沈周的画，凡有所闻皆重价购取，摩挲赏玩，收藏渐富以后，拣选最佳的，请名工装潢，手自标识，珍藏于耕石斋中。沈周号石田，石田不能耕，瞿式耜以耕石命名其斋，表示对沈周的心仪与尊崇。沈之号，瞿之斋名，均显扬艺术创作与鉴赏的"无用之用"。庄子无用所代表的精神自由与解放，往往是士人不遇的息肩之所，艺术境界亦借以开拓。

李教授又以祁彪佳所建之寓山及冒襄营构之水绘园为例证论"审美空间"所代表的文化与政治意涵。风雅与气节合流，形成审美空间的转化，艺术境界遂与政治活动或历史关怀联结。以江南名园为例。祁彪佳的寓山，是晚明园艺的顶峰。晚明对设想真与幻、梦与觉之间关系的兴趣，在祁彪佳的《寓山注》中表露无遗。祁彪佳自述其"极虑穷思，形诸梦寐"。寓山诸胜，均有取于视觉的转移变幻，藏高于卑，取远若近，乍无乍有。清兵陷杭州，时任南明江南巡抚的祁彪佳于寓山投池自尽。

全祖望在《祁六公子墓碣铭》中淋漓述说了祁氏的这一段情思，由夷度先生，即祁承㸁（祁彪佳之父）说起。祁氏三世志行与趣味的传承与转移，颇堪玩味。祁承㸁以书癖自许，祁彪佳更嗜戏曲和亭园。到祁理孙、祁班孙，结客已从贵游逸乐变为谋划恢复，寓山成为谈兵说剑的所在。祁氏兄弟为魏耕置酒呼妓，认定酒色无碍贤豪侠义。据全祖望《雪窦山人坟版文》所说，魏耕曾致书郑成功，"谓海道甚易，南风三日可直抵京口。己亥，延平如其言，几下金陵"。可见魏耕与郑、张水师入长江有密切关系。后魏耕于祁家被执，殉难杭州。当时株连甚众，祁班孙遣戍辽左。尚有遗民诗人屈大均，"读书祁氏寓山园，不下楼者五月"，此时之诗，弥漫着求仙与逃世的意象，徘徊真幻的兴致，于是平添浓厚的政治意味："半山每答猿公啸，千仞将联凤鸟翰。凤鸟高飞何所止？金陵宫阙五云起……"屈大均笔下的祁氏藏书，已与嗜古好学无关，而是展现幻境与寄托政治抱负的想象世界："长风吹我至禹穴，猿啼虎啸依藤萝……"

水绘园也值得考索。李教授引李孝悌教授的研究，令我们得悉了冒襄水绘园的兴衰与遗民世界的关系。先后栖迟在园中的遗民、抗清志士，包括杜濬，方以智及其子方中德、方中通，前文论及的姜实节，湖州战死的戴重之子戴移孝及提到的戴本孝等。1652年，水绘园归冒襄父冒起宗所有，旋即修建为名园。后冒襄将水绘园改名水绘庵，次年作《水绘庵约言》："庵归僧主。

我来是客，静听钟鼓。"据陈维崧《水绘庵记》题咏均赞叹冒襄的脱略，邓汉仪就曾写道："俨成高士宅，半作老僧居。"韬晦是为了自保——当时清廷对江浙士人的镇压和打击，不数年即酿成科场案、奏销案、通海案、明史案等大狱。《影梅庵忆语》曾记有"丁亥，逸口铄金"，暗示顺治年间冒襄曾涉嫌参与或协助复明活动，详情不确知。佛道离尘出世之姿，无碍对情的执着。杜浚题咏水绘庵："碧落方求人外友，青天宁负夜来心。"碧落庐是冒襄为亡友戴重而建，"夜来心"指对董小宛的怀念。虽碧落庐有"一僧昕夕"，但似只为钟磬声的点缀。冒襄惜逝，因造园而沉吟更深。冒襄在水绘园延客结社唱和，时人比之信陵君。水绘园盛时，自东林几社、复社诸旧交及其子弟，清廷新贵，以致隐逸缁羽之伦（包括逃禅披缁的遗民），去亦复来，而闻风向慕者，则又神交色动矣。这对清廷有关立盟结社的禁令，能否算是间接的反抗？社集诸诗文卷帙浩繁，颇难泛论，可断言眷怀故国、哀悼风流云散为基调之一。

在水绘园淹留八载的陈维崧，写下很多此类诗句："信有青袍能跋扈，却凭红烛照艰难。""今日凄凉依父执，乌衣子弟几家存。"飞扬跋扈，磊落不平，只能借红烛高烧映照世路艰难。结客开樽，聊遣故宫禾黍之悲。水绘园是肃杀劫后相依的境域，"我向此间聊躅躅"，酬唱篇中亦有隐喻图谋恢复之壮志者，如"翊汉怀诸葛，椎秦忆子房"；也有置复明的慷慨悲歌于燕集华辞，表示后者的无可奈何，"舞袖歌喉向月寒，那堪正值乱离看"；更有寓家国之思于狎兴流连者——顺治及康熙初年，冒氏家乐班有杨枝、秦箫、紫云等能度曲演剧的歌僮，有关他们的题咏连篇累牍，屡见《同人集》及清初诗文集，陈维崧与紫云生死缠绵的恋情更为人所熟知。题赠篇章固多风流婉媚之作，然亦有从歌僮绝艺联想到沧桑巨变的，如陈维崧的《秦箫曲》："此间秦箫曲中杰，忽然高唱受降城。"又如他的《徐郎曲》，纠合了艳情与史识："暗里漫寻前度曲，人前不认旧时容。"

即便演剧、观剧，也被赋予了特殊的历史意义。明亡后自称"倦观歌舞"的陈瑚，1660年在得全堂观看《燕子笺》与《邯郸记》，借舞台上的异代衣冠致慨："无端愁杀江南客，袍笏威仪见汉官。"水绘园的审美空间，透过江左风流的延续而与离乱的时代抗衡。文酒声色是否可以"自赎",颇可争议。无可置疑的是描绘声色的词汇通过隐约和寄托,包罗更广,取义更深。

　　清初对晚明文化的批判,著名的有顾炎武论"文人之多":"士当以器识为先……"认为自嘉靖以来,因过重文章而华而不实,尤为深恶痛绝的是悦人欺人的"巧言"。顾炎武又以晚明虚谈心性比附魏晋清谈,并严斥之"亡天下":"仁义充塞,而至于率兽食人,人将相食,谓之亡天下。"巧言与清谈,使人联想到浮靡夸饰、任性纵情的士风。从反面看,声华玩物代表耽溺、琐细与荒嬉,但据李教授初探,清初对晚明文化的反思,并不见得强调玩物丧志的弊端,有些作品如张潮的《幽梦影》,则刻意追踪明季的闲赏艺术。

　　李教授思索前朝遗物,把牵涉鉴赏与收藏的语境联系到进退出处的抉择与文人集团的界定。明季谈物的趣味在清初转向"政治化"。物通过与个人记忆、历史反思、文化传承的关系而具备一种"救赎性"。虽然清初遗民多有悔罪心理,但忏悔的框架并非都能贯彻始终。即如张岱的《陶庵梦忆》,序言申明悔意——把过往一切"持向佛前,一一忏悔",但梦忆的主调是流连光景,追怀明季冶游,牵念奇人异物。书中有揭露繁华背后的阴暗面,亦有点出积聚收藏的徒劳(如《三世藏书》)和奢华靡费的报应(如《西湖香市》《越俗扫墓》),但例证不足以抗衡弥漫全书的抚今追昔的悲怀。张岱曾在《西湖梦寻》序言中说道:乱后的西湖远远比不上他梦中的西湖——失落的故国既然只能在梦境、回忆与文字中追寻,执着也由偏至之情提升为不渝之志了。风雅与气节的关系及审美空间的转化,归结到了道德境界与艺术境界的交融、平衡与张力。唯美、尚情、享乐是否使人降志辱身,并动摇国家社会秩序?李教授征引的例子,操持相反的论调:物情、物理的感悟,声色玩好的追求和书写,让人面对往昔,理解历史,通过艺术境界调解矛盾与超越困境。"蜡亦不肯灰,歌亦不肯绝",成为一种与时代对话的生活方式。

　　反复详论,尽领其致,李教授深刻地解析了玩物当年伤时忧国的心情。向来同情弱势的我,更不免畅然又感喟李教授有心地从扬州女子谈起:性别与清初历史记忆。

　　清初文学有许多笔记、小说、方志、诗文等,以1645年扬州屠戮的书写为主线,以扬州女子的命运作为明清易鼎历史记忆之归着及历史判断之关键。首以王秀楚《扬州十日记》为缘起。

作者王秀楚诛伐责难扬州女子的贪婪和无耻。他深恶痛绝的似乎不是清兵的兽行,而是自甘与清兵淫媾的女子。作者察觉妇女是被紧密监护的战利品,似乎由被害者变为有可能助桀为虐的失节者。文人对现象世界观察入微、视野剖析、刻画缕述的兴致,在丧乱中逆转为恐怖、惶惑之逼视与白描。

张茂滋的《余生录》则充满惶愧自责,"劫厄生还者之罪疚";计六奇《明季南略》亦谓扬州自宋元以来三罹兵劫,岂繁华过盛?而阎尔梅写《惜扬州》描述扬州女子的骄奢,似注定了史可法退守扬州的败亡。

以小说形式引扬州女子为话题,反思历史因果,探讨罪与罚之逻辑者,则有丁耀亢的《续金瓶梅》。丁耀亢,字西生,号野鹤,又自署木鸡道人、紫阳道人,山东诸城人。其文字煽情动欲,欲擒先纵,似乎是作者自许的"热一回,冷一回,着看官们痒一阵,酸一阵"之策略。但世变的洪流冲击小说的道德重塑,其报应架构亦因而有时显得捉襟见肘。归根究底,看似严密精微的因果报应系统,实不能背负解释历史巨变之重任。

易代之际的颠连困厄是普及的、偶然的,作者看得真,写得切,自然不容易以理化情。故于每回起首先将《感应篇》铺叙评说,方入本传:客多主少。扬州或真是骄奢糜烂,但若说屠城惨祸是果报昭彰,却是乖情违理,令人难以接受,而丁耀亢最终亦不能自安罪罚的逻辑,亦是对此的矛盾、困惑与模棱。

忆起我初读丁耀亢的《续金瓶梅》,是早年与来哈佛教过课的台湾"中研院"的胡晓真教授和哥大的刘禾和商伟教授等人,一同在仙去的韩南教授的笔记小说课上,怎能不感怀?李教授据胡晓真教授的论述,点出《续金瓶梅》因要针对并化解《金瓶梅》的情色诱惑,着力渲染逾越性欲带来的痛苦,但仍未能摆脱书写情色陷于"入乎其内""出乎其外"之间的夹缝、两不兼容的困境。

丁耀亢依循"罪与罚"的逻辑,用"扬州瘦马"代表以女色桎梏蛊惑人心淫奢业报为线索的"城市罪恶"。"瘦马"者,即穷人家女儿自小被收买,修饰调教，长成后蓄养者居为奇货，转卖给富家做妾。但丁耀亢没有以局外人视野居高临下，讽刺个中人营营役役、自欺欺人；也没有学卫道者义正词严，嫉恨人伦乖绝，道德沦丧；更没有从被买卖女子角度控诉颓俗，或用代言体寄慨；相反的，作者的描述夹杂翔实的报道与娓娓道来的兴致。写到"瘦马"的训练，如何演习枕上风情及如何"把两个指头儿权做新郎"，更有推波助澜之嫌。丁耀亢后以金兵攻陷扬州紧接"瘦马"描述，表明兵祸焚屠是淫风恶俗之报。

丁耀亢写女子以黑灰搽脸，蓬头破袄，做奇丑模样，希图免于被掳；也有贞烈妇女投井自缢，或截发毁容的。后金兵知道，出了大牌，有妇女自死者，罪坐本家，全家俱斩。谁敢不遵？日夜里倒守起女孩儿来，顾不得名节，且救这一家性命。可见失节者亦多身不由己。也有哭哭啼啼，"似昭君出塞一般"引人悲感的薄命佳人。作者点出此矛盾，并非争荣斗宠，只是窘辱中不能自免的受害者。

另外汪森于《粤西丛载》，记广西何桂枝的瘦马生涯及其自伤身世的《悲命诗》，痛砭扬俗，激越凄楚，"语红颜绿鬓闺中女，来生誓莫生扬州"。

《陶庵梦忆》中，张岱冷眼旁观，以尖锐辛辣的笔触，写出繁华热闹背后的阴暗面，一篇《二十四桥风月》描述数以百计的下等扬州妓女盘桓茶馆酒肆之前"拉客"，强颜欢笑，却难掩凄楚。

他如谢肇淛《五杂俎》则称述维扬女子之美，于贩卖"瘦马"者亦有恕辞。

李教授寻绎女子何以代表亡国的耻辱，并联系着威胁与危险。再依循《扬州十日记》所暗示劫难与繁华过盛的关系，以《续金瓶梅》为焦点，论述其中"罪与罚"的逻辑。作者丁耀亢写扬州，以谴责起，而以比较平恕的视野终。扬州女子的形象，也相对地从淫纵无耻演化为无辜的受害者与权威的历史见证人。李教授还探讨谴责的反面，分析表彰扬州死难烈女的诗文及方志记载，考察死节之政治意义的营构方式及动机，并阐释具体的暴力记忆如何通过女子的身体延续；终至探究清初扬州由萧条至复兴又是如何通过声色与女性的联想完成，旨在证明创伤的记忆与遗忘，往往关联对女子的褒与贬、责难与同情。

总结扬州女子故事的是一美人题壁词，词调寄《满庭芳》，被掳掠的徐君宝妻以扬州城破写一代兴衰，以己身漂泊，情缘断绝，殉身在即，痛悼国破家亡。其蓝本载于陶宗仪的《南村辍耕录》。

清初文学对扬州屠戮的书写，便是如此在记忆与遗忘的抗衡之间展开的。如李教授所论，记忆与遗忘，又往往关联对扬州女子的褒和贬、责难和同情。无论取向如何，其文人结交的文化氛围均有共通之决定性。即如丁耀亢本来要以扬州女子之无耻写繁华业报与历史因果，却因文酒声色的"移情作用"变得模棱两可。又如卓尔堪，除了收录前辈遗民诗人歌咏其伯母卓烈妇的诗，亦曾请同时人（包括遗民与仕清者）为她立传赋诗，卓尔堪编著的《遗民诗》，收录黄宗羲、贾开宗、柴绍炳、黄逵、沈兰先、李柏六人写就的同题诗《卓烈妇》及汪沨《挽前指挥卓文伯元配殉节钱宜人》。以此为题而没有收入的，可考者尚有遗民诗人孟肃、陈廷会、王文师等人之作。歌颂钱淑贤或卓烈妇的文人，无论出处抉择如何，都能从她们的殉难营构政治意义。部分颂赞文字背后又指向遗民与清臣的交游网络，唱和所界定之文化氛围，暗示殉节的抗争意义亦必须在接受新政权的大前提下定位。从这个层面说，文人文化可说是创伤回顾中的批判与眷恋、抗争与妥协、记忆与遗忘的缓冲地。李教授千回百转，绵密研讨，为汉学注入两性论的文化标记。

李教授在休假的年度，即2011年，曾荣膺CCK基金汉学中心奖助，远赴台湾地区收集资料并在台大发表演讲：主题就为"明清之际的女子与国难及其回响"（2014年业已出版英文书）。她还论及女英雄的想象与历史记忆：明清易代的记忆与想象，在近现代史上构成波澜壮阔的回响，或借以激情励志，或由此感慨兴亡。晚清的反满情绪，借反清复明的故事推动和传播；抗战期间，有识之士多有借鉴明末志士力挽狂澜的叙述；明遗民的气节，成为民族主义的先声、政治抗争的暗喻、争取思想自由的投射。综观明清之际反映世变的文字，其中一反复重现的话题即为女子与国难的关系，即以女子之贞淫美恶、雄迈与屈辱、自主与无奈演绎国族的命运及世变中人们自存、自责、自慰的种种复杂心境。爰及清末至20世纪，此议题之延续与翻新，或可借以窥探传统与现代的衔接和张力。

李教授集中一主线,即女英雄的想象与历史记忆,首先探索不同的历史环境如何塑造历史记忆,明季女英雄的压抑与重构如何应运而生,继而由实入虚,分析清初文学中虚构女英雄所代表的对晚明的批判、哀悼、辩护。如王夫之的《龙舟会》杂剧,重写唐小说《谢小娥传》,以谢小娥女扮男装报杀父杀夫之仇的故事,痛斥明季文臣武将不济,兼寄寓亡国之痛,抒忠无路。与此取向相反的是吴伟业的《临春阁》杂剧,吴剧为陈后主宠妃张丽华翻案——亡国妖姬变为忧勤国事的能臣,与镇守边疆的高凉洗夫人惺惺相惜。她们一文一武,虽不能扭转乾坤,却为中流砥柱,代表晚明耽溺恣纵、尚情唯美之生命情调的"自赎"。论述复又自虚返实,讨论"贰臣"笔下的奇女子:如周亮工追怀与他共守围城的亡妾王荪,吴伟业隐然推许为诗史的旧好卞赛,钱谦益颂美心悬海宇、力图恢复的同心共命之人柳如是,背后均熔铸作者之自责、自解和"自我诠释"。而象征意义之游移,正是与时代潜在对话的明证。如屡见清初诗文小说笔记,再现于《红楼梦》及晚清短剧《婉媚将军》的林四娘,亦鬼亦人,时真时假,似强似弱,既幽怨又愤烈,或殉明或殉清或殉情,恰好表示明季女英雄是一个具弹性的象征符号。

李教授再论了女性文学的英雄想象。明末清初是女性文学的高峰期之一,已成定论,而女子如何思考己身与世变的关系,可溯诸其文字。明清之际女性文学主流之一是忧国伤时的诗词,例证具见徐灿、顾贞立、王端淑、刘淑、李因、周琼等人的作品。也许是天崩地裂的时代逼使她们超越闺阁婉约的语言,见证离乱,反思历史,述往思来,于是眼界扩大,感慨遂深。政治失序似乎造就了不容于承平秩序的想象空间,于极少数女子,甚或予以伸展抱负的机会。书写自己从戎靖乱的女子自是跨越性别界限,但谈兵说剑,自我营构勇武愤烈形象,质疑性别界限的女性文学作品亦所在多有,并不限于这些女英雄。对性别定位的不满,又往往是悲怀国变途穷的前奏和后果。同时,家国之感酝酿诗心之觉醒,即诗人对女性文学的自觉与使命感之提升。19世纪中叶女诗人书写鸦片战争与太平天国之际的国危家难,慷慨悲歌,继续了此传统。及至晚清秋瑾、徐自华、吴芝瑛诸人的文字,虽少有直接指涉其明末清初之先驱,就意象与命题而言则是一脉相承的。其继往开来的契机，表现在她们对明季女英雄的特殊兴趣，及对革命与性别互为因果的诠释。李教授贯通古今的研究，直令我们缭心饶耳，思量晚明精神面貌，在清初的持续与转化兀自散发出女性自觉与抗争。

李教授为1982年香港大学的优秀毕业生，1987年获普林斯顿大学的博士学位，1987年至1990年任教伊利诺伊大学，1990年至1993年荣膺哈佛青年学者，1992年至1996年任教宾大，1996年至2000年在母校普大任教，1998年至1999年曾获得CCK基金赴台研究，2000年至今为哈佛大学东亚系教授，2002年至2003年获瑞克利夫奖金著述。李教授对晚明至清代的诗词文学及其中蕴含的女性主义、国族思想素有研究，2014年7月荣列第30届台湾"中研院"院士。她的专著很多，著有《清初文学中的创伤与超越》（合著）等，还有许多作品未译为中文，如：*Enchantment and Disenchantment: Love and Illusion in Chinese Literature*（Princeton University Press，1993），*The Readability of the Past in Early Chinese Historiography*（Harvard University Press，2007），*Trauma and transcendence in early Qing literature*（Harvard University Press，2006），*The Columbia anthology of Yuan drama*（Columbia University Press April，2014）。读其书听其言，方可对她的思想略窥一二。

李教授的夫婿是布朗大学历史系主任白德甫（Omer Bartov）教授，他自小在特拉维夫长大。白德甫教授于2011年春也应邀至台大历史系担任客座特聘讲座教授，两个小孩与他们一起到了台北。白德甫教授在第二学期于台大历史系开授"历史观点下的犹太人大屠杀"课程，其关心的领域有纳粹党卫军、两次世界大战时期的种族屠杀、战争与大屠杀之间的关联，也涉猎有关20世纪暴力、认同与影视再现之间的互动，并反思欧美与伊斯兰世界对于犹太人的刻板印象。

学术伉俪相辅相成，多年来分别在常春藤名校辛勤研究教学，能在中西学海树盛名，绝非偶然。李教授开拓性的方向顾盼两性与审美等，周密翔实的历史思考和文化阐释，将会余音袅袅地留在时间的滩岸上。

古典与现代的学术及诗情
——哈佛大学东亚系教授田晓菲

田晓菲,1971年生于哈尔滨,长于天津,现为哈佛大学东亚语言与文明系教授。

田晓菲早早便在文学方面崭露头角,十四岁前便有诗作获奖,并出版有数本诗集,破格被北大录取。毕业后赴美留学,年纪轻轻便成为哈佛的教授。其主要研究领域为南北朝文学,同时从事宋元晚明的文学研究,并涉猎现当代中国文学与文化,著有《尘几录:陶渊明与手抄本文化》《烽火与流星:萧梁王朝的文学与文化》《留白:秋水堂论中西文学》《神游:中国中古时代与19世纪的行旅写作》等。田晓菲的夫婿宇文所安也是名家。

在晓菲教授刚入哈佛大学读博士不久，我就听亲近的诗词大家叶嘉莹教授谈起：这是位诗人小天才……多年来也不时会在哈佛东亚系见到晓菲教授温暖可爱、青春纯美又端庄的身影。

晓菲教授，1971年10月出生在冰城哈尔滨，祖籍山东临清。四岁跟父母搬到天津，住天津文联大院。唐山大地震后，全家在地震棚里住了很长一段时间，也就是从那时开始受到文学光影的启蒙。因父母都是从事文字工作的，受家庭氛围的熏染影响，她的第一首诗是在1978年六岁半的时候写下的，那是一首七言绝句，叫《游颐和园》。

晓菲教授的父亲田师善先生曾经是大学教授，专门研究中国现代文学，搬到天津后，先是做了数年编辑工作，后担任天津文学院院长。他善于发现年轻的文学人才，热爱人才，当年在文学院主持举办的作家班，培养了很多非常知名的天津作家。她的母亲许建华女士是中学语文教师，很受学生爱戴，"小时候逢年过节，总有母亲的学生，来我家看望，无论是毕业的还是没毕业的，这给我留下很深的印象。"她觉得后来任教大学，大概也是家传影响！

孩童时不免喜欢玩，但她也迷恋看书，一看就会看上好几个小时。除了家里的藏书之外，因父亲工作之便，天津文化局资料室、天津作协和文联的图书室，都是她经常光顾借书的地方。妈妈怕她把眼睛看坏了，叫她别看那么多书，她居然回答说："不看书要眼睛干什么用呢？"

晓菲教授在家长的引领下读诗学文，爱书成痴：读悠扬委婉却又不肯委屈的古文，如背诵周敦颐的《爱莲说》等，读希腊神话时看到在悲剧与局限中展现的神力……她在《天津日报》发表了第一首诗，后频频为报纸和杂志采用，在十岁到十七岁之间出了三本诗集。她的诗作还先声夺人地获得"世界儿童诗歌比赛"的国内奖。她尚未从天津第十三中学毕业就直接保送大学，但心底深处的中学校园、住过的小海地的小河等，都让她不时思念。

对于天津，她曾以贾岛的《渡桑干》抒发胸臆："客舍并州已十霜，归心日夜忆咸阳。无端更渡桑干水，却望并州是故乡。"浮屠桑下不肯三宿，唯恐产生眷恋，她说虽爱释教，却不是比丘尼，对于从小生活了这么多年的城市天津有着很深的情意：每次回家，她都欢喜地踏在天津的土地上，喜欢打起乡谈，和出租车司机攀话，喜欢在街头和小贩们贫嘴、"嚼性"（是个知有音而不知如何书写的方言），我也有姐姐一家老小长住天津，不免心有戚戚焉。

晓菲教授加入中国作家协会，是天津会员，天津很多老作家比如鲁藜，都是她的忘年交。最不能忘记鲁藜这位又纯真又热情的老诗人，是她的邻居："我常向他借书，他还曾写诗送给我。那时我九岁，我是小孩子，他是老孩子……"也就在初中未读完的1985年，晓菲因诗歌创作获奖，并已结集出版诗集，由北大英语系、心理学系、中文系老师面试通过，特招破格录取进入北大英语系。十四岁的她未脱的仍是稚气与诗情。

深忆这多少学子梦寐以求的北京大学，她说第一次知道这世界上存在着一个北大，是在七岁的时候，偶然从抽屉里翻出一张泛黄的照片，上面是一片沉静而美丽的湖光塔影。她目不转睛地注视着这似曾相识的风景，一些莫名的惊奇、喜悦与感动，从自己那充满渴望的内心悄悄升起。母亲告诉她：这，就是北大。她自那时起便结识了北大……

十岁，乘汽车从北大校门口经过。身边的阿姨唤她快看快看，她却固执地扭过头去，口里说着："才不呢！现在看了，将来来上学不就不新鲜了！"

她从未怀疑过要成为北大的学生。那份稚气十足的自信，似乎预示了一段奇妙的尘缘。她说："没有想到，我会这么快就实现了童年的梦想。"

蓦然回首，我们仿佛从她的字里行间认识了那还不满十四岁，满脑子浪漫念头的小女孩，对什么都充满了兴趣与好奇。纷扬的白雪里，依稀看到她穿着蓝色羽绒衣，无忧无虑地在结冰的湖面，掷下一串雪团般四处迸溅的清脆笑声。

才进校门，高年级的同学就带着他们参观北大图书馆。当时，好像还看了一个介绍图书馆的纪录片。入学之初那句颇为雄壮的誓言——"我不仅为北大感到骄傲，也要让北大为我感到自豪"，在图书馆大楼的映衬下骤然显得苍白无力。她说："我紧闭着嘴，心头涌起一种近乎绝望的感觉，四百万册图书！实在难以想象。而其中我所读过的，大概连这个数字的最小的零头都不到吧！"

晓菲教授忆起了中学时（1983）在青岛过夏令营时发生的一件事情：记

得那时灯已熄了,她们在黑暗里躺在床上,随意聊着天儿。她和领队的那个小小的女老师正说得津津有味,上铺的女孩却忽然哭了起来。她们惊讶地问那个女孩怎么了,女孩呜咽着答道:"你们知道得那么多,可我什么也不懂……""如今,我和女老师的谈话早忘得一干二净了,可那女孩子的呜咽,反倒长久而清晰地留存在心中。当我随着面孔尚未记熟的新同学,一起走出图书馆的时候,我似乎刚刚理解了那个因为自己的无知而抽泣的女孩……"

于是,自从她小心翼翼地佩戴上那枚白色校徽起,北大就不再是照片上的影像,不再是车窗外一掠而过的建筑,不再是小女孩心中珍藏的梦想,而成了需要用全部清醒意识来对付的、不折不扣的现实。假如一生可以被分成许多阶段,那么与北大的际遇,便是又一个新的开始。

可不,一开始她就说:"开始做美得有点迷离的梦,开始对从未涉足过的世界进行探寻。"

当她在图书馆里一排排落上了些许灰尘的书架间徜徉,她觉得自己就像是童话里的女孩,怀着激动不安的心情,启开了闪闪发光的仙宫大门。有时,她并不急着翻检借阅,只在书垛间留出的窄窄小径上慢慢地走来走去,以目光抚爱图书。中文的、英语的,都在以互不相同的沉默的声音,向她发出低低的絮语和呼唤。渐渐地,心情也变得和它们一样:沉静,愉悦,安详。

就这样,简单而又美好地,北大为一个渴望以有限的生命拥抱永恒的小女孩打开了一扇神奇的窗子……宇宙与人开始以全新面目向她揭示和呈现,她开始思索,开始疑问,开始摒弃,开始相信。北大为她展示了一个动人的新世界,在这令她惊喜的天地里,她渴望生活,渴望创造,渴望有一副轻盈的翅膀,摆脱这沉重肉体的束缚,将在无际的天空自由地飞翔!

她喜欢读北大的书,更喜欢读北大的人。有时,她特别静静地站在图书馆阅览室的门口,看那些伏案读书者专注而入迷的神情;也一边走向第三教学楼,一边听身旁经过的人高声争论着什么问题,吸引她的,往往不是他们争辩的题目,而是北大人特有的敏感、学生特有的纯洁、言谈的犀利与机智、精神状态的勃勃生机;她更愿意站在广告栏前,一张一张细细地读那些五颜六色的海报，为的是永不厌倦地重温北大清新自由的气氛……

那眷顾智识书海茫然又震撼的强劲感受，对在哈佛燕京图书馆坐拥书城几十年的我，感同身受！

晓菲教授大学毕业飞离燕园时，只不过是个十八岁的亭亭少女。1989年晓菲教授从北京大学毕业，赴美深造；1991年，获内布拉斯卡州立大学英国文学硕士学位，攻读哈佛博士；1998年，获得哈佛大学比较文学博士学位。之后，她分别在柯尔盖特（Colgate）大学和康奈尔大学任助理教授；2005年，担任哈佛大学东亚语言与文明学系副教授。2006年，在三十五岁时，她就成了正教授。

晓菲教授吟哦诗书常有推陈出新，应时当令的理论或工笔写意配合的想法令人叹服。早些年捧读她亲笔签名的好书《秋水堂论〈金瓶梅〉》等，果然十分撼人，在汉学界智识界引起了大反响。特别是她对《绣像本〈金瓶梅〉》的解读，由其中读出慈悲，与其说这是种属于道德教诲的慈悲，毋宁说这是一种属于文学的慈悲。这显示出她的广阔视野：堕落的角色也被赋予诗意的人情和深通世情的宽容。

晓菲教授把《金瓶梅》比作"一枝倒插的梅花"：大多数让人看到的只是光秃秃的枝干，那丑陋的、不体面的；而倒插深藏在瓶中的花，岂不是白白地娇艳芬芳了吗？无端浪费！由此她沉思审视对人性世道的终极拷问，便有了精神高度的领悟，方能洞悉那些痴迷贪欢不知悔改的男女形象。她认定作者是位有力与慈悲之人，而非烦琐小气之市井小民。

她常常想着要把《金瓶梅》写成剧本，武松出场："身穿着一领血腥衲袄，披着一方红锦。"这衣服的猩红色，简单、原始，从黄昏中浮凸出来，茫茫苦海上开了一朵悲哀的花，就此启动了这部书中的种种悲欢离合。潘金莲、西门庆，都给这猩红色笼罩住了。"电影前半部分是彩色，自从西门庆死后，便是黑白。小说变得苍白，匆忙收尾……"大概很少人耐得住小说后半部分扑面而来的灰尘与凄凉，所以往往不喜欢。

《秋水堂论〈金瓶梅〉》是笔名为宇文秋水的晓菲教授所写的，在很大程度也是对版本的比较。她特别喜爱《绣像本〈金瓶梅〉》（张竹坡评点本），并表示：财与色是《绣像本〈金瓶梅〉》最叹息于世人的地方……它描写欲心强烈的男子，也描写欲心强烈的女人。而且，对这样的女人，作者也是很慈悲的，还请读者不要被皮相所蒙蔽，以为作者安排金莲被杀、瓶儿病死、春梅淫亡，是对这些女子做文字的惩罚——我们要看他笔下流露的深深的哀怜慈悲。

她颇有精谨眼光，遍读《论语》乃至《圣经》；为研究魏晋南北朝文学史与社会：她勤读泛读"二史九书"（一般说二史八书：《南史》《北史》；《宋书》《南齐书》《梁书》《陈书》《魏书》《北齐书》《周书》《隋书》，再加上《晋书》，是为二史九书），是了解南北朝历史的基本；并读大藏经、道藏等材料，先秦汉魏晋南北朝诗以及全上古三代秦汉三国六朝文，等等。

她更以比较文学的观照，解析中古摩尔人统治下的西班牙，将阿拉伯贵族诗人伊贲·哈赞的《鸽子的颈环》对比《击壤歌》《东京梦华录》或张岱之作；非典瘟疫刚过，她点出薄伽丘《十日谈》是在1348年黑死病席卷翡冷翠，十万以上的人丧生的暗淡背景下写出的，十位意大利贵族在乡间躲避黑死病，在拥有晶莹喷泉的清凉的绿荫桃源中，描绘出阶级的差别、权威的制约等，以文字营造出人类文明社会缩影。

晓菲教授涉猎的《高文爵士与绿色骑士》（默温所译）是中世纪有力的英文叙事诗；博尔赫斯（J. LBorges）的《七夜》在谈巨著开端即富魔力，如但丁《神曲》：在三十五岁那年，我发现自己站在一片幽暗的树林里，旋即进入更深的黑暗，接着半明半暗的炼狱，随后是光明。她又析论意大利卡维诺的《看不见的城市》里，马可·波罗对成吉思汗说："我不断地讲，不断地讲，但是听众只听到他们希望听到的东西。"文字总是时间的幸存者，在动笔时都以一千零一夜的故事警惕，那么对读者和作者自己，都会好得多。

晓菲教授并揭橥《红楼梦》不是横空出世绝无依傍的作品，在文学传统上，《红楼梦》是继承了《金瓶梅》。她或论清代小说常常反映出的时人价值观中的二元对立结构：洁净与肮脏；或论历来对梁朝的忽视，梁朝短暂映亮的、即将成为绝响音乐……声与色，都很快就要没入黑暗了……

她指出冯梦龙的《卖油郎独占花魁》的大背景是北宋王朝的覆灭，由金人入侵把"花锦般一个世界，弄得七零八落"，与其说这部小说是对市民阶层价值观念的赞美，还不如说它是对正名的歌颂，对错置与复位的描摹；对于《杜十娘怒沉百宝箱》，晓菲教授不觉得这是作者为"封建制度压迫下的女性"鸣冤叫屈之作，她认为是个男性文人自恋的寓言。和蒲松龄的《侠女》比较起来，她更喜欢唐朝的侠女传奇，自有磅礴的气势，也更近人情。

最妙的是她在暴风雨天里，想起在陶渊明这个名字中，也有很多深冥幽暗的光。这恰好象征了他的诗篇拥有富于欺骗性的简单。陶渊明的《读山海经十三首》是中国文学史上第一组以读书为题材的诗篇。诗中的内容是循序渐进、不可分割的整体，它记叙了一次想象的旅程。

晓菲教授也爱新诗。她说作为写诗人谈写诗，是极难的事情。如果自己比较谦冲，便会踟蹰不安，认为自己的写作实践及不上自己的理想。然而，就算眼高手低，自己的理想还是难免影响自己的实践，于是又好像在为自己的诗进行理论辩护，如此临渊履冰，所以她本望保持一点在研究与创作之间的"行距"，但看她说得言之成理：

新诗与旧诗之间，有最深刻的区别。虽然新诗是白话诗，而新诗的鼻祖胡适认为白话的特点是浅近，鲁迅认为白话的特点明白如话，但是新诗的哲学与美学本体，从一开始，就是贵族的或是精英的，不是民众的，这一点，恐怕是提倡平民文学的新文化运动的领导者们所始料未及的。

新诗不是不可以成为每个人的诗！主要得寻回她先生宇文所安教授说的，白话诗的成功不是凭借文字，因为文字总是受制于语言的国家疆界，以及这一疆界所带来的限制。它成功所凭借的是只有在文字里面才能实现的东西：想象中的意象。

一系列关于欧洲手抄本文化的著作，对晓菲教授的学术研究产生了很大影响。简言之，手抄本文化有流动性，从抄写者到编辑、读者，这些身份往往是并存的，他们都参与了抄本的制作和更重要的创作。她说："我认识到传统的考证，如何可以被提升到理论的层次，从而获得一种新的生命，与当代世界接轨。对文本多重性的认识，只能发生于后现代文化之中。"在全球化的语境里，我们不能够、不足以断定，也没有必要追寻原本。

她以手抄本文化作为切入点研究陶渊明的代表作(《尘几录：陶渊明与手

抄本文化》）。中古时代，文本主要以抄写的形式流传，在抄写过程中，既会产生无心的失误，也常常发生抄写者/编者对抄写的文本进行有意改动的现象，从而影响读者对于作者意向的认知。《尘几录：陶渊明与手抄本文化》一书旨在向我们展示，读者不仅体验作者，而且，更通过重新塑造文本，以使文本符合自己的解读来生产或创造作者。她说："此书就东晋陶渊明为焦点，检视文本传播的机制与历史。"

晓菲教授也探索文化偶像背后的另一个陶渊明，追寻镶嵌在历史语境中的陶渊明，因其弃官归隐，选择了清贫单纯的田园生活而得到人们的赞誉，留下了飘忽不定、若隐若现的痕迹。他作品的朴素风格被人们当作文学和德行的最高境界，文学评论者也极力在他的生活和作品之间发现完美的协调与统一。通过比较诗人的四种早期传记，此书展示了这些传记在很大程度上来源于陶渊明诗文所塑造的自我形象。晓菲教授此书以欧洲手抄本文化研究作为参照比较，展现了中国文本的流动性，以及手抄本被重新建构和变形的过程。

两岸繁简字体都出版的《烽火与流星：萧梁王朝的文学与文化》中，她不仅以独到的识见与恢宏的眼界探讨梁朝宫廷的文学，要旨在检视梁朝文学产生的文化语境，就此提出一连串对应内在关联的文化史和文学史；构筑文化生产场域，使诗歌变得更加立体，可以更清楚地观察它的形态，更好地认识它的价值。和诗歌相比，王朝是短暂的。晓菲教授重新评估和挑战对萧梁文化史以及文学史的现行主流观点，并探索：无论唐代诗人笔下哀婉伤感的南朝形象是多么深入人心，我们都应该穿透后人设置的层层幻影，看到梁朝精神本身蓬勃昂扬的文化胆识与想象力。

梁朝的时代充满了崭新的"新变"、能量充沛的创举，他们生活在现下，完全沉浸于"此时与此地"，投入地经历每一个时刻。他们在智识上极为精微渊雅，精神上又相当天真，晓菲教授认为对梁朝文化精神最好的概括不是"颓废"，而是"康强"，侯景之乱才以致命的打击摧毁了南朝的精神。萧梁王朝，是中国历史上最辉煌、最富有创造力的朝代之一，同时，也是最被低估、受到误解最深的朝代之一。此一时代也是至今仍然统领着中国文化想象的"南北"观念或错置的文化建构初次成型的时代。她自成一格的文学史学研究，精彩可观。

交织着对西班牙文学，特别是阿拉伯安达露西亚文学的译介，晓菲教授还写成文学记游《赭城》。晓菲教授出书前两年在赭城，因为不留神错按数码相机的钮，西班牙南部之行中拍摄于格拉纳达、塞维拉的六十多张照片昙花一现凋落无踪。于是，不能释怀的她续用柔情组字逐句，凝练生动，奔腾潮涌地追述构筑了《赭城》。2006年，此书推出后，一座永远存在于内心深处的梦幻之城、想象之城跃然纸上，火热畅销。她精致描绘的文字妩媚生姿，虽有评说认为此书与斯诺的《西行漫记》有异曲同工之妙，但就文字思想启悟造诣，晓菲教授绝对是无与伦比的。

晓菲教授的夫婿为宇文所安教授，本名斯蒂芬·欧文（Stephen Owen），是哈佛从耶鲁请来的教授，亦曾任比较文学系和东亚系系主任。宇文所安教授1946年出生于密苏里州圣鹿邑市，博士论文研究的是《韩愈和孟郊的诗》，获耶鲁东亚系文学博士学位，1972年即执教耶鲁大学，于1982年转聘哈佛大学，任教于东亚系与比较文学系，为詹姆斯·布莱恩特·柯南特讲座教授，这是非常荣耀的，哈佛大学也仅有二十四位。

热爱唐诗和中国古典文学的宇文所安，给自己取的中文名字很有深意，宇文是北魏的鲜卑姓氏，与他的英文姓发音相近；"所安"则出自《论语》"观其所由，察其所安"。名跟姓加在一起，也有胡汉融合的意思。

他关于中国古典文学的研究专著以唐诗为主，有《追忆：中国古典文学中的往事再现》《初唐诗》《盛唐诗》《中国"中世纪"的终结：中唐文学文化论集》《迷楼：诗与欲望的迷宫》《他山的石头记：宇文所安自选集》《晚唐：9世纪中叶的中国诗歌（827—860）》（贾晋华等译）《剑桥中国文学史》等。

婚后，已获博士学位的晓菲教授，先后应聘到柯尔盖特大学和跳槽到待遇更好的常春藤纽约州的康奈尔大学，任助理教授。因两地相隔，在交流上浪费时间，分离不是办法，她回到哈佛东亚系教书，夫妻才终于团聚。他们既是有默契的夫妻又为同事，公事公办，家庭私人关系不会带到哈佛的工作上去，他们还是彼此文章的知音和第一读者。晓菲教授说："我为我们找到彼此深感幸运。两个分享同一天生日的人，也分享对工作、生活、诗歌的激情。我俩安静地各自做各自的事情。家中分有两个书房，一人一个，互不干扰。"

秉性勤学的晓菲教授目前专攻魏晋南北朝的诗作，宇文所安教授更偏爱唐诗，志同道合的两人似乎分配了中国古诗的顶峰时代。"我们可没有刻意去分配，其实我俩的学术兴趣都很广。"晓菲教授和先生都辛勤精进，"我们每天都不停地工作十到十二个小时，如果不是这样，就觉得这一天很浪费。"正因这份辛勤，他们才能在授课忙碌之暇，又取得了创作的非凡成果。他俩在2011年春天喜获麟儿。

晓菲教授的文字作品也不间断出，有《快乐的小星》（1985）、《爱之歌》（诗集，1988）、《生活的单行道》（散文集，1993）、《秋水堂论〈金瓶梅〉》（学术随笔，2002）、《萨福：一个欧美文学传统的生成》（译著与作品评析，2004）、《尘几录：陶渊明与手抄本文化》（英文学术专著，2005）、《赭城》（文学游记，2006）、《烽火与流星：萧梁王朝的文学与文化》（学术专著，2007）、《留白：秋水堂论中西文学》（随笔与论文集，2010）、《神游：中国中古时代与19世纪的行旅写作》（英文学术专著，2011）；译有《微虫世界：一部关于太平天国的回忆录》（2014）、《毛主席的孩子们：红卫兵一代的成长与经历》（合译，1988）、《后现代主义与大众文化》（2001）、《他山的石头记：宇文所安自选集》（2002）等作品。她对南北朝文学、宋元晚明的文学，一直包括到现代文学也很感兴趣。

谈起家庭影响，她告诉我在新书《神游：中国中古时代与19世纪的行旅写作》创作时，"写书的时候我常常想到我的祖父"。她祖父继光先生，字荩忱，生于清光绪二十七年（1901），卒于民国二十七年（1938）。其一生反映了最后一代中国士人在动荡不安的时代，经受的种种苦难。因曾祖母年迈，他又是长子，继光先生在年轻时放弃了前往美国求学深造的机会。抗战爆发，他拒绝与日据之下的当地政权合作，被投进监狱，饱受折磨，不屈而死。曾祖母终生都在悔恨当年没有敦促她的祖父去国远行。"为了纪念一次只有在想象之中才发生过的行旅，我把这本书献给我的祖父。"

晓菲教授父母的童年都是在第二次世界大战、中国抗日战争年代中度过的，都遭过残酷的家难，她说：有一天我希望把他们的经历写作成书，希望借此纪念20世纪多灾多难的华人。

《神游：中国中古时代与19世纪的行旅写作》已出英文版。书中把出现在同一历史时期，但是通常被分置于文学、历史和宗教各研究领域的材料放在一起进行析读，希望借此消解现代学科划分所带来的一些不自然的后果，把不同领域和文本放在一起，希望能够借此照亮它们一些被忽略的方面。晓菲教授把诗、赋、道教写作、佛经与佛经注论放在一起讨论，以展示东晋士人，即永嘉之乱中迁移到南方的北人后代，既是流亡者和避难者，也是首批移民者和殖民者，为江南做了彻底的文化变形，对这片美丽而奇异的土地进行咏歌、描画、论说，如王羲之的《兰亭集序》，可称是书法史上最有名的作品。对南朝贵族士人而言，江南是道新奇的风景线，他们对之迷恋地凝视，以文字进行再现与言说，把这道风景线载入文化版图。其时，中国山水诗和山水画开始发展，开创了语言的和视觉的传统，后被发扬光大，但仍永远留下了中古时形成伊始的印迹。

佛教在文化精英阶层产生了越来越大的影响，使他们用新眼光来看待周围的崭新世界，有观照和想象的新话语渐渐形成；又讨论了出征记载、行旅赋，并有对僧人法显的《佛国记》（是关于中亚、南亚和东南亚的游记）的文化解读。法显在399年从长安出发，前往印度取经，在长达十四年的漫游后，从斯里兰卡搭乘商船踏上了回乡之路，把冒险经历写成了受欢迎的游记。其实在这南北分裂之际，不必都像法显那样远行才会遭遇奇异和"他者"：如果一个由南入北的旅客跨越政治地界，他会发现自己既是回到熟悉的文本疆域，也是进入未知的领土；反之，由北入南，亦然。

晓菲教授再把谢灵运的诗作放在之前所勾勒出来的背景下进行探讨，同时检视谢灵运同时代人关于"入冥/还阳"的记载，以把注意力引到谢诗的一些隐蔽的特点上。最后，她利用历史写作、民族志类型论介、地理论介、诗歌、日记和散文游记，探讨在遭逢异界时碰到的复杂问题：如何处理种族和性别，如何整理出新的世界秩序，如何为现代城市绘制版图。《神游：中国中古时代与19世纪的行旅写作》关注的是她称为"文化再现式"的写作，整理出这写作中所蕴含的观看世界的范式。

《神游：中国中古时代与19世纪的行旅写作》主旨在于探讨文体类型的问题。游记文学是一个宽泛的分类，本书特别关注的文体是诗歌。谢灵运的诗描写诗人主体与奇山异水的交涉，基于天堂/地狱的观看模式而又突破了观看模式；再论被视为前现代最后一位伟大诗人的黄遵宪，他的诗描写自我与他者的遭遇，同样代表突破，把具有弹性的传统观看范式伸张到了极致。本书的主要论点是，中古时代首次发展出了一系列观看世界的范式，对后代产生了深远的影响，以及到19世纪早期中古时代的观看范式在近代的延续与变形。随着时代变迁，这种范式承受巨大的压力，到了临近断裂崩溃的程度，在现有的概念和新的现实之间存在着极大的张力，可见文化传统的延续和激变。

无论在中古时代还是在现代中国，物与人都在不断移位，界限被打破，文化被混杂和融合。中古时期，作者体会到华族中心主义的傲慢和偏见，难免流露出大国上京的轻蔑口吻，这在19世纪的欧美游记中全然改观。远涉西方世界的新奇，工业革命更带来全方位的巨变，这让中国访客有着双重的文化冲击：不仅是稳定的差异，而且是本身即处于急速变化中的差异。读者可体验到深刻的错位意识：既是实际发生的，也是象征性的；是身体的，也是精神的。

中古时代是中国拓展智识与文化视野的时代，外来佛教在文化变形中，扮演了重要角色：传统世界观中以华夏为中心的思想受到了冲击。在法显的《佛国记》里，中天竺被称为"中国"，而中国被称为"边地"。19世纪的欧美行记的作者，不是把西方世界视为天堂就是把它视为地狱。像在早期中古时期那样，近代中国被外来影响所深深震撼，社会情绪中充斥着焦虑，有很多对于失掉文化身份的担心，于是呼吁宽容精神，呼吁把外来思想容纳进本土的文化体系。在这个时代，疆域变得具有穿透性，界限被跨越。这次中国人的反应要复杂得多，不安得多，人们在混乱无序中迫切地寻求精神上的立足点和稳定。此时反复出现的主题是游历：头脑中的游历、身体的游历，无论是前往异国他乡，还是从北到南或从南到北，无论是进入佛教的乐园净土，还是游观幽冥；把行旅经验记载下来，使作者得以把这个世界的混乱无序整理为有序的文字,在过程中找到意义,找到一定的图案和规章。此书的标题"神游"指的是那些充满创造性和想象力的精神之旅,晓菲教授也以此高瞻远瞩的视野做出了圆满漫游。

从《金瓶梅》到陶渊明,从西班牙文学到行旅写作,晓菲教授的研究包罗万象,自《秋水堂论〈金瓶梅〉》出版后,书评纷沓而至,接二连三在美国学术刊物、英国的《泰晤士报》文学副刊以及中国台湾、中国大陆的学术杂志上出现,反响很大。她先后出版了多彩多姿之著作,一经问世就广受好评,并引起了学术界的广泛关注,常春藤名校也盯上了这位好教授,想挖她跳槽过去任教。晓菲教授虽钻研起古典文学,但也还一直保持对现当代文学与文化的兴趣,对"文革"文学和网络文学都有研究写作。晓菲教授还留神东亚系历史博客,推荐研究者来找我谈论,偶尔也会为我们文化研讨主持一段;或同先生走出象牙塔参与叶嘉莹教授的哈佛演讲。

过去我曾在1998年秋协助燕京图书馆郑炯文馆长,办中国作家协会代表团赠书哈佛座谈会,由李欧梵教授与我接龙主持,蒋子龙、扎西达娃、向前、周蕊、冰凌等参与了这文学的丝绸之路的座谈。

又一次与中国作家协会代表团相聚是托哈佛东亚系的王德威和晓菲教授之福,他们主持大会,请中美作家、评论家共聚一堂,参加"第二届中美作家论坛",时间是2010年9月24—25日,中国的代表作家包括王蒙(中国前文化部长)、张抗抗、张炜、朱虹、马小淘、黄友义,以及正在哈佛的李洁、毛尖等人。他们召集美国作家金凯德(Jamaica Kincaid)、哈金(Ha Jin)、任璧莲(Gish Jen)、裘小龙(Qiu Xiaolong)及学者宇文所安、伊维德、慕尼黑汉学家吴漠汀(Martin Woesler),以及写《怎样阅读世界文学》的达姆罗什(David Damrosch)、戴沙迪(Alexander Des Forges)、陈晓明、叶凯蒂、钟雪萍、宋明炜、石静远、王敖、桑禀华和北美华文作家协会纽英伦分会会长张凤及郑洪、刘年玲诸位与会的中外文学家,在哈佛大学亚洲中心对话。

"新世纪,新文学:中美作家与评论家的对话"论坛由哈佛亚洲中心、费正清中国研究中心、中国作家协会和中美交流基金会共同主办,为期两天。杰出的中美作家和评论家数十人共聚一堂,探讨新世纪新文学的成就、希望和挑战。讨论主题包括21世纪的中国文学、文学与公众文化、文学翻译与文化越界、文学社会与作家，以及当代全球比较文学的视野等。相识于1993年秋，其后又数次开会重逢的王蒙先生和我此次也得以在哈佛教授俱乐部再度欢叙。

晓菲教授说过，对一个学者来说，学与思同等重要：没有丰厚学识作为基础的思想，未免流于空言，行之不远；然而徒有知识的积累而缺乏独立、新颖的思想，以清楚的头脑、锐利的目光和丰富的事实作为基础，对问题进行持续、透彻的探索与追寻，就不算知道如何思想。

经过几年笔力的用心经营，不乏诗人情怀的晓菲教授在学术上了取得了丰硕成果，故而普林斯顿等大学都向她发出邀请。2006年，哈佛文理学院院长找到晓菲教授，微笑着说："校长德里克·博克（Derek Bok）阅读了你的全部材料之后，通知评审小组，免掉了向校长汇报这一最后程序，他说根本没有必要再开会讨论了。"这在哈佛很少见。2006年10月，年仅三十五岁的田晓菲正式成为哈佛的终身教授，刷新了纪录，各媒体争相报道。

晓菲教授学术与诗情之笔锋尽处，尽如她的崭新思想："中国古典文学是一个广大幽深、精彩纷呈的世界，但时至今日，我们亟须一种新的方法、新的语言对之进行思考、讨论和研究。"

中国之美典与审美态度
——普林斯顿大学高友工教授

高友工，1929年生于沈阳，普林斯顿大学中国文学教授。

自台湾大学毕业后赴美，高友工师从杨联陞学习历史，1962年获哈佛大学博士学位后执教于普林斯顿大学东亚系，是普林斯顿大学中国古典文学、比较文学及理论批评方面的著名教授。其兴趣极其广泛，涉猎历史、文学、艺术等领域，梅祖麟教授称之为"游于艺、隐于市的旷世奇才"。其著作《美典：中国文学研究论集》涉及中国文学与艺术的各种美典，为中华传统文化的各大美典勾勒了基本蓝图，是从文艺的角度认识中国文化的重要书籍。

高友工教授与赵如兰、陆惠风等前辈师友，都是同门，其指导教授是汉学思想史巨擘杨联陞教授。所以高教授也常乘开会之便，回哈佛叙旧。

印象中，我和高教授初次见面是在1986年12月6日，郑培凯和杜维明教授号召的《九州学刊》创刊年会（1990年后改称"中国文化研讨会"）上。第一场就是哈佛的张光直教授讲"文明的起源"，杜维明教授讲"思想的基调"，再配合自普林斯顿大学回来的高教授讲"美典的成型"，哈佛燕京图书馆吴文津馆长担任主席。唯见高教授身穿毛衣衬衫，衣着随和舒适，亲切地与20世纪60年代曾在哈佛大学任麦凯讲座逻辑学教授的王浩同台演讲着他很感兴趣、酝酿已久的思维——中国美典——自古就有的骨干"抒情美典"。1993年冬，第八届年会定"美学与审美态度"为主题，就是为了要请高教授回来主讲美典。聆听他漾着微笑的讲座，真是受益无穷。

高教授是安东（今丹东）凤城人，1929年出生在沈阳。天津的广东小学是他上的第一个小学，其后因为"父亲在政界做过一点事，我小时候都在各处漂流"。被问到他老人家的姓名，他顺着答："我父亲姓高……"说完连他自己也忍不住哈哈地笑了，"名字是惜冰，母亲是汤琮璜女士。"知晓高惜冰先生曾留学麻省纺织工科大学（罗维尔），先后担任纺织工程师、沈阳东北大学工学院院长、察哈尔省政府委员、教育厅长等职务，后一直从事纺织工业。

父亲的事业和迁徙的家庭，当然对他有影响。小学他就进过五六个，在重庆南开中学上了五年，毕业于北京育英中学。1947年考入北大法律系，念了一年，1948年就跟父母到了台湾。而在1949年春天，台大就设了特别班收留从大陆出来的大学生，说是插班，其实等于重新读。音韵学专家董同龢先生教特别班大一国文，给他的冲击最大，促使他转到台大中文系。

从他那一届（1952年大学毕业）开始，男生要服兵役一年。他考上翻译官，在驻台美军顾问团任职两年后，才申请留学哈佛。

在1954年至1960年留学哈佛期间，他跟随杨联陞先生学思想史、文化史，研究的是南北宋之间的方腊之乱。1960年离开哈佛后，先到斯坦福大学教了两年中文，1962年博士论文交卷后，就到普林斯顿大学东亚系担任教授。高教授是三十多年来普大在中国古典文学、比较文学及理论批评方面的著名教授、文学史专家，也是哥伦比亚大学夏志清教授所说的普林斯顿的大才子之一。

高教授指导的学生遍布各名校，"青出于蓝，更胜于蓝"，其中极为夺目的有曾任耶鲁大学东亚系系主任的孙康宜教授、名诗人及编辑杨泽、密歇根大学教授林顺夫、现任教哈佛大学的李惠仪、台北师大的周昭明教授等人，他们谈起高教授都极为感念。高教授是中西合璧难得的奇才，他不但对中国古典文学无所不窥，对西方英美文学和比较文学方面的涉猎亦丝毫不逊。新近出版的学术新书，高教授常常迫不及待地两三天读毕，热切地与人交换心得。常见他独居一室，环壁皆书，静坐勤读不倦。他把学生当作朋友，常介绍所读的新书给他们。孙康宜说："在普大真是我学习生活最丰富的时光，高教授无形中培养了我对知识的大胃口。"

1978年，高教授在离台二十四年后，首次返台，发表论文好几篇，讨论文学研究的理论基础和美学问题，方法与众不同，而引得后任"高教司"司长的台大余玉照教授宣称："高友工震荡！"高教授在1978年年底发表《文学研究的理论基础——试论知与言》于《中外文学》，只要读过这篇文章的人就可明白，他谦称"那是有名的同事余玉照教授开的玩笑"是太客气了！

高教授从文学研究能否算学术研究论起，触及知识论的核心问题，如知识的定义以及知识的表达等。他先指出文学是指客观的文学作品或主观的美感经验（创作或欣赏），再分析美感经验和美感经验本身是不是"知"的活动等问题。

西方分析哲学家雷尔（K. Lehrer），分析"知"有技能之知、经验之知和现实之知三义。对照后两个层次，批评以知识为现实之知的偏见，假定客观现象之后必有绝对真理。各学派对此有分歧，如极端的怀疑论者，仍抱"知其不可为而为之"的精神，希望至少能在这充满怀疑不定的现象世界中，奠定一点确信无疑的真理。而这不是个人独得之秘，必要依仗传达的媒介——语言，借分析性的语言，表现"道""理"给他人，据此求"证明"。衡以学术标准，宗教也需要证明。"无言之教""无言之美"在这一层次的知识义上，只能做个人的玄想幻觉看。

语言的形成不外是约定俗成。日用语言的积重难返，偏于"俗成"这面；分析语言想廓清矛盾，就得加强"约定"方面。分析语言以命题为主干，却也削弱了语言的力量，故还要依赖不精密的日用语言，才能真正传达。

这种局限使我们看到西方哲学家，逐渐陷入这潭泥淖，而忘掉了哲学原有的使命——爱智。看语言分析学者处理哲学问题，不能不使读者觉得他们的言论近于诡辩；问题变得烦琐，答案流于空洞。仿佛不惜创造了一套繁文缛节，以期维持观念的清晰。结果作茧自缚，陷入自造的陷阱中无法自拔。

有人认为分析语言能垄断一切，不借助语言而体现的经验就要全剔除，而且把因功用不同而形成结构不同的两种"知"的界限也一笔抹杀。

孤立地看经验，是个人在某时某地的心理状态，简称心象，是整个人和环境接触而生的感应。心象的重现，绝不能原版复制，必有意无意地剪裁、调整，故属创造。

"观赏，反省"合为内向的观照，而在现实界之外，创造一个想象界，作为观照的对象，有新的感应——包孕了直觉对想象界的价值判断。判断不能与感应分辨；这感应也无法与想象界的内容分辨，可视为一种领悟，不落言诠，似乎是吉光片羽，若即若离。这是"经验之知"的全面。

为了创造想象界，最后的对象又为文学研究，就不能不注重将语言转向感性方向，用以表现心象；心象径以一个观念，或观念的叠合交融成为表现中心，用为象征语言，以观念为主，不再代表外在世界。逻辑关系与分析语言相较，亦沦为次要，大半的想象是无数观念的结合，不能割裂的心象，仿佛是座七宝楼台，拆下来就不成片段，要利用在主观的时空轴上的两个焦点上：自我和现在的过滤，正如透过三棱镜的光，都变成此人此时主观即实的经验。

主观、即时的想象界，综合万象的是一种"同一关系"。"同一关系"可以是自我此刻与现象世界的感应，亦可以是现象世界自有的感应，是种自我转位，形成心游无碍的世界。

庄子惠子濠上之辩，有共同承认的命题：他们都相信经验之知。歧见在于惠子以"分析之知"不能了解经验之知，而认为经验之知没有传达的可能。

庄子分辨两种知的阶层不同，以想象活动的"同一原则"体会到鱼之乐。庄子在濠上的事实，已足够说明他能知鱼之乐。至于这"知"是由我见鱼而乐，抑或由我之乐而及鱼之乐，则无须决定了。正因这"同一"关系所求为"同一"，是情境相通还是物我相通则是次要的问题。有这"同一"关系才能从怀疑论中自拔，而在"经验之知"的层次上交通。

在表现上，"分析语言"和"象征语言"可完全相通，实际则全从解释上决定，分界则在功用层次上：若分析语言是外向，追求外在客观绝对的真理；象征语言就是内向的，求创造内在主观相对的想象世界。

而由外转向内、不以求或外求为目的，则在"无所求"的想象创造中体现了一种理想，亦可称之为生命之知，也许正可填补知识之知的烦琐和空洞。这种知是否智慧，那就诉诸个人判断，别人不能越俎代庖。

人生智慧，往往被原有的价值观念所限制，有先天共同处，又因环境殊异而有更多差异。最大的共同处，是文化背景，是最能兼容并蓄的环境，可形成最有深远影响的价值。经验的知，能被认为是智慧，正因体现了文化理想。

中国哲学家谈人性，欧陆大师也热衷对生命价值的思索，由于分析哲学的雄厚势力，因此对存在价值最精通的海德格（M. Heidegger）也不能不力求分析方法以辨其经验之知，在其晚年著作中，似乎深感科技终要压倒艺术哲学。这番感念暴露基础之脆弱。

只有美感经验，才能在观念、结构、功用的层次上都符合所提的"经验之知"的特性。人以万物世界为对象，处处都有美感经验。以艺术为对象的美感经验，不但具体体现为一种有意的创造活动，也是群众的公物。任何人都可自己来欣赏这创造的艺术品。求真美是创造的想象在内在观照中的体现。

艺术的媒介有不同，从造型艺术的线条色彩、音乐艺术的节奏旋律到文学的诗歌小说，好像没有共通特质，但大体来说仍可找到"代表现实""象征心象"的两种倾向。

即使是"代表"式的现实，仍是在想象世界里出现。从美感经验的观点来看，代表的现实仍需感性的材料。故文学研究中处理的语言，可以是代表性或象征性的；由于是文学作品的材料，所以都在美感经验实现的这个间架里来处理。在理想的体现上，语言文字可以直接表达无数的道德价值判断。但直述的判断，始终要居于感性的体现之下。即使在充满道德教训的作品中，尽可接受说教式的铭言，但只有作为文学的材料，其所造成的整个艺术品，才可感动我们。

所以文学研究，无疑是归诸学问，该用分析语言；文学批评，则是纯粹的美感活动，须用感性观念来把握这美感经验和判断。很多诗评家不采用分析道路，希望以一字词语来象征他们的经验，是综合的心理活动。这种分野，在学术界受到两种批评：一是新批评派力主文学批评即文学研究，应用分析方法做批评；二是认为中国过去的文学批评，大部分是主观、片段、直觉粗略的个人印象，而缺少客观系统的分析，全无价值。

新批评派，只是把作品从没有意义的外在因素中分解开，而把审视的目光集中到比较能客观观察到的领域，读者——理想的读者常是批评家自己，对作品的感应则是客观地分析主观经验，正如心理学的研究，以内省为主要材料。可是新批评，并不见得比中国过去的批评方法，更能忠实地反映出主观美感经验。他们在方法上无可厚非，其贡献是以分析来剖解主观经验，在客观作品中找到证据。

文学批评在今天，为何不能研究过去的批评和批评对象有何因果关系呢？高教授表示，主观的评语，也许暗中自有客观标准，更深刻地透露出风尚趣味和理想，至少也可从中领悟一些意向，合起来看，正反映了文化的基调，了解之后，就能为之赋予新的意义。文学批评正如经验之知，不能立改趣味和修养，但潜移默化是可能的。正如傅瑞（N. Frye）说文学批评是种人文教育。我们吸收前人批评的智慧，若古人先得，我心固然愉快，但若不能得古人之意，仍反复咏味，忽然领略深意，也许能立刻拓展了视野。有好奇心就该分析因果，但那是文学研究，只限有兴趣者。而文学批评，则是每个尊重人生价值者都不能避免的课题。高教授明示了西洋传统"知识论"的残缺偏枯。

高教授以美感经验的定义与结构，以及经验材料的意义与解释，把重心置于文学鉴赏的美感经验上，勾画出抒情美典的蓝图。他一方面接受了分析传统的语言和方法，另一方面也能兼容中西文化的美学范畴与价值。

他引申徐复观先生《中国艺术精神主体之呈现》一文的宗旨，提到或许我们能以艺术的美感经验，来体会智慧的某一境界。陈义甚高的智慧，能做到庶几近乎的境界，即已经对传统的"知识"做了补充。

高教授认为，"经验"同时具自我感与现时感，贮存呈现于意识层，就是经验材料。经验中主体（自我）与客体之分、现时与过去的对立，即近乎"体、性"和"表、体"之别，成为双重层次结构。

文学研究，不可或缺地包含可客观观察的材料，如从纯粹的内容结构分析，到作家背景、历史考证、语文诠释。但不要忽略了最重要的美感经验一环，那就是读者对作品本身的反应。而人文研究，是要建立一个主观经验的客观条件和肯定相对价值的绝对地位。研究文艺，正是描写各想象世界建立的客观条件。

美感经验的感性外表下，往往有深潜的里层，即是感性过程的知性解释。解释，是个别感象的旁支别脉，仿佛在每个横断面的个别单位，又各自形成了纵贯的解释。所以我们毋宁将想象一个美感的过程，视为一种驳杂而反复的解释过程，而此过程的逐渐发展、转化，正是谈美的一个必要条件。

美感经验绝缘独立，又不能真正割断与外界的关系，且经验可视为"刺激—感受—反应—判断"的一系列因果关系。艺术媒介，始终是外在因素或起点，只在内化后才是经验。

美感虽由主观的个人经验决定，但并不否定美感的客观存在。美感经验中的美感与快感最显著的差异，是在内心感应过程中必经的中介因素——一种心境。高教授在此引用了结构学派文学理论家卡勒（J. Culler）的话："在意义彻悟的瞬间，形式呈现为整体，表层表现了深层。"这种情景交融的境界，才是美感经验中追求的目标。

中国历史上，知性的理解与感性的存在，永远形成难解的死结。在"存在"之中，知性语言不但无法把握此存在价值的真谛，即或能把握，一旦以语言来表现，即已失之。庄子的"得意忘言"等思想，就提出在美感经验中，求道德生命之体现。

此外，大曰经验，小曰心境，都是美感的本体。美感经验为价值之表现方式，因此道德理想，也可看成是美的境界的实现。

真要了解美感经验，得从解释的方法和观照的对象入手，探索如何把经验的材料转化组织为经验的对象。材料解释有四个层次：直觉、等值、延续、外缘；所以形成四种感象：印象、通性、关系、表现。

创作者希望传达的美感经验，用艺术媒介直接存于记忆，重现时必会掺入想象，二者的交互运用成为心境，归返这内在经验，形成美典，或称审美态度、审美论。高教授为免混淆，仍用美典：不只是被动的审美态度，更重要的是包含着创作者的假想、期待和态度理想。

他说："不但每个人都有自己的美典，而且这个自我的美典还会因不断的影响、不同的感受，而不断地成长、变化甚至改变。"同时，操作的美典不可能局限于抒情美典。

在中国历史上，抒情美典最为上层文化所赞许，又对整个文化圈最具影响力。就历史的发展推衍，可从先秦的音乐美典，通过汉魏六朝的文学美典、唐宋的诗歌美典、宋元的美术美典等，渐渐形成中国美典。

大体上，任何文化都有上层的美典，也必须有低层的美典。中国经过几千年历史的演变，终于以中国文化型的抒情美典为主导，但其他美典或同时并存，或在某一集团、某一时期甚至成为主导美典。比如说功能性、快感性的实用美典。

抒情美典是种内向美典，根本支柱是内化和象意。在抒情艺术出现之前，人类可能早已有了娱乐。由宗教、伦理和娱乐相结合的音乐、美术、舞蹈等，已经在为人类服务了，并在文字出现后还将继续。但上层社会鼓励文字使用，偏重推广，保存他们重视的、以抒情美典为支持的文化艺术，使之逐渐与一般人的口语文化脱节。

文学史多少提供了抒情传统的数据：由《诗经》、《楚辞》、汉乐府、古诗十九首到律诗等，其体类又分为：长调、咏怀、游仙、山水田园等；其意识形态又表现为骨气、精神、虚静、渊深、清拔、华美等，都应寻其全面横断和时间纵贯的意义，在作品中彰显其特色。

中国文学中所谓印象式的批评，就是要把握风格兼及作家和体类的风格。作家的人格和时代的风气，更迈入思想文化史的境域。《文赋》所说"诗缘情而绮靡，赋体物而浏亮"，即表达体类，一向不可与风格分离。

中国文化中人物要留名、立名、传名，若将这个"名"释为名誉，有失其深度。至少在中国各阶层中，这"名"都可能作为个人全体人格的表现，在不以宗教信仰为中心的文化传统中，"名"观念的建立，是个精神不朽的寄托，就是说如心境之存在，为人生之价值，这心境能在其他人的心境中继续存在，则是艺术创作的一种理想，可与立功、立德相比拟。品题既是这样的一个"名"，也与风格相通。批评中把风格与体制联系，如刘勰《文心雕龙·通变篇》中谈到由"黄唐淳而质"到"宋初讹而新"的变化，是由体制开始，以时代风格作结。

理论上，抒情传统（尤其是抒情诗）是源于一套哲学基础（如生活观）而发展出来的美典，可用"言志"的解释作为典型代表，广义的艺术媒介整体表现个人的心境与人格的美学理论。中国诗的传统，即描写自然物境的"山水田园"诗体，始终不能与描写自我心境表现的"咏怀言志"诗体分离。唐代律诗的出现正是这传统发展的高潮。

声律格式与修辞规则的发展是持续渐进的，但律联结构典范化，律化的对仗不同于旧日，复沓式的对仗变成新美典。初唐骆宾王作"寂寞心事晚，摇落岁时秋。共此伤年发，相看惜去留。当歌应破涕，哀命返穷愁"，三联皆对，诗人感情平衡呈现，像幅题为"感情"的抽象画。哀叹衰老形貌、离别感伤等并非依序出现的，可能同时或一再发生，迫使动作辐凑为一，将内在世界规划准确地设计呈现，抒情自我与现时主宰了整个诗的动作，首段具二元结构，形成一个复杂而匀称的多层次雕塑。新结构需要新的阅读方法。律诗的结构与通常的线性前进不同，读者的注意力被导向旁侧，产生侧向反顾的活动，在封闭空间内形成一个循环。律诗这一典型特征，对某些人如王维来说，正在最圆满境界，体现了生命的智慧。

高教授于1994年年底发表了有关戏曲美典和兼谈昆剧的论文。他在读曲之外，更上承王国维、赵景琛、钱南扬、叶德均、孙楷第、郑骞诸前辈的成果，对中国戏曲做了一番研究：除视戏曲为文学之一脉，承继唐诗宋词之抒情传统，下及于元曲外，还研究了剧场演出的条件及效果。而对昆剧这个有四百年历史的中国最古老的剧种的美典，他认为，是在院本、杂剧、南戏的中国戏曲基础上传承下来的，延及海盐、弋阳诸腔，以后又影响梆子、皮黄、大鼓弹词这系列。

昆剧演出真正配合舞台的，以《浣纱记》首开其端。这是四百多年前的事。盛行时还大量搬演南戏，扩大了其影响，而北曲的唱法则较统一。现因多种地方剧种取代之，兼受电影电视影响，昆曲已日薄西山。

高教授对戏曲的兴趣是学术性地保存和探究。他说：戏曲美典是外向美典，根本支柱是外现和想象，可说除内向美典外，几乎无所不及。就其外在目的可归为三类：快感的、功能的和美感的。由于人都有感受、求知、移情的快感，故层次曲折。

美感经验除圆满自足外，能进一步予人生命意义的领悟，概括地说，所有艺术基层，都可能运用一种快感媒介来达到其效果。个人只是一个在外观照的描述者。介于或游移于内（省）向与外（投）向美典之间的文体，有西洋抒情小说、中国的大赋和本事诗等。任何文化可以没有内向美典，但任何人存在就必有自足自娱的需要，一个社会是一群人共同生活交流的产物，因此只要有人、社团，就有外（投）向美典。上层阶级并不完全脱离娱乐社会性的外向文化，但受内向文化控制。

戏曲表演传统由过去的礼仪传统演变而来。如《论语》中提到的傩，整体说是祭神祀祖的传统，逐渐成为娱人娱己的娱乐。讲经及传奇小说的白话描述传统也与礼仪传统并行，歌舞百戏和讲唱说话是可充分交流的。在任二北的《唐戏弄》中，科白戏尚未发展，而是趋向了"歌演戏"，大部分文化都有这种歌舞兼重的戏剧。胡忌的《昆剧发展史》就演出史而言，很重要。

对戏曲演出而言，明清传奇，特别是昆山腔的演出，才是研究重点，主要是因它乃保存至今的最古老剧种。在不断的变化中，昆剧的保守性使得现在的演出仍保留了很多旧传统。

元杂剧如《关大王独赴单刀会》之《训子》《刀会》是否北曲昆唱？高教授认为如果以之等同为北曲就太大胆。《琵琶记》则可上溯至南戏，后昆剧将之据为己有。《牡丹亭》《长生殿》《桃花扇》等在明末已选取折子戏精彩的篇章演之，是演出美典中最必要的先决条件。由外现和感受所呈现的百戏和代表想象所呈现的讲唱，融合在戏曲传统之中，才有完整的美典呈现。

高教授以曾永义和洪惟助教授所指导十七卷昆曲录像为例:《金雀记》在《集成曲谱·金集》有《觅花》《醉园》三四出，以及《庵会》《乔醋》，撇开前出及终场，只《乔醋》一折就是生动紧凑的生旦喜剧性独幕剧。

戏中小生潘岳上场后的"太师引"一段，唱得一板三眼，讲的是出家情人寄诗勾起旧情，夫人程远迎上场对唱，大体上是散板的"赚"，全场主曲"江头金桂"，穿插生的界白，以其一对定情金雀点破潘岳"旁枝觅小星"的"亏心短行"。《乔醋》是"乔"，还是假戏真做，剧情层层进逼，以潘岳捉襟见肘下跪了结。

在艺术上，折子戏所选，不一定是全剧枢纽，但一定呈现生旦净丑中的突出特色，这特色就归纳为唱念做打。《玉簪记》中的《追别》（现名《秋江》），似因川剧改编，再度轰动。前面的《琴挑》生旦交互唱出心理上极其复杂的男女情欲之争；追船合唱《小桃红》《醉迟归》，还不能不在对口动作外，顾及江浪摇荡波涛中船只起伏的动作。高教授最喜欢杜丽娘临死前低唱《离魂》中的"集贤宾"，视之为《牡丹亭》绝唱。

高教授当时想象如果能约江苏昆剧团，与上昆、浙昆两团演出，对有兴趣做比较者，更有助益。又"仿佛是小孩在节日热盼礼物的心情"，他也希望看《九莲灯》《一捧雪》的几折戏，当年更盼也能录号称昆曲闺门旦第一人的华文漪的几出戏。基于对朋友和戏曲的热忱投入，高教授退休前即居纽约城里往返普大。

他与康奈尔大学的名教授梅祖麟合著的《唐诗的魅力》（李世耀的中译本），早于1989年即在上海古籍出版社印行。新世纪之初，高教授的大作《中国美典与文学研究论集》也分别在两岸出版，其中简体版名为《美典：中国文学研究论集》，由生活·读书·新知三联书店于2008年出版。此时，高教授自普大荣退已经十几年了。

　　对自己的文章被翻译或被发表，他多不看，谦抑地说："我的文章根本很少人看，译者费力细看，已很荣幸。"返台大任教的刘翔飞所译的《律诗的美典》，他很满意，可惜他的这位好学生不幸英年早逝。

　　"您一路顺利，有没有过挫折？"听到这个问题，他笑说："这个你问错人了！因为我实在是很幸运！也许我是个很迂的人，别人认为对我来说是挫折，甚至丢人的事，我自己都还不知道。""是通达吧？""倒不像通达之人，真正看穿了。""是文学的力量？""我自己觉得文学这个东西我根本不懂，实在是有点愚蠢，都没有放在心上，就自然解脱了，你大概不相信，但真的的确如此。"这正是我们难测又难学得的高妙！

改变现代文学史生态谱系
——感时忧国的小说史家夏志清教授

夏志清（1921—2013），生于上海浦东，哥伦比亚大学教授、中国文学评论家、台湾"中研院"院士。

夏志清学贯中西，思路机敏，在随长兄夏济安至北京大学担任助教期间便对西方的古典文学产生了兴趣，因研究威廉·布雷克论文而获得留美奖学金至耶鲁大学念博士。获洛克菲勒基金会赞助，1961年3月耶鲁大学出版发行了他的作品《中国现代小说史》，此书一出，现代文学就在国际汉学界拓出一片天地，与其名作《中国古典小说》一起被人奉为圭臬，此书也奠定了其文学批评家的地位。另著有《爱情、社会、小说》《文学的前途》《人的文学》《新文学的传统》《夏志清文学论评集》等文学评论集，以及《鸡窗集》《岁除的哀伤》《夏济安日记》《谈文艺忆师友：夏志清自选集》《张爱玲给我的信件》等散文。

能亲炙夏志清教授书信往还，乃因王德威教授从中引介，相互观照。1990年，夏教授终于把王教授请去哥伦比亚大学做他的继任接班人，对此，夏教授高兴地说这是维系了三十年前王际真教授识拔自己的优良传统。

因读其书深得我心，而景仰的夏教授。从20世纪80年代后期与他结识后，荣幸地蒙其知遇不弃，鱼雁过从，常由他口述或书信指点中得到许多不传之秘。他不拘辈分，待我们晚辈如知友。每回捧读他那笔迹纤秀、细致的来信，总有几个字要经推敲，才能了然，可谓字字珠玑。在信中他知无不言，言无不尽，更不忘溢美鼓励，还曾主动要为我写书序。其文字和感情并茂，多彩动人，常成我晦暗生命中的一线天光，实在舍不得不求甚解，只能留着通话或相见时再求教诲。夏教授在电话中款切地说：你等一等，我去拿来看看……想象得出他老人家在我和儿女无数次登堂入室、雅致舒适的客厅中高书架上或是档案柜里，有条不紊地翻出档案或纸张，再来指点江山。我考据张爱玲，寻觅手迹和发表《张爱玲与哈佛》《张爱玲履历表》等文之时，就得他口授真实故事，他说得热热闹闹，满腹经纶，真叫人心服口服。

我写成的巨擘篇章《现代文学的悲悯情结——夏志清教授》曾得到夏教授的指点，收录在了我的第一部著作中。

夏教授是张爱玲最敬重的同辈之一。感激夏先生，在张爱玲去世不久，他便允许我应用他的全部资料信件，在那前后夏教授已发表了大部分张爱玲书信于《联合文学》杂志，后又将其中的一百二十二封原件捐赠给南加大张爱玲研究中心。

1995年秋张爱玲仙去后，夏教授送给我珍贵的张爱玲履历表，又心传指点我写成《张爱玲与哈佛》等文。我诠释发掘张爱玲于哈佛的研究文章和她的签名书是在中文世界首发，据评论是能补白张爱玲在哈佛女校瑞克利夫学院和美国的后半生事迹的。诸篇已为哈佛史勒辛格图书馆诺斯（J.Knowles）太太邀去归档。

夏教授谐谑成性，自己承认在社交场合爱说笑话，"我本无心说笑话，谁知笑话逼人来"，这和他写文章的严肃态度大不相同。聚首的场合，他会先来个洋式相拥，再酣畅地茶酒谈燕，老听他机巧敏捷、近乎玩世的中外幽默——相关的不相关的，随手拈来，连珠炮似的蹦了出来，其声调抑扬顿挫，讲得急了还会复述四遍，并有几许忐忑不安。他往往开怀畅言，外加手拍指描，真叫大家敬畏有加。相熟之后，自会把他不加遮拦的笑话，当作百无禁忌的戏谑。他毫不矫揉造作，跃动的童趣妙招和嬉笑怒骂，总也引得满座欣悦，融融乐乐。问过他怎么会变成今日这样的性情，他笑说："我一向在朋友间就是会疯的啦。同学都知道。"

不与人说起文学的正经话题时，就总是如此率意漫谈，但研讨文学时则是另一番风貌。海外中国近代文学首度成为独立研究的个体，这要从1961年3月耶鲁大学出版发售他的《中国现代小说史》说起，此书一出，就在国际汉学界拓出一片天地，从此得以光耀异域，影响至深，与其《中国古典小说》等书，被人奉为圭臬。

夏教授祖籍苏州，江苏吴县人，祖父和大伯早逝，祖母孙氏独自抚养三个子女。其二伯在上海开当铺，姑母嫁尤姓人家，父亲夏大栋（柱庭）先生排行老三，曾入萨镇冰办的商船学堂，读了三年，在浦东的银行做事。他生在黄浦江对岸的浦东，对岸就是十里洋场的上海。夏教授生于1921年2月18日（农历正月十一日），四岁时才与母兄返回苏州。

对于这从三国以降就英彦如林，又有水乡塔桥园林之胜的苏州，他"并无好感"：街窄，早晨收水肥，臭气冲天，一般居民懒洋洋的，旧屋无电灯设备，靠几盏洋油灯暗黝黝的……冬天又冷，以手炉脚炉取暖，令他心中，老大不愿意。

母子三人，当时住桃花坞母亲何韵芝女士娘家的老宅，父亲在上海交通银行工作，周末返家。他读只收男孩的桃坞中学附小，六年级下学期迁庙堂巷夏家，转学到兼收少数女孩的苏州中学附小，他见坏男孩欺侮女孩，就开始侠骨柔肠起来。上课两周，"一·二八"战事发生，父亲接他们母子住到了银行宿舍。此后停学半年，他在上海看戏看电影，当然也看些书报，九岁起便已读了《三国演义》四遍，李涵秋的《广陵潮》《施公案》和林琴南的翻译小说等，就是在上海为消遣而看的。随后他与母亲回苏州上纯一初中。

夏教授高一时在沪江大学附中读了一学期。因父亲去南京从事保险业

（后为中央饭店经理），他也转学至南京青年会中学，念了一年半。刚建都的京城舒服宽大，一派新气象。"七七事变"时，父亲将全家送回上海法租界，而自己到了大后方。他回忆父亲从商时，因老实被派到贵州、仰光等地，也不会走单帮的门道，始终很穷。银行经理并非小职员，生活拮据倒是令人意外。但夏老说："小经理是帮人做事的，又不是董事长。"

哥哥夏济安是长子，同父亲冲突多些。夏济安日记提及父亲吃喝嫖赌，使母亲不快，所以他在出版序言里，非辩白不可。他认为哥哥不免苛评了。父亲吃饭穿着并不讲究，商界陪人到堂子吃花酒是正常的，麻将常打亦是社交，不能怪他。母亲守在上海、苏州，培育儿女，实在艰苦，但接近抗战胜利父亲返乡，除1946年曾前往台湾一阵，未再离开家乡，父母在晚年感情很深厚。

济安先生交游广，其莫逆之交宋淇、张芝联等人都出身书香世家，原读燕京清华，因华北不安宁而借读光华大学。"我比较乖！一向不爱动，在大学除同系同学外，很少交际，但也不吃亏，正好多了时间读书。"由于对文学的敏感度，自沪江大学毕业时，他已阅读了大量中国文学名著。

夏教授1942年毕业于沪江英文系。父亲觉得凭他的英文可在保险公司做英文秘书，不过他从未学过商务英语，在公司待了两天就不干了。后在街上巧遇同学，受邀到光耀中学代课教高中英文，教了不到两学期，深感物价飞涨，零用钱都不够，妈妈就鼓励他去考海关，故而胜利前他曾在外滩江海关工作了一年。他哥哥1943年11月离沪到内地，1945年任教于西南联大，他则一直在上海陪伴母亲妹妹。

1945年，夏教授父亲的商船学堂老同学、后娶夏家别房小姐的姻亲徐祖藩，被任为台北航务管理局局长，即把赋闲在家的夏教授带到台北，做了十个月航务专员，其实他对职司的事务一窍不通，在办公室无聊得很，只好常读书，最糟的是他学会了抽烟，读书时还会接连抽，抽了四十多年，想着可怕，担心贻害终生，直到80年代初才戒掉。宿舍无书桌，他只好上街乱跑或在蚊帐里看书，倒也读了《汤姆琼斯》《白鲸记》《文艺生涯》等二十多种。

1946年9月底，他随长兄夏济安由沪乘船至北大任教，住在红楼宿舍，致力于当代英美批评、德文，写了有关布雷克（W. Blake）的论文等。

胡适校长上任，纽约企业巨子李国钦，设立了北大文理法三个留美奖学金，讲师助教均可参选。他哥哥非联大嫡裔，他又靠其兄面子进北大，人事上一无关系，能有此出国机会，两人当然不肯放弃。参选需交英文论文及当场作英文作文"出国留洋两回事"一篇，他因研究布雷克论文脱颖而出。英国的大批评家燕卜孙（William Empson）那年重返北大，在外文系任客座诗人，会同文科各系审阅，对此文大为赏识，并认为远比其他参与竞选的论文高明。没有显赫人事背景而以八十八高分问鼎的夏教授，中选全凭真才实学。

夏教授在《鸡窗集》《中国现代小说史》中自述："胡校长虽然也讨厌我是教会学校出身，做事倒很公平，没有否决评选委员会的决定"；"胡校长不赞成我去耶鲁、哈佛攻读博士学位，不热心给我写推荐信。"我曾一一追问此事，他说："胡适似乎不大喜欢我，不大亲，一开始就不对劲，他对教会学校有极大的偏见，而且耶鲁哈佛英文系很难毕业，因而不推荐吧。"而后，出国手续延宕，1947年11月末，他终于抵达欧伯林学院（Oberlin College），并在那里住了一周，往附近学院听了名诗人、新批评派的鼻祖蓝森（C. Ranson）［泰德（A. Tate）、布鲁克斯（C. Brooks）、华伦（R. P. Warren）等人都是他门生］两周的课。蓝森看了他有关布雷克和多恩（J. Donne）的两篇论文，对他也很赏识，把他推荐给刚任教耶鲁的学生布鲁克斯。经蓝森和燕卜孙二位名诗评家力荐，春天他就前往耶鲁攻读英文硕士和博士，1951年12月获得耶鲁英文系博士。

在此之前半年，他就开始协助政治系饶大卫（David N. Rowe）编写英文《中国：地区导览》手册，负责文学、思想、大众传播等篇章，发现有关中国的书籍实在很少。20世纪50年代后期，《时代周刊》刊印了一个中国特集，封面是毛主席，描写的是上海、北京等地的风土人情，皆是根据夏教授的成果撰写的，有些字句都不改，这让他笑得人仰马翻，从来没有看杂志这么得意的。但因意识形态问题，美政府并未正式纳用这手册，《中国手册》只试印了三百五十部，各大图书馆都不易分到，资料实在太稀有。

他见中国现代文学史竟无一部像样的书，因此即向洛克菲勒基金会申请，得到三年奖助费，在耶鲁以英文系研究员名义，有魄力地撰写《中国现代小说史》。在冷战年代，资料局限，1955年他离开耶鲁去密歇根大学客座（一个人代两位中国文学思想教授任教）之前大体完成此巨作；1956年至1957年在得州奥斯丁教一所大学（Tillotson）担任英文文学教授；1957年至1961年任教波茨坦（Potsdam）纽约州立大学，担任英国文学、文学教授；1958年开始又对《中国现代小说史》有所补充，并于1961年在耶鲁大学出版，此书奠定了他汉学界评论家的声望；同年他应邀去匹茨堡接柳无忌教授的缺；王际真教授因《中国现代小说史》而赏识他，1962年他被聘为哥伦比亚大学长俸教授。1991年"五四"，夏教授自任教二十九年的哥伦比亚大学东亚语言文学系荣退，在他和王德威的用心经营之下，哥大已成为西方汉学研究重镇。

当年《中国现代小说史》一出，奠定了他学者评论家的地位，王际真教授又非常赏识他，曾问他怎不径去哥大？"迟去一年，以便拿到终身职，否则我去哥大，系里没有真朋友，年纪又大了，会吃亏。"其实他那时候才四十出头，春秋正盛。不过他淡泊又爱读书，在压力稍解，成为长俸教授之后，读书研究仍每至清晨，陆续发表中英文作品，另有英文专著《中国古典小说》《夏志清论评中国文学》等书蜚声中外。他还著有《爱情、社会、小说》《文学的前途》《人的文学》《新文学的传统》《夏志清文学论评集》等文学评论集，以及《鸡窗集》《岁除的哀伤》《夏济安日记》《谈文艺忆师友：夏志清自选集》《张爱玲给我的信件》等散文集。极具洞察胆识的夏教授，反思前期的研究在点评当中忽视了萧红、路翎与端木蕻良等人，把古今作品大批一通，笔尖上不带一点感情。晚年的他平易随和，有时重读自己严肃的评论，会说"真觉得不像我写的"。他的散文也非常出色，知性和感性交融，是知识性抒情散文的典范，深刻动人。尤其是他精选的早岁自述：忆童年往事、青春梦恋，还有与哥哥济安的手足情深，讲授自己喜欢的电影戏剧，读来均耐人寻味。（曾忝与他共同入选《世纪华人学者散文》）。

20世纪80年代，我曾请他来哈佛，与於梨华、郑洪、崔志洁等欢叙开会，主题为：文学史学中的悲悯情结。他强调翻阅历代后妃正史，即看清中国史中的荒谬残酷。

古典诗词多着墨于无关人生痛痒,被不着边际地美化后的哀怨。连最关心民间疾苦的杜甫咏怀汉明妃,也未能免俗,明知王昭君和番后贵为王妃,生儿育女寿命很长,偏要写她"一去紫台连朔漠,独留青冢向黄昏";白居易《长恨歌》前半部分强调"三千宠爱在一身",也就把"六宫粉黛无颜色"那些不够幸运、寂寞终生的后宫佳丽的无爱情、无生命的惨剧,一笔带过;而最应得到同情的,则是那些被阉割了的太监,非但无人为其命运叹息,还不时地遭口诛笔伐。

夏教授一生,多为中国女子鸣不平,他宅心仁厚地指出:从汉到清,除少数女性在文学艺术上留名青史外,只有做出对丈夫忠、父母孝的英勇行为的女子,才能博得赞叹。最晚不过宋朝,都市女人都缠足,这是对女性的又一桩损伤。明清女性可怜的处境,都精彩地展现在小说弹词之中。浏览各代方志所记载的烈妇事略,就会找到更多惨无人道的证据,绰绰有余地支持鲁迅先生所指控的"中国是吃人的社会"。

在旧小说中,从最早读到的《三国演义》中刘安杀妻、刘肉以飨避难的刘备谈起,其间不乏令人不舒服的有关女性的情节;《金瓶梅》把那非人的社会家庭生活,描写得透彻,但作者思想混乱,对这非人的社会,却非常欣赏;《镜花缘》虽体察到传统改革的需要,但不予以抗议;诸如此类,都该批判。他曾细读数遍《红楼梦》,叹服曹雪芹写出了中国最伟大的小说《红楼梦》,但读来也非常痛心,他倒同意王文兴的看法:大观园实在是多少小姐、丫鬟的集中营,一点自由也没有,活着有什么乐趣?且不提好多女子的下场何等悲惨。即如贾宝玉一年难得两三回上街逛逛,这算什么生活?他欣赏贾宝玉待男女平等,但觉得贾宝玉终究对不起死去的黛玉、晴雯及活着的宝钗、袭人,出家只算自寻寂灭。夏教授说,到20世纪初,才碰到些在专制下真为民请命之人道主义小说家,最为欣赏刘鹗的《老残游记》及吴沃尧的《二十年目睹之怪现象》。

夏教授在剖析种种褊狭之后,肯定胡适、鲁迅、周作人三位为"五四"的"三巨人",特别重视周作人所提倡的"人的文学",认定这就是新文学的传统,他的《现代中国文学感时忧国的精神》,是治现代文学史的必读之作。他说:

英文标题 Obsession with China 的含义是在感时忧国之外，强调作家们被种种不平、落后非人的现象占据心头，保持一腔魂牵梦萦的关怀，觉得不把这些事实写下来就未尽作家之职责，遂以严肃人道主义的写实，伸向更广大复杂的人性人生境界。这些作品，可当作动人的生命来看待。

他评论作家和文学作品时，着眼的不是技巧象征神话等表面细节，而是作品深处的重视文学和人性的感时忧国和悲天悯人的人道精神（宋淇曾如此论他）。夏教授对我解析："我写《中国现代小说史》，不可能对每本重要的小说做详细的评析。主要是要评断作家和作品间的高低，要有概括性的全面了解，踏实治学，加上有魄力的判断。批评可长可短，像我评张爱玲《秧歌》可算是'新批评'，评老舍几部小说和《中国古典小说》中的评《三国演义》《水浒传》诸章，皆是如此。"

布鲁克斯是夏教授的授业师，布氏评英诗是很有创见的，当然他对评析诗、小说的文字意象结构等也特别拿手。夏教授认为耶鲁大学的确是"新批评"的大本营。但耶鲁大学英文系有深厚的传统，并不以"新批评"为标榜，此说套在夏教授的批评上亦颇恰当——发现与鉴赏杰作才是要务。

钱锺书当年就从北大图书馆借阅过《中国现代小说史》，他评论此书："文笔之雅，识力之定，迥异点鬼簿、户口册之伦，足以开拓心胸，澡雪精神，不特名世，亦必传世。"推崇其鬼斧神工。钱、夏之交谊，毕生只不过会面三次：早年见过；第二次是1979年钱锺书访哥大；再就是1983年，夏教授乘韩国开会之机应钱先生之邀去过复旦大学。夏教授能得狂放霸气的钱先生相重，纯是"意气相投，文气相通，同气相述"。

王德威说得好："夏教授在《中国现代小说史》中广泛糅合了新批评及利维斯（F. R. Leavis）强调文学与人生直接关联的理论，还有些比较文学的方法。在20世纪60年代有引进各家兼容并蓄之新贡献。……他的方法学，因此促使我们重新思考文学跨国语境与个别特色间的张力。"《中国现代小说史》之后，现代中国文学的研究日新又新，方法上也是五花八门，从鸳鸯蝴蝶到新感觉主义，从晚清"被压抑的现代性"到世纪末的"后现代性"，不一而足。21世纪已经开始，现代中国文学的研究也绿树成荫，较以往任何一个时候都更成为一门显学。

当夏教授被询以"您的批评，归类为哪种批评"，他会不假思索地回答："批评只有好的批评和坏的批评！"联想到他与颜元叔、唐德刚、普实克（J. Prusek）等均有过大笔战，仔细询问，他却淡然地笑笑说："都不是我开的头，他们要挑衅嘛！"

八十五岁时，由王德威提名，夏教授终于以九成二的最高得票率当选为台湾"中研院"院士。他除了拥有满天下桃李，自己说"未曾得过两岸任何好处"。他最后一次抵台，是1991年参加《中央日报》举办的"台湾初期小说座谈会"，发表讨论琦君作品风格的文章。近年来的"中研院"院士会议也因心脏不好，一直未能成行。

《中国现代小说史》是不容错过的学术经典，1961年3月耶鲁大学发行英文头版，并于十年后再版发行；1999年印第安纳大学买下版权，推出第三版。中译版，1979年由香港友联出版社首印；同年台湾传记文学出版社也出版发行，都是采用的刘绍铭教授等人翻译的中译本。1991年台湾传记文学出版社、2001年香港中文大学出版社，因应市面需求，以友联版重印出版。2005年，上海复旦大学正式出版简体字版。

夏志清教授学贯东西，撰述下笔扎实，此书和《张爱玲给我的信件》畅销，二度震撼，引起空前高潮，让他一再被关注，成为轰动瞩目的对象，应稍慰其心。记得他说："中译本（香港版、台湾版）出版很快，就在1979年。如今几十年过去了，早不知有多少翻印版本。这本书，第一版是1957年出版的，后来写结语，并加上了普实克那篇。"他告诉我："现在到处都在谈论我，红得一塌糊涂，哈哈！"多少人登门访谈，他开着玩笑，说得激动，不免劳累致病，尚豪气干云用墨如泼，壮语肆意，傲然称不朽。

夏教授，这位踽踽独行的现代文学导师，前后隔绝四十四年，到2005年奠基之作《中国现代小说史》终于得以在中国大陆面世，此书一经推出，力撼山河！

李欧梵教授说："半个世纪以来，美国学界的中国现代文学教科书，只有志清先生的《中国现代小说史》一本。"王德威教授析论《中国现代小说史》体制恢宏，见解独到，书中所展现的批评视野，使夏教授得以跻身当年欧美著名评家之列。国际汉学界历四十年而长盛不衰的《中国现代小说史》，在问世四五十年后的今天，仍与当代的批评议题息息相关。由于像《中国现代小说史》这样的评述，使我们对中国文学现代化的看法，有了典范性的改变；后来者必须在充分吸收、辩驳夏氏的观点后，才能推陈出新，另创不同的典范。

我常常思考：要不是最初掌舵的夏教授在书中毫不媚俗对张爱玲、沈从文、钱锺书、张天翼、吴组缃等人做了崭新定位，恐怕就不见得会有后来在创作上和研究上迷恋他们的书迷，尤其是张爱玲、沈从文、钱锺书等人的众多书迷；更引发数代作者对之临摹创写，整个改变了中国现代文学的生态谱系。

夏教授念的是英国文学，我想因为他同时也对美国文学的发展保持敏锐的触觉，以钻研中国文学史扬名、开天辟地的英文《中国现代小说史》先行圈点小说，钩沉稽古，"濯去旧见，以来新意"，严谨论证，融汇中西，活泛了国内外研究中国现代文学者的视野。

"我一生不忮不求，不善周旋，滑稽得很，不喜欢见人，有毛病。但与小辈往来，我都好开心，最怕有事去求人，觉得不好意思。很吃不开的。太太讲我只帮年轻人的忙，而人家一上场，都去拍上面，我却都不……"在美的前辈作家或学界的文学教授，几乎找不出几位与夏教授毫无师友关系的。曾听过不少名家和学者如李欧梵、刘绍铭、白先勇、王德威等人津津乐道：这辈子如何受他的恩泽……他爱才提携超越门派，并常为他人着想，却疾恶如仇，不合者他会骂："某某太坏，骂骂也不要紧，对不？"言语之间性情毕现。

最稀罕夏教授对尚未功成名就之我辈言，他早在激流中成浮木，幻化为最有力之援手。多年来学界举行几次盛会对他致敬，1991年夏教授在哥大荣退，诸多中外名学者由各处赶去参加，我亦特别前去致敬，深感其人至德。

新世纪以来，夏教授亦获荣誉无数，2001年他与琦君等获得世华作家协会大奖；与倡导通过立法把春节定为纽约市公定假日的市议员高顿，一起获得全美中华文化协会颁发的2002年中华文化奖。

2005年10月28日、29日王德威等人特由哈佛回到哥大，精心策划了"夏济安、夏志清昆仲与中国文学"学术研讨会，几十位中外友人，如韩南、孙康宜、耿德华、齐皎瀚、林培瑞、朱家昆、奚密、梅家玲、张凤、陈平原、李渝、陈国球、徐钢、王斑、宋安迪、韩嵩文、宋明炜、宋伟杰、白瑞克、王晓珏、何素楠、孔海立、陈菱琪、李峰、田玲、罗鹏、魏若冰、石敬远等人都有论文发表，李欧梵、刘绍铭、柯庆明等教授请人代读论文，他阖家与众多贵宾欢叙，在哥伦比亚大学教授会馆，他演讲致辞时说："其实，德威是因为心里歉疚，觉得对不起我，因为他从哥大跳槽又回哈佛大学去，才举办这个大会……"自是举座捧腹绝倒。10月28日我演讲了《夏济安、夏志清昆仲与张爱玲》，还得以结识他热忱的弟子齐皎瀚教授（Jonathan Chaves）等人和他亲切的妹妹夏玉瑛女士，及其子夏焦明诸位家人。我们并与几十位中外友人或执弟子礼之学者——门生故旧、再传或私淑弟子欢叙！

2009年春，他以坚强的意志力，在八十八岁高龄大病一场后，化吉康复，只是体力渐衰。深秋感恩节前去探望，病后敏锐如昔的夏教授，诉苦道：几度出入加护病房，插管、机器呼吸……"我还有好多事情要做，怎么可以随便倒下！"现代中国文学史在西方的开山祖夏志清教授，奇迹似的回到人间。经年马不停蹄的夏太太王洞，谈起此事，却说得轻巧，曾十数年长时间昼夜侍奉失智老人的我，极能体会她的辛劳，诚心为阖府祝祷！

2011年，夏教授喜逢九十岁生辰。2010年秋，预先暖寿欢庆。哥伦比亚大学前东亚系主任保罗·安德利尔（Paul Anderer）教授、大使等人在曼哈顿中城希尔顿饭店摩根宴会厅，共同祝贺夏教授大寿，马英九先生敬赠"绩学雅范"大红条幅，文建会以"博学于闻"贺寿；台湾"中研院"副院长王泛森亲颁院士证章，门生故旧，包括三位华发的夏门洋弟子：华大的讲座教授何谷理教授（Robert Hegel）、乔治·华盛顿大学的齐皎瀚教授、康奈尔大学的耿德华教授（Edward M. Gunn）皆前来拜寿，敬业薪传的意义最明显。王德威教授费心主筹，编辑出版《中国现代小说的史与学》（台北联经版），作为大寿的献礼，前后道贺的我们皆得获手泽的珍本一册和礼品，欢欣钦敬！

1969年与夏教授成婚的夏师母王洞女士，殷勤睿智地为他照应内外，和我们数代小朋友皆亲。记得他俩原住西115街415号五楼，1991年"五四"

荣退后不久，改迁到更宽敞的哥大公寓，与曾攻得哥大人工智慧博士的我儿启远居所仅数步之遥，故而我可密切登堂探望，益加熟稔。夏教授无须西装笔挺，正襟以待，思想紧紧相叩，启动心中联结的生命经验，一室笑声反复回荡。

夏教授说话常深露笑窝，那象征老福的戽斗下巴，益显天真可爱。他经常用一口苏沪腔调说起退休后他要校稿、写序和祝词，在太太协助下出版了《张爱玲给我的信件》；还有与夏济安兄弟之间的通信，原也希望再要注释校正好出版，但未实践。他刚退休时，也想享受人生，但年纪大了计划太多没意思，每日依然读书。他兴趣极广，尤其对欧美老电影如数家珍，患心脏病后，更留心散步，或到中法餐馆吃顿饭。健康时常兴冲冲地看卡波拉（Capra）20世纪30年代初的老片，一次看两部，有时看得热泪盈眶。

他平生失意之处就在儿女，儿子夭折，小女儿不健全，与太太王洞辛苦过来，伤心事怆然不堪述。而又力去凄然之色：总比哥哥好，他五十不到就过世了。这位感时忧国的中国小说史家说：活着总是好！

钱穆有句话：知耻即贵，不忧即富。夏教授的富贵山高水长，他在2009年大病后又以灵动的生命力坚持了四年，虽在2013年12月29日傍晚一睡长辞，但其智慧无尽长在吾心！

融汇古今卓然有成
——开拓古诗词现代观的叶嘉莹教授

  叶嘉莹,1924年生于北京,现任南开大学古典文化研究所所长。

  叶嘉莹,十七岁考入辅仁大学,受业于诗词名师顾随先生。她一生才情纵横,虽历经磨难与不白之冤,却始终视诗词为"民族生存延续的命脉",先后执教于台湾大学、密州大学、哈佛大学等校,在百家讲坛等用诗词度人无数。1990当选加拿大皇家学会院士,在中国文学这行,她是首位。著有《词学古今谈》《王国维及其文学批评》《中国词学现代观》《叶嘉莹作品集》《唐宋词十七讲》《红蕖留梦:叶嘉莹谈诗忆往》等作品。

多年前在台时，就曾在电视画面中看到过一位穿着雅致旗袍、气宇高华、一口京片子的老师，讲解《古诗十九首》"行行重行行，与君生别离"之句。她把那一逝不返、有去无还的离别哀怨和惊觉岁月无常、年华老去，所有相待的期望都将落空的惊惧伤痛，还有当悲苦挫伤之时，若能强自勉力，即使失败也令人尊敬的奋发，说得叫人不得不再思量古老诗词中蕴含的真谛。她就是叶嘉莹教授。

之后听说，她在台大中文系开课谈诗论词时，听讲者近悦远来，由各校各系赶到，多得坐不下，只好拥挤在门旁窗边。在那个青春年代，她的《迦陵谈词》等书曾风靡一时。我赴美的行囊中，就有好几本她的著作。终于在哈佛，才得叶教授为这当时阅读了二十余载的书亲笔题字。

叶教授1945年毕业于辅仁大学国文系，曾在北京的佑贞、志成、华光三所女中和台湾的彰化、光华和二女中任教，1954年至1966年任教台大中文系，1966年至1967年为密歇根州大客座教授，1967年至1968年任哈佛大学客座教授，1968年至1969年依约返回台大。1969年至1990年任加拿大英属哥伦比亚大学亚洲研究系终身教授，其间尝客座台湾的"清华大学"及美国的哈佛等大学，并于1990年当选加拿大皇家学会院士，在中国文学这行中，她是首位。荣退后，1992年曾受邀为耶鲁第一任伍德华（Wood Worths）讲座访问教授和2001年哥伦比亚大学讲座访问教授。2001年及2008年也曾光临哈佛演讲。

自1979年后，她多次前往大陆讲学，曾应邀在北大、北师大、北师院、南开、天津师范、南京师大、南京大学、复旦、华东师大、川大、云大、黑龙江大学、哈尔滨师大、辽宁师大等校演讲，并受聘为客座或名誉教授，还在百家讲坛、凤凰大讲堂等广电媒体演讲……其时叶教授早已成为在华夏欧美影响力无远弗届的研讲诗词的学者专家。

她在教研方面虽有过人的成就，但她的人生道路却是历经忧患和劫难。叶教授出身满族书香世家，祖先是叶赫地区（在今日东北吉林伊通附近）的纳兰氏，与写《饮水词》的清代词人纳兰性德（原名纳兰成德）是同一族，从曾祖入关，满人多因姓氏太长，以名为氏。其曾祖讳联魁，是清二品武官。祖父讳中兴，是清的翻译进士，曾任职工部。曾祖购置的大四合院，正门上方原悬有黑底金字"进士第"匾额，位于北京西单牌楼西边民族饭店斜对面，穿过巷子就是，名叫察院胡同。她家大门两侧有石狮，内外均有门洞。不过这所宅子现在已被拆迁改建成大楼了。

　　父辈时已进入民国时代，简化叶赫纳兰为叶姓，其父讳廷元，毕业于北大英文系，一度因介绍西方航空知识在航空所工作，后在上海航空公司任人事科科长，一直在沪，在她初二时，即"七七事变"后，父亲随国民政府迁撤后方，曾与家中不通音讯八年之久。

　　母亲李立方，在师范学校任教，天性忠厚柔顺，对亲友和睦热心，这方面她颇具乃母之风。父母重视孩子教育，四岁启蒙"认字号"，父亲书法好，亲写方块字，以朱砂笔在四角依每字不同词性，画出平上去入个别读音，画几个圈就得读出几个音，严格规定她以文言文写信；又希望她学好英文，故后来入教会学校笃志小学读书。

　　到了学龄，父母并未送她进一般小学读书，而是由曾在上海顾维钧家中做过家庭教师的姨母来教她和大弟（小弟尚未出生），分别读《论语》和《三字经》，另又由旧学根底极深的伯父（讳廷义）教读唐诗等，在十岁左右，爱写诗的伯父就引导她写了七言绝句《咏月》。

　　她伯父很保守，辛亥后即未出来工作，自学成为颇有名望的儒医叶大夫，兄弟两房共住那座有三进的宁静四合院。伯父曾有儿女夭折，最后只堂兄长成，伯父有心将医学、满文也传授他们。但她十岁时考入笃志五年级念了一年，就跟同学姊姊，以同等学力考上市立第二女中，功课不少，故医学、满文的学习未能继续。

　　据她说，"我是关在大门里长大的"，别家女孩会的跳绳子、打秋千，她全不会，不像堂兄和弟弟那样爱到外面跑。伯父喜欢她的好学，常解说诗作联句给她听，母亲还买了一套开明书局的词学小丛书，奖励她跳级考上中学。

　　因为缺乏其他生活体验，家庭院中的景物，就成了她年少时写诗的主要题材。她忆述老家大院：门洞迎面有磨砖影壁墙，上刻"水心堂叶"四字，大门内右侧有门房、马房。外院的左侧为南房，右侧上阶入垂花门，有石台木影壁，由台侧下内院，就是伯父母住的北房，东厢是看病的脉房，西厢就是她家住的，窗下有个花圃，还移来一丛竹子，她曾写有一首七绝：

  记得年时花满庭，枝梢时见度流萤。
  而今花落萤飞尽，忍向西风独自青。

  大陆学者邓云乡大半个世纪前为其母送药方，请叶教授伯父改方子，曾去过那"弥漫着诗词意境"的庭院，推想这院子对她成为女词家之影响一定很大。她的确也承认，对这座曾孕育了她的知识生命和感情生命的大四合院，有万缕千丝的心魂联系，她曾经梦想将之改建为有现代设备的书院式诗词研究所。

  1924年出生的叶教授，十三岁时因"七七事变"，父迁后方断绝消息，只与母弟依伯父同住；十七岁考进大学不久，母亲病逝，开始了她的哀伤困阨。那时正值日据时期，平日只能吃混合面，团和了切条，下水煮来拌酱果腹——正如老舍在《四世同堂》中所写的；原来母亲用父亲的薪水建造的理想的四所小四合院，也被日军征用为宿舍。在国仇家难中，她并未陷于颓丧，中学、大学都始终考第一，为同学所钦佩，还拿奖学金。

  当时北大被占，燕京关闭，1941年她考上辅仁国文系，大一国文是戴君仁先生教的，戴先生对她在作文课能写出"反复慨叹，神似永叔"的文言文，很是赏识；大二从顾随（羡季）先生读唐宋诗词，悉心学习，深受顾先生影响。在颠沛流离四十余年后，叶教授终将珍存的顾先生文稿及笔记，交其女儿顾之京，整理为《顾随文集》出版。

  她认为顾先生幼承家学，对古典诗词有深厚素养，尤擅词曲，再加之其毕业于北大英文系，兼容中外，对诗歌有极敏锐之感受与深刻之理解，讲课时旁征博引，出入古今名著理论，兴会淋漓，触绪发挥皆具妙义，给她非常丰富的启迪和昭示。她虽自幼诵读古典诗歌，却未听过这样生动深入的讲解，犹如一只被困在暗室之内的飞蝇，蓦见门窗之开启，始脱然得睹明朗之天光，辨万物之形态。

  师生亦时有唱和。一次，顾先生把她的几首诗词拿到《新生报》发表，问她有笔名否。她曾听伯父讲过陈迦陵的词,知道《楞严经》中有鸟名迦陵频伽,其仙音遍十方界,而"迦陵"音与嘉莹相近,遂取为笔名沿用至今。但她自谓取迦陵为号,倒并非出于对清代词人陈维崧的欣赏和崇拜。

顾先生对她曾有厚望,在送她的诗中写道:"食茶已久渐芳甘,世味如禅彻底参。廿载上堂如梦呓,几人传法现优昙。分明已见鹏起北,衰朽敢言吾道南。此际泠然御风去,日明云暗过江潭。"在信中顾先生写道:"凡所有法,足下已尽得之……不佞之望于足下者,在于不佞法外,别有开发,能自建树,成为南岳下之马祖,而不愿足下成为孔门之曾参也……"这殷切的期勉,终于支撑她在历经逆境后,能坚忍,竭力再度出发。

辅大时期的叶教授是身材修长、爱害羞、留着披肩卷发的才女,男同学的信从来不回,好些同班都没讲过话,"我的家教很严,一个男朋友都没交过,这方面太贫乏了。""我先生是中国大学教育系毕业的,祖籍安徽,在北京生长,抗战胜利时从后方回来,先听他的堂姊提到我。他堂姊是我中学的英文老师,特别喜欢我这考第一的学生,他妹妹与我同级不同班,他找同事的女友,也是我的辅仁同学,安排见面认识。我先蒙在鼓里,后来他又拐弯抹角地常跟他朋友的弟弟,也是我弟弟的同学来我家里,找我弟弟打乒乓球,几年中一直待我很好;后来他要在姊姊姊夫引荐下,到海军担任文化教员,临去南京前我们才订了婚,1948年春我南下在上海结婚。"这年底,她由南京居所随夫撤台,抵台先住左营,来年春,叶教授到彰化女中教书,8月长女言言出生,每逢假日,先生则由左营来与她母女团聚。却不料那年12月25日清晨,天刚蒙蒙亮,她宿舍就被敲开翻查,先生赵钟荪竟因"思想问题"连坐被捕。

1950年6月,彰化女中校长也因白色恐怖被关,她和其他老师共六位亦被牵连受累,她说:"我不懂政治,又从不谈论政治,更没有任何政治牵涉。"就因当时风声鹤唳,她带着个不满周岁的奶娃也被关,幸无罪证不久被释。但丢了教职,宿舍被没收,无家可归,为到左营解先生危厄,她寄人篱下。在左营眷区,屋子狭窄,夜晚仅能待亲戚全家均睡下,才方便在走廊打个地铺。白日她冒暑抱女儿奔波打听,每到亲戚老小午睡时分,还得把不能离手的女儿带到屋外，免得吵人，在炙亮的太阳下寻找树荫踱步，挨过了一段极郁闷的日子。

后来她勉强在堂兄介绍下，在台南私立光华女中教书过活。看孩子的女工请假，她就只能让女儿到教室坐着画画，回家用小煤油炉烧饭……她不敢对任何人说自己的遭遇，怕再失业无以为生，强韧的潜力和着往肚里流的泪水，三年之间，她孤身携女，面对众多疑惑的眼光。等到先生释回，来学校宿舍重新相见，屋外学生围了一大圈，猜测她与先生闹了感情问题，她都无法解释，磨难中她写过一首极悲苦的诗：

> 转蓬辞故土，离乱断乡根。
> 已叹身无托，翻惊祸有门。
> 覆盆天莫问，落井世谁援。
> 剩抚怀中女，深宵忍泪吞。

这时期的生活，是很多人并不知道的，因为她很少向人诉说。

一生中，她做学生时，老师喜欢；做老师时，学生喜欢。在彰化女中教书虽短暂，但大家反应极好，同事调到台北二女中后引荐她去，她后申请先生同教，一切顺遂，举家在台北欢聚，峰回路转。

他们在父亲物资局的宿舍住下，在台大中文系见到辅仁的两位老师戴君仁和许世瑛。许先生虽未教过她，但曾住在她祖居的外院，听过她高声诵读诗文。两位老师对她青少年读书时代光灿的才华，留有深刻印象，当下明了她为糊口舌耕历艰危不能为外人道的不幸，都可惜她的才华空废，就推介她到台大兼教一班侨生，次年起改为专任。她欲辞二女中教职，复因王亚权校长要求她把所教两班送到毕业而推迟。接着许先生任淡大中文系主任，戴先生任辅仁复校后中文系主任，都坚持邀请这位好教授开授诗、词、曲选各课，后来台大国文也免教，专开杜甫诗，许先生又让她接手教育电台广播的大学国文栏目，待教育电视台开播，就在电视上讲《古诗十九首》。

兼课虽沉重，她对两位老师的宽厚提携，及顾随老师介绍的台静农先生、郑骞先生等都感激不忘。记得郑先生热诚推荐她到教育部的诗词讲座讲授词的研赏，她为之发表了第一篇《说静安词〈浣溪沙〉一首》的文稿，引起了当时学界的注意。北来以前她又生下小女儿言慧。她身体孱弱且患有过敏性气喘，精力全耗在教学之中，却以惊人的毅力获得有口皆碑的盛名，西方汉学家德国的马汉茂（H. Martin）、法国侯思孟（D. Holzman）、美国哈佛的海陶玮（J. Hightower），均与她谊兼师友。

叶教授很重视吟咏，曾为文强调。我亲聆哈佛大学赵如兰教授课上播放叶教授吟咏的《郊游野柳偶成四绝》，有"岂是人间梦觉迟，水痕沙渍尽堪思。分明海底当前见，变谷生桑信有之"等句，就是20世纪60年代初她的诗作。另外，在哈佛语言实验室，还有十卷她吟咏的录音以供教学。

由于教学业绩突出，1966年台大钱思亮校长选派她到密歇根州立大学去做交换教授。当时她同许多教授都到美领馆面试，美国委托正在台北做陶渊明研究的海陶玮教授做面试，台湾负责人则是刘崇鋐教授。谈后别人都离去了，刘氏秘书前来留请晚餐，并与海陶玮诸位继续谈话。餐后海陶玮即刻折回向刘崇鋐教授表示哈佛东亚系要聘她。

盛情难却，她想台大有不少教授想来美，或可另择别的教授去密歇根州，她与钱校长商议，钱校长不同意，向海陶玮问可否另请他人，海陶玮亦不肯，只得暑假早两个月先到哈佛合作研究，9月开学再赴密歇根州履践承诺。第二年再来哈佛客座教授诗词时，两个女儿就跟来上学。次年海陶玮希望她就此留在哈佛教书，不回台大，那时她先生也来了，希望留在美国，但她为了守信不违约，仍独自返回台大，相约教完一年再来。

因网络上的资料有时存在相当大的错误，所以我特别留神查证这一段，感谢几位叶教授的弟子2013年6月5日传来的信函：

有关叶嘉莹老师1968年自美返台教书一事，经查证，她确实于1968年至1969年在台湾大学、辅仁大学、淡江大学任教，讲授诗选、词曲选、杜甫诗等课程，上课人数极多，广受学生肯定及尊崇。

特此奉告。

并祝　文安

台湾大学中文系教授　齐益寿
私立(台湾)辅仁大学中文系教授　包根弟
私立淡江大学中文系教授　施淑　同启

翌年她陪同老父以应聘名义，再申请赴美，却因美领馆认为她有移民倾向而遭取消签证。海陶玮教授多方请托，建议她先到加拿大美领馆签证再入美境，却不料须送返台北签证，困境重重，进退两难。恰巧英属哥伦比亚大学亚洲研究系一老教授因病要人代课，海陶玮即向熟识的系主任蒲立本力荐，在走投无路的状况下，她只得留在温哥华查生字备讲稿，开始用英文教起"中国文学翻译"的课程。

苦撑一年，她感慨："鹏飞谁与话云程，失所今悲匍匐行。"她先为接先生女儿赴加团圆，经历加移民官对女性的歧视——以夫、女不算女性所负担的家属来刁难，设法交涉才得允准，又有沉重的英文教学负担，而且上有老父，下有上大学和中学的女儿，台大此时已不续聘，逼不得已，只有于四十多岁的中年在异国奋斗，在英属哥伦比亚大学先后开过多门课程：中国文学史简介、中国历代古文选读、中国历代诗选读、唐宋词选读、博士论文专题讨论，等等，终于荣膺永久聘书和其他重大的荣誉。

度过这段"初心已负原难白，独木危倾强自支"的难关，从1970年开始，她每年前往哈佛与海陶玮教授合作研究，常在燕京图书馆内由清晨到黄昏辛勤读写，论王国维、吴文英、常州词派……一篇篇精湛有力的论著，在《哈佛燕京学报》以英文发表。当时还因台大文史各系的校友影响，她更留心中国大陆的书籍和消息，又参加各地会议。1970年冬她参加贞女岛的会议，曾与周策纵、吉川幸次郎诸位汉学家论学吟诗唱和，吉川先生有"曹姑应有东征赋，我欲赏音钟子期"之句，后数年她果然应九州大学冈村繁教授之邀，赴日讲学。

1971年其父病逝加国，无根思乡之情更切，虽遍游英、法、德、意、奥、瑞各国亦难排遣，1974年她终于重返故乡，探望两个留在北京的弟弟。

在门巷依稀的故居，与担任中学老师的大弟夫妇、小学老师的小弟夫妇重聚话旧，感慨三十年辛酸。他们因是"台属"，"文革"时曾受冲击，她说："我们家在台湾，先生被关；在故乡，弟弟被关！"真是分隔两地的中国人的悲剧。

坎坷的生命在1976年复临风浪，那年3月24日大女儿言言和女婿永廷竟因车祸同时罹难。她呼天肠断日日哭之，有"哭母鬖年满战尘，哭爷剩作转蓬身。谁知百劫余生日，更哭明珠掌上珍"之句，学生亲朋都为她落泪担忧，真如她诗中所说："平生几度有颜开，风雨逼人一世来。"

有没有借宗教力量平抚心情？她表示从前家中并无特殊信仰，小时只读儒家诗书，孔子"敬鬼神而远之，未能事人焉能事鬼，未知生焉知死"的观念，深深影响了她：现世做人是很重要的。在辅大学读诗词时，读到严羽《沧浪诗话》喜用禅宗妙悟阐明诗道亦妙悟，因常读佛书，还与知友往广济寺，听老和尚讲《妙法莲华经》。1988年夏佛教协会会长赵朴初先生，巧于同寺相逢，故以素斋折柬相邀，适值她生辰，怅触前尘，因成《瑶华》一阕：

    当年此刹，妙法初聆，有梦尘仍记。
    风铃微动，细听取，花落菩提真谛。
    相招一柬，唤辽鹤；归来前地。
    回首处，红衣凋尽，点检青房余几。

    因思叶叶生时，有多少田田，绰约临水。
    犹存翠盖，剩贮得，月夜一盘清泪。
    西风几度，已换了，微尘人世。
    忽闻道，九品莲开，顿觉痴魂惊起。

据缪钺教授言，此词抚今思昔，感念人生，融合佛家哲理，取境幽美，用笔宕折，层层脱换，潜气内转，而卒归于浑化，深得周、姜、吴、王之妙。其早年填词婉约幽秀，中年之词豪宕激越，而近年又嬗变至此，可见她数十年用力精勤，日进不已，词体更开新境。

在禅佛之外，她曾在大学毕业后的月夜，跟一位远房姑姑听基督教春节布道大会；在台听辅仁校友龚士荣神父讲天主教义，都有感动。各种道理相通，宇宙间是有种种神的境界，她相信，所有宗教或是古典诗词都能给人智慧，"五十而知天命"，都能使人开悟。

古代诗人常因理想而遭打击迫害，如苏东坡因党争下狱，九死一生被贬黄州，而笔下慷慨纵横："大江东去，浪淘尽，千古风流人物……"虽远谪南海，仍为民谋福。欧阳修、陶渊明也是，她举例说："我一生命运多舛，历经许多挫折苦难，至今还活得很好，可以说是古典诗词给我的精神力量，多读自能学习这种坚韧的痛苦承受力，能持守，还能转化提升生命质量。"

1979年她与先生、小女儿重新再到大陆探亲，在火车上见到刚摆脱"文革"的年轻人捧读新出版的《唐诗三百首》的热情，打动了她血缘根生的情感。经过申请，自1979年起，她不辞劳顿每年用假期返大陆讲学，已教过二十多所大学。

台湾方面，在未开放之前，她因返乡被断绝了往来。直到1988年，当年她栽培的学生，二十年间全成为台大、台湾"清华大学"各校和台湾"中研院"各系所的重要教授，对她的敬爱联系始终不断，从那时起，才多次邀请她回台做系列讲学和开国际学术会议。

就整个西方文化来看，她认为东方文化在西方只是点缀。中国青年若把自己的根铲除，只一味极端地模仿西方不会更好。特别是文学艺术传统，失去自己的民族特色，对整个世界文化而言，等于失去了我们的文化。

在海外以汉学为专业，借古典诗词讲授使中国文化被西方认识，增进理解，当然有其意义，但真正中国诗词的传承，还是在自己国家。她在《还乡绝句》中写有：

　　　构厦多材岂待论，谁知散木有乡根。
　　　书生报国成何计，难忘诗骚屈杜魂。

第一次返大陆讲学原只安排北大，但因她与顾随老师之友，也是辅仁师长辈的李霁野先生有通信，李先生年轻时即与鲁迅、台静农诸位先生成立"未名社"，也去台大教过短短一段，与她见过，后来回南开大学做外文系主任，故也请她去讲学，之后南京大学亦邀她，所以就依次在三校短期讲学；1981年至1982年中，正逢休假，她又去南开一学期，北师大和川大各半学期。

在成都，她于1981年4月下旬，应邀前往草堂，参加杜甫研究学会第一届年会，得识年轻时她就钦仰的《诗词散论》的作者缪钺（彦威）教授；缪先生也读了她1980年新出版的《迦陵论词丛稿》，赞佩她论温、韦、冯、二李、吴文英、王沂孙等人的见解，论《人间词话》之境界说，诸文皆自创新义，论证精邃深微。缪先生是哈佛燕京讲座教授杨联陞夫人的长兄，当时年近八十，刚动过白内障手术，行动皆赖孙儿扶持，每日邀她谈讲诗词，还不顾目疾，为她书赠诗词多幅，有"相逢倾盖许知音"之句。会后她参观过江油李白故居，欲返加国去辞行时，见缪先生已伏案展纸写信约她合作写书。

她深为感激这种知赏，先拟定合作计划并和诗称谢。1982年春夏，她再到川大讲学三个月，缪先生自始至终都有听讲，课前课后，交换意见切磋文稿，议定体例融汇文学批评史中各体式，进行新尝试：分别选定词人，以韵文论词绝句综括要旨，再以散文介绍词体特质，论评词人赏析词作。望透过以敦煌曲子词为始，兼以从五代两宋到晚清词人的个别评赏，从而提供通篇的史观，虽不算写词学史，但也注意到纵向的继承和横向的影响。缪先生取郭璞诗句"灵溪可潜盘"，定名为《灵溪词说》，后出续编，改为《词学古今谈》，书经四年书写被列为中加文化交流科研项目之一，并获中国社科院及加拿大社会人文科学研究理事会赞助。

北京中华诗词学会，在1987年礼聘她为顾问，还与国际文化交流中心联合于1987年和1988年，先后请她在北京国家教委礼堂主讲"唐宋词系列讲座"和"从中西诗论的结合，谈中国古典诗词之欣赏"。缪钺教授说她博览古今，融贯中西，含英咀华，冥心孤往，以深沉之思，发新创之见，评论诗歌，独造精微，自成体系。其著作有《杜甫秋兴八首集说》《迦陵谈诗》《迦陵谈词》《王国维及其文学批评》《迦陵论词丛稿》《迦陵论诗丛稿》《中国古典诗歌评论集》《迦陵谈诗二集》《唐宋词名家论集》《唐宋名家词赏析》《中国词学现代观》《灵溪词说》《词学古今谈》《诗馨篇》《唐宋词十七讲》《唐五代名家词选讲》《迦陵学诗笔记：顾羡季先生诗词讲记》《风景旧曾谙：叶嘉莹说诗谈词》《独陪明月看荷花：叶嘉莹诗词选译》《清词丛论》《叶嘉莹作品集》《叶嘉莹文集》《唐宋词十七讲》《驼庵传诗录》等书，2014年春，由张候萍撰写的叶嘉莹的口述自传《红蕖留梦：叶嘉莹谈诗忆往》出版。

她自己曾简述研读态度和写作方式之转变：从主观到客观，从感性到知性，从欣赏到理论，从为己到为人。对诗歌的评赏以感性为主，结合三种知性倾向：一、传记的，对作者的认识；二、史观的，对文学史的认知；三、现代的，对西方现代理论的认知。她的性格一向有两点特色：主诚和认真。

她不敢人云亦云地作欺人自欺之言，一定要诚实地写出自己的真正感受，可能也因此，使她无意中探触到了在诗歌中这种感发素质的重要性，及感发之生命在本质方面的细微差别；又为认真的缘故，不敢马虎偷懒，一定把所得感受的因缘经过，甚至心灵意念的活动线索，都明白交代。她谈现代观，首先就需要给"现代的"（Modern）一个明确的界定。在欧美文学批评的特殊用语中，这个词并不专指近代或当代，是指19世纪末到20世纪之中发展形成的一种写作风气，受弗洛伊德与荣格的心理学、存在主义哲学等的影响，内容重视意识流等方面，表现重视象征、联想暗示等。

在文学批评方面，叶教授也很熟悉以蓝森、泰德、华伦、布鲁克斯诸人为主的"新批评"学派。这一学派反对传统以文类、情节及人物生平衡量文艺，主张以细密的方法对文学作品本身做客观的研析，可发现其包容的内在价值和意义。其源流可溯及理查兹（I. Richards）的《文学批评原理》、燕卜荪的《多义七式》，及艾略特（T. S. Eliot）、庞德（E. Pound）等人的著作。

不过她引用现代西方理论，赏析中国古典诗词，却未曾喧宾夺主，"而是欲使之为我所用，成为我在表达自己之情思意念时，一种便于使用的方式"。

在20世纪60年代写就的《一组易懂而难解的好诗》中，她即提出《古诗十九首》的多义性与感情的基型；在《论杜甫七律之演进》中谈到杜甫《秋兴》诸诗之句法突破传统，意象超越现实；《燕台四首》着重诗歌之意象与用字之感性分析，并将李商隐的诗与卡夫卡的小说相比较；《从比较现代的观点看几首中国旧诗》中提出意象、架构、质地三者作为赏析诗歌的标准；《几首咏花的诗》称述两首《落花》诗之偏重感觉与超越现实的成就；《由〈人间词话〉谈到诗歌的欣赏》，提出欣赏者之联想自由；《李义山〈海上谣〉》一文中以意象与神话可能提示的象喻为解说诗歌的依据，这些都与欧美的现代理论有相合之处，当时像她这样用现代观来评析古典诗词者，还极为少见。

但是，叶教授和后来专用现代观评析古典诗歌者却有很多不同。她深受传统教育影响；她的写作以自己要表达的情思意念为主，并无先入为主的理论在心；对与中国传统不合者提出异议，如她依然坚持作者之为人与生平对诗歌的创作和欣赏有极为重要的关系，而对提出泯除作者个性及作者原意的谬论不肯苟同。因中西诗歌的范畴和写作之传统原就不同，西方诗歌兼指史诗与戏剧，与中国诗词的言志抒情不一样。

叶教授论词尤其独到，将词分为三种类型：歌辞之词，以晚唐五代北宋诸家为主；诗化之词，以苏轼、辛弃疾为代表；赋化之词，从周邦彦开始，以南宋姜夔、吴文英、王沂孙等人为代表，自成一个词学体系，突破过去"婉约派""豪放派"的二分法。

她在专书和论文中多次探讨，对她启迪影响的王国维先生，觉得静安先生在中国文学批评史上，是第一个尝试采纳以西方适用的新观念、融合纳入中国旧传统文学的精神生命的先进人物，他的《人间词话》取得了卓越的成就。

但《人间词话》受体式之限，模糊了系统性。所以她就将其缺乏体系的一些散漫概念，加以组织和理论化地拓展：境界之产生全赖感觉之体验，与西方哲学中现象学派重视意识对客体之经验，极为相近。现象学家兴起于19世纪末的欧洲，胡塞尔（E. Husserl）、海德格、沙特、梅洛－庞蒂（M. Merleau-Ponty）诸人之说，都与此派有影响及关系，而王国维之长，则正在于博学深思、直悟义理，而竟与西学暗合。

她又曾以诠释学来说词，诠释学原为推寻《圣经》意义之学。但任何诠释都有限制偏差，往往并不能正确地得到作者本意，诠释所说往往是自作品获得的衍义。若与中国词学相较，则如常州词派张惠言评温庭筠的《菩萨蛮》

之"照花前后镜，花面交相映"为《离骚》初服之意，以比兴寄托说词，她认为便可视为诠释者的衍义，而未必是作者的本义。据符号学先驱索绪尔之说，表意符号语言，可归纳为语序轴和联想轴，说话和受话人双方须具一致的语言符码。就中国文化传统之联想，《离骚》中多以美人喻为君子，其喻示的是君子不遇者的高洁，所以温词中的美人，可使张惠言联想到《离骚》的托意。

叶教授注重"意识批评"理论，认为越是伟大的作者，表现于作品中的意识越有固定样式，如杜甫在诗篇中流露的是他终生忠爱缠绵的志意，看见花开写"花近高楼伤客心，万方多难此登临"；登岳阳楼则写"戎马关山北，凭轩涕泗流"。像屈原、陶渊明，甚至词中的苏轼、辛弃疾都各有意识形态的一种特殊的样式。

她又引用接受美学家姚斯（H. Jauss）等的立论，认为作品本身只是艺术成品而不是美学对象，是读者赋予它生命，而且可能是比原来更多的生命。文本为读者提供了"可能的潜在力"。列举《人间词话》一则，南唐中主词"菡萏香消翠叶残，西风愁起绿波间"，因全句所有名词，给人的象征都是高贵芬芳的，而用"消"和"残"两个动词来叙述，引生了众芳无秽、美人迟暮之感。

结合女性主义文论，叶教授解析中国最早的文人词集《花间集》，她认为男性作者以女性口吻写词，无意中表现出了"双性人格"。"花间词"的美就源于这种男性心灵中的女性化婉约纤柔；语言的跳跃性、感性化，逻辑上的不连贯性，正是女性主义批评所提的女性语言特点。她借利普金（L. Lipking）的说法：弃妇在古今中外诗歌传统中是常见的形象，男子有时也要表达他的失志被弃，只好通过弃妇形象，以女性叙写来达到这种"双重意蕴"的特点，使《花间集》在词史上更具意义。

她以《拆碎七宝楼台》论述吴文英的《梦窗稿》，以类似艾略特、福格钠（W. Faulkner）倒错时空的笔法，又有感性修辞，质实之中见空灵，表面典丽奥博，精神感情超越飞腾；并评议王沂孙"碧山词"的咏物，在分析其铺陈用字之工切，意象托喻之丰美方面，都相当可观，而且线索分明、结构细密，可为入门阶陛。议论一出，两家所受之诋毁误解，均获平反，当时耶鲁东亚系系主任孙康宜，推崇叶教授的词论观点和东西合璧的方法，沾溉及满天下桃李，最具代表性。

叶教授在1994年已届不逾矩的古稀之年，而直到九十高龄，任何人见了她都不免惊呼：好年轻！台大、北大听过她讲课的学生，除能忆起蓬勃人满的讲堂，也对她那清丽的容颜和典雅的衣着难以忘怀，不觉想到她那首由发型谈起的诗："前日如尾长，昨日如云乱。今日髻高梳。三日三改变，游戏在人间。装束如演戏。岂意相识人，见我多惊叹，本真在一心，外此皆虚玩。佛相三十二，一一无非幻。若向幻中寻，相逢徒觌面。"诵悟玩味，含意深沉。

经由岁月，渐能细体她的个性确如缪先生所言的"外和内介"。看她日常平和内敛，有晋人轻衣缓带之风，若遇有所请，内铄的热诚立即回应，知无不言，言无不尽，亲切地讲得精详透彻、声韵悠扬。甚至当我们问及健身法，她也热心传授。她还热忱安排车辆将我们由清华大学接到南开大学，并亲伴同游天津。

叶教授自叹平素拘谨，怯于表达自我感情，对台大故去师友如许世瑛、戴君仁、台静农、郑骞及视她如姊的叶庆炳教授都深为感愧。台静农系主任曾将她匆忙送审的零散文稿，编成整齐小册，亲书篇目，后还裱赠亲书联语。其实她因非台静农先生及门弟子，颇怀自远之意，偶尔有事才去台静农先生处，但台静农先生待她仍亲厚，一次还径到后院剪了一抱鲜花给她。离开二十年再回去讲学，以《鹏飞》小诗"北海南溟俱往事，一枝聊此托余生"做开场白，表示当年不得已回来执教一年，又再度羁留海外的苦衷；当她离台前往辞行，不意台静农先生竟将诗句写成条幅赠她检选。之后台静农先生病逝，她说："我终于未在他生前，亲口告诉他，我对他为我所做的事，有着何种衷心的感谢。"又说："以先生之豪迈，必不在意我之是否言谢，而以先生之敏锐，则我虽不言谢，也必能感知我的谢意。"自谓对他们都有"死生亲故负恩深"之感。听她讲这些往事，我也委实感动于前辈先生们的师友之谊，更格外感激她在我书写和演讲后即刻和长久给予的疏放鼓励。

1990年她当选加拿大皇家学会院士，是因在中国文学领域中有卓越建树而获此殊荣的首位华裔。见她荣退后仍来哈佛研究写作，马不停蹄地奔赴各国讲学，如从1993年就答应南开大学任中国文学比较研究所所长，每年往返中加讲学……从中更能意会她文章中所说的"唯有自己是拥有充沛之生命的人，才能体察到洋溢于其他对象中的生命，唯有自己能自内心深处焕发出光采来的人，才能欣赏到其他心灵中的光彩"。

叶嘉莹教授孜孜勤奋，烛照大家，朝野崇仰。2008年起，她决定留在敬视叶教授为"镇校之宝"的南开大学养老，2013年定居南开尽量不再往返中加。这位桃李满天下的汉学家叶嘉莹教授，在2013年当选央视举办的第二届中华之光传播中华文化年度人物！

自2013年11月28日起对叶教授有一连串致敬活动：由台大中文系、"国家图书馆"特藏文献组和趋势基金会陈怡蓁合作主办的为庆祝叶嘉莹教授九十大寿的寿宴和"手稿著作暨影像展"；我个人也很荣幸地参与面对"国图"数百人开幕记者会讲述"叶嘉莹教授在哈佛大学"和叶教授主讲的讲座活动，以及白先勇、陈若曦、席慕蓉的座谈和由郝明义董事长主持的《叶嘉莹作品集》的新书发表会等。2014年5月10日起则由南开大学主办"庆祝叶嘉莹教授九十华诞暨中华诗教国际学术研讨会"，并于同年10月18日举行庆贺"叶嘉莹教授从教七十周年暨迦陵学舍落成典礼"，加拿大阿尔伯塔大学也选定在这天为叶教授授予荣誉博士学位。

叶教授生命益增光辉璀璨。

文学的声音
——孙康宜教授的古典文学研究与生命情怀

孙康宜，1944年生于北京，耶鲁大学东亚语文系教授。因童年的惨痛经历，为了逃离心底的忧伤，孙康宜信教并阅读了大量翻译小说，以优异的成绩被保送进东海大学外文系，后赴美留学，先后师从高友工、蒲安迪、牟复礼等名师，获得普林斯顿大学文学博士学位。其研究领域跨越了中国古典文学、传统女性文学、比较诗学、文学批评、性别研究、释经学、文化美学等多个领域。曾任普林斯顿大学葛斯德东方图书馆馆长、耶鲁东亚语言与文学系主任，是耶鲁史上及长春藤盟校第一位华裔女性系主任。她与苏源熙共同编著了《中国历代女作家选集》，与哈佛大学的宇文所安共同主编了《剑桥中国文学史》，另著有《走出白色恐怖》《重写明初文学：从高压到盛世》《情与忠：陈子龙、柳如是诗词姻缘》等作品。

哈佛和耶鲁大学两所常春藤盟校，百年之前就有华裔学者的足迹。容闳在1854年成为耶鲁首位华人毕业生，戈鲲化1879年应聘为哈佛首位华人中文教师，足以证明哈佛和耶鲁大学和中国关系的深厚与源远流长。留美的先河既开，在这百年中，多少知识精英如潮般来了又去，中美文化交流以此为嚆矢。耶鲁哈佛两校华裔学者的联系，也与日俱增。

耶鲁与哈佛学者常来常往，出身耶鲁的郑培凯教授于1986年创《九州学刊》(现称《九州学林》)时请张光直等人为顾问，每年深秋定期在哈佛由杜维明和郑培凯教授召集我们共同主办年会切磋砥砺，就不同的文史哲专题整合学科，对中国文化加以探讨。这个后来称为中国文化研讨会的年会，在1988年轮赵如兰教授召集时，就请来耶鲁的张充和及在耶鲁十六年再回哈佛的张光直太太李卉两位演唱昆曲并演讲；在1992年后，又请到孙康宜、郑愁予、苏炜等耶鲁名家。另外神学院尚有两校合办的"中国文化、犹太教与基督教研讨会"。

当年对这位在耶鲁头角峥嵘的女教授孙康宜，虽然心仪已久，与她小姑同事，却始终未有机会见面。还是从张系国、潘芷秋的大女儿薇薇在1987年进了耶鲁后，才由他们透过郑愁予辗转介绍认识，并成至交。

孙康宜教授，自高雄女中名列前茅，保送自选的台湾东海大学外文系，于1966年毕业，后在台大外文研究所专攻美国文学两年，于1968年赴美深造并成家。她于1971年获罗特格斯(Rutgers)州立大学图书馆学硕士，1972年陪夫婿张钦次博士任教南达科塔州立大学，又读了个英国文学硕士，1976年获普大东亚研究硕士，1978年获普林斯顿大学文学博士学位。她主修中国古典文学，兼及比较文学理论批评等。

孙教授刚毕业时曾客座塔芙兹大学，接着担任普林斯顿大学葛斯德(Gest)东方图书馆馆长(这是胡适曾担任的职务)。一年后，即1982年任教于耶鲁大学东亚语文系，1986年升副教授，1990年升正教授，现任耶鲁大学东亚语言文学讲座教授。1991年至1997年，出掌耶鲁东亚语言与文学系六年系主任，她是耶鲁历史上第一位华裔女性系主任，也是常春藤盟校的首位。

孙教授的主要著作有《抒情与描写：六朝诗概论》《晚唐迄北宋词体演

进与词人风格》《我看美国精神》《文学经典的挑战》《游学集》《文学的声音》《耶鲁性别与文化》《古典与现代的女性阐释》《耶鲁潜学集》，此处还有中文论文数十篇、散文一百多篇，等等。

　　孙教授的身世，十分曲折，孙家祖籍是天津。到了民国，她祖父已非常西化，在20世纪20年代，就担任天津英租界的英文翻译，所以她父亲裕光（保罗）教授，从小就跟英国人学会了不带中国腔调的英文。20世纪30年代后期，裕光教授得了留日奖学金，在早稻田大学主修政治经济学。她母亲陈玉真女士跟着大舅陈本江也在日本留学。大舅与父亲是早稻田大学同学，后来父母亲的婚姻就等于大舅做的媒。她籍贯台湾的母亲和内地人的父亲克服了重重阻碍，辗转跋涉经过日、韩，回到天津结了婚。

　　1944年孙教授出生。其时抗日战争正炽，社会和经济都很消颓，父亲孙裕光先生与张光直教授的父亲张我军先生同是留日的好友，这时也同在北京大学教书。（张我军先生比孙先生年长十七岁，是北大教授，教日本明治文学。孙先生则为北大讲师。）两家背景相仿：张光直教授的父亲是台湾人，母亲是北京人；孙教授母亲是台湾人，父亲是天津人，在北京长大。两家因而过从甚密，且又住得很近，因此常常见面。"我们家住北新华街，现在北京音乐厅对面（以前是中央电影院），很有意思，张我军先生很爱看电影，总是先到我们家再一起去看电影，看完了又来我家吃东西聊天。"1946年，严重的通货膨胀使得北大发不出薪水，两家决定南下，由上海乘船到台湾，"张我军先生就一路帮忙抱我和大弟，抱到台湾，当时我才两岁"。不料到台湾之后，她从六岁到十六岁却因为白色恐怖，受了不少苦。但庆幸的是，她说："我始终没有对这个世界产生敌意或幻灭感。"

　　原来抵台后，台大也无法提供薪水，张我军只好开茶叶店维生，孙裕光则成为基隆港务局总务科长。在1947年2月28日的暴动中，听说有超过三万人丧生，因为父母亲的籍贯，所以当台湾本省人杀外省人的时候，他们要躲起来，当外省人杀本省人的时候，他们还要躲起来。

　　1949年，国民政府撤退到台湾。不久，台湾的一些左翼知识分子逃到鹿窟山上组织当地乡民，即所谓的"鹿窟事件"。其领袖就是孙康宜的大舅陈本江。她说:"我大舅是1953年被抓的。当时国民党称之为鹿窟武装案,其实是保密局人士的夸大之词。"

1950年,保密局来人将她父亲带走,让他说出陈本江的下落。而她父亲并不知情,但仍被判了十年监禁。"这几乎已经是最轻的处罚了,我父亲在监狱里经常看到,许多人被拉出去之后,接着就是一阵枪响……"

六岁的年纪是很小的,而她的两个弟弟间隔两岁也还更稚幼。但家中的剧变让她突然成长。"六岁以前的事,都不记得;六岁以后的事差不多都记得,可见那个危机令我改变,我变得非常孤独,几乎得了失语症。"当时很多小孩不敢跟她讲话,大人也怕受牵连,所以她很少开口。在这段年幼又觉得人生走投无路的时刻,她以自觉的态度,开始笃信基督教,啃读《圣经》,培养"爱敌人"的心怀意志,到现在她仍然虔诚信仰。

回忆从八岁开始到考进高雄女中后的六年时光,似乎为了逃离心里的忧伤,她阅读了大量的翻译小说如《战争与和平》《小妇人》及莎士比亚的剧本等。当然她最爱读那些书中的情节,主人公在遍尝艰辛之后,苦尽甘来,终致成功,对她生命的启发很大。

在那种梗断蓬飘的苦境中,幸有她母亲的伟大坚忍,在教养子女的同时,还在林园乡下教裁缝,开班授徒勉力维生,促使她姊弟三人一路靠奖学金完成教育。她感谢在教育上他们姊弟始终未受任何压抑,两位弟弟都是功成名就的计算机工程师。

小学三年级时,她遇到恩师蓝顺仕先生(后任大寮小学教务主任)。"那时我九岁,而他自己只是二十四岁的青年——在幼年的我看来,他已经很老了!"他发现这总考第一的好学生,放学时别人都焦急要快点回家,只有她还在教室书桌边坐着自己读书。那时,孩子不回家也没什么,没人会问。但老师却问她父母在做什么,一听到"爸爸在做什么"她就开始流泪了。经过家庭访问,明了她和弟弟几乎连睡觉写字的地方都没有,蓝先生就开始完全没有目的地照顾她姊弟,像个父亲一样,还免费替他们补习,把数学等功课的基础打得很好。后来结婚,太太也对他们很好,所以她父母家人始终都以恩人之礼对待蓝先生。

到小学快毕业只剩三个月时，她才发现在高雄县读书的学生，不能考省立的高雄女中这个名校。她妈妈急着跟她的姨父母说，姨父母立刻叫她转去表兄妹念的高雄油厂小学（极有人情味的，1992年她还被颁发杰出校友奖）。姨父张绿水先生，也是她后来的公公，曾在苦难中带给她不断地精神和物质上的帮助，令她终生难忘。尤其是她在二十四岁时就嫁给了表哥张钦次博士。表哥对她体贴入微，心地又善良，协助她渐渐克服了心中的黑暗意象，这是她能变为乐观积极的重要因素。多年之后，他们一家人移民到了美国。1979年中美刚建交一年，她和父亲都回去探亲，才知道留在大陆的爷爷、叔叔和姑姑都曾被批斗，爷爷励生则在1953年因长子在台，又失去工作，最后投河自杀，连遗体都没找到……"我们家在两岸都受害，这是一大讽刺！"

后来张光直教授写的自传《蕃薯人的故事：张光直早年生活自述》给了孙教授许多启示。于是沉默了多年的康宜姐，2003年在我们好友的敦促中，终于写下出版了《走出白色恐怖》那本书，增订版（增加了她大舅与吕赫若的事迹等）也于2012年春在北京三联书店出版。近年来，她的双亲已于加州相继逝去。

先生张钦次博士（普林斯顿土木工程博士）对她的事业很支持。"我的每一本书都是他一字字打出来的，当然他的论文也是我一字字打出来的。"女儿咏慈如今也有了女儿，都是她的最爱。

后来，她为寻找中国文学的根，1973年秋季，又从英文系转到了普林斯顿大学东亚系，同时选修比较文学的课程。由于强烈的寻根欲望，她在普林斯顿大学读博士期间，几乎完成了学校规定学分的两倍。她在东亚系的指导老师是高友工教授，老师中还有蒲安迪（Andrew H. Plaks）、牟复礼（Frederick Mote，专攻元明史）教授等人，都是功底深厚的著名汉学家。另外，还有比较文学系的Ralph Freedman和Earl Miner两位教授，他们一个教德国浪漫主义文学，一个教英国文学与日本文学，都教给了她许多抒情文学方面的知识。

她第一部著作就是博士论文《晚唐迄北宋词体演进与词人风格》（*The Evolution of Chinese Tz'u Poetry: From Late T'ang to Northern Sung*），由李奭学先生翻译，1994年在台湾出版，后来在大陆北京大学出版社出版时改名为《词与文类研究》。这部书的研究思路和方法受当时北美流行的文体学研究的影响。第二本英文著作是《抒情与描写：六朝诗概论》(Six Dynasties Poetry)，由钟振振教授译为中文，是她20世纪80年代的代表性成果，她崭新的阐释方法使这本书受到高度关注。

《陈子龙柳如是诗词情缘》是她的第三本著作，也是她在1991年完成的英文力作。问世之后，在极短的时间内就引起许多赞赏和关切，北京大学2012年出版该书的修订版，书名为：《情与忠：陈子龙、柳如是诗词因缘》（两版本均由李奭学先生中译）。孙教授这本书以晚明艳情和忠国意识为中心要旨：一往情深是生命意义之所在，也是生命瑕疵的救赎梁柱。此一情观重如磐石，特殊脱俗，也是内心忠贞的反映。换言之，心中佳人乃艳情之激励，也是爱国之凭借，婵娟大可谓"情"与"忠"的中介。柳如是成为故国的象征，陈子龙推衍早年情词感受，激发成力撼山河、感天动地的忧国词作，强化了忠君爱国的修辞力量。陈晚期的爱国诗，更揭露出中国人的悲剧观：天地不全，人必须沉着面对命运的悲歌，义无反顾。在情与忠之间，掌握分寸，这种辩证性的最后抉择往往椎心泣血。胸中无畏，露才扬己又是晚明士人理想的女性形象，也深合时代氛围，柳如是所代表的是当时才妓的典范。孙教授特别注意到，对陈柳而言，生命的意义和经验的流通，有赖无止境的追寻，而诗词也正是这种追寻的文学体现。

孙教授最擅长以西方的新观点如女性主义等来研究诗词。她觉得汉学研究里最大的成就有两个，其中一个是性别研究，这是革命性的，以前汉学里没有，如果20世纪90年代以来没有性别研究，汉学不是这样的走向。第二个是文学史，从她第三本著作之后的发展，就可看出她的贡献：由新的研究领域或材料中，得出新的研究结论，其成就有目共睹！

此外，她对中国文化中"情观"的专题分析、对《乐府补题》中象征与托喻和对龚自珍《己亥杂诗》中情诗的解析、对苏州诗史传统的代表性人物金天翮的探寻等，也都是开创性的研究。

孙教授曾与魏爱莲（Ellen Widmer）合编《明清女作家》（1977），共收了美国十三位学者的作品，侧重妇女写作的问题。1999年，她又与苏源熙

(Haun Saussy)合编了一部庞大的选集《中国历代女作家选集：诗歌与评论》。这个由美加六十三位汉学家翻译的庞大合作计划，录译自公元前一年，汉代的班婕妤而蔡琰、左芬、鲍令晖、武则天、上官婉儿、薛涛、鱼玄机、花蕊夫人、李清照、朱淑真、管道升、王微、卞赛、徐灿、柳如是，直到秋瑾等20世纪初的古典诗歌女诗人作品，共收录作者一百三十位。并辑译班昭、钟嵘、房玄龄、欧阳修、叶绍袁、袁枚、章学诚等人的诗词论著中，六十篇针对女性文学创作的传统理论和评论，男女评论家各半。这本选集中的材料多半是她80年代以来花了不少精力时间和财力，才终于收集起来的。此一创举，兼具保存、批评和翻译介绍的功能，以广阔的视野将历代中国妇女在社会、文学、艺术上的形象完整呈现。1993年，她与魏爱莲在耶鲁召集和倡议召开了首次明清妇女文学国际会议。此次大会对汉学和性别研究学科的建立均具有非常重要的意义。

她说："因为编著《中国历代女作家选集：诗歌与评论》，无形中使我对此与文学史的关联，发生了很大的兴趣。"重新找到中国古代妇女的声音，同时让美国的汉学家们走进世界性的女性作品"经典化"行列，她特意找了一半以上的男性学者，来共同参与，经过这许多年的研究，她发现世界上没有一个国家，比传统中国产生了更多的女诗人。

因传统西方所谓的"女作家"，在观念上通常都是指"女性小说家"如珍·奥斯汀、夏绿蒂·白朗特与乔治·艾略特等人。诗人被视为"神圣的天命"，女人不具备神职人员的资格，所以没有机会展露抒情诗才。名批评家吉尔伯特（S. Gilbert）和古芭（S. Gubar）指出"女诗人"是个"自相矛盾的名词"。希腊"诗人"本属阳性字，会写诗的女性，被认为精神有问题，生命也不幸，吉尔伯特和古芭《阁楼上的疯女人》来分析这种现象。霍曼斯（M. Homans）也以英国传统为例，提出类似之见，说男人总把女人看成静静的听众，而非创造力勃发的诗人。

反观中国可不一样，著名的女性小说家虽要下逮20世纪才有，但各种选集登载了不计其数的女诗人作品，自蔡琰、薛涛、李清照、朱淑真等首开风气以来，柳如是与其他明清女诗人，便把诗词创作推到历史的顶峰，据胡文楷考证，仅明清两代就有三千五百位女诗人，而且她们的总集、选集及专著共有三千多种，数目之多，可谓惊人。

在很大程度上，中国妇女诗歌——尤以明清时代的繁荣，乃是由于文人对女性文学的关注，故女性社会地位虽不高，文学地位却不可抹杀。

总之，晚明女诗人的成就尤为突出，如陆卿子、沈宜修、叶小鸾、徐灿等都是佼佼者。她们的文学作品，颇见重于当时学者；《四库全书总目提要》中有："闺秀著作，明人喜为编辑。"实际上，不论是闺秀诗人或是名妓，均得到时人的支持。冒愈昌曾辑《秦淮四姬诗》，包括马守贞、赵彩姬、朱无瑕、郑妥诸名妓之作。周之标更竭尽毕生之力，勤搜当时妇女别集，编《女中七才子兰咳集》。而支如增在《女中七才子兰咳二集》序中言道："予谓女子之文章，则月之皎极生华矣。"男士知赏妇女之才气可见一斑。

因明清之际，妇女识字率激增，更加强才女自信。叶小鸾之父叶绍袁提出女子"三不朽"的观念，认为自古因德出名的女子多，因才出名者太少，鼓励女子发展诗才。有趣的是，前代只有口传的"女子无才便是德"之句，当时亦出现于文人书中。文人雅士如赵世杰、葛征奇等人起而改之。他们都向往女子诗才，认为"才可妨德"是不正确的，反论"才可致德"的道理。

18世纪末，清袁枚的女弟子们蔚成闺秀诗人的发言人，名正言顺地承继了明末清初的才女地位，亦有才子才女辈出、男女酬唱的情况。但袁枚的女弟子太过神采飞扬地参与诗社活动，以致大儒章学诚写了篇《妇学》打击当代才女。其实章学诚并不反对女子写诗，仅反对沽名钓誉的态度。不论章学诚的话是否合理（今日看来有些强词夺理），最令人惊奇的其实是：当时肯定他的女性比例大过男性。不少女子因怕才学败坏了嘉名令誉，写了诗词又把诗词烧毁，如黄宗羲夫人叶宝玲等。幸有更多女性选择另一条路，出版集子；史实摆在眼前，明清女诗人选集有三千本之多。

孙教授研究所得的结论是：不是明清男士忽视女性作品，而是近代20世纪以来的男女学者，普遍无视传统女诗人的地位，尤其严重的是在中国文学史的著作中，对明清时代女诗人出版诗集前所未有的盛况，一字不提，不但低估女诗人的成就，并且给予中国文学史错误的导向，令读者对传统诗词的真面目有所误解。她一面关注西方性别理论的进展和前沿成果，一面又关注中国古代妇女创作的文本，尤其各层妇女作品的发表、男女作家的关系以及女性道德权力等话题。

在《90年代的美国女权主义》一文中，她曾特别对美国女权主义理论发展做了扼要的梳理：70年代以前的女权主义是传统女权主义，要求两性平等；70年代及80年代的女权主义发展为激进女权主义，强调两性之间的差异，专注于父权的颠覆及解构；90年代则已经转为不同派别的妇女之间的互相排斥与争论。所谓的大血拼（internecinewar）一词指的就是这女性与女性之间的抗衡与挑战。

到了20世纪90年代，"女权主义"一词已经成为许多女性想要消解的对象。由于多年来许多激进的女权主义者采取许多极端的抗拒方式，无形中使得"女权主义"被理解成"怨恨男人"的主义，或变成"女性纳粹主义"，既恐怖又危险。因此，许多女性不愿再认同。自称为"女权主义"者的索莫斯（Christina Hoff Sommers），甚至批评控制女权主义的学院派，她认为女性权威是破坏女权主义形象的罪魁——就在于她们永远把压迫者和被压迫者对立起来，永远把自己看成被男人压迫的对象，并反过来企图压迫男人。

90年代以来，许多非学院派妇女都向往70年代前的"传统女权主义"，以争取自由平等及增强意识为主，重点放在人文主义的个人觉醒上，以为强分性别差异是错误的。

孙教授以为，攻击学院派女权主义最为激烈而彻底的人是已经轰动欧美文坛及大众文化界的佩格利亚（Camille Paglia）。她的《性形象》（*Sexual Personae*）和《尤物与淫妇》（*Vamps & Tramps*）均以挑衅式文字，推翻学院派女性主义多年来所建立的理论架构，佩格利亚在美国文化界影响之巨、涉及之远，可谓空前。她在《性形象》一书中指出，女权主义的"致命症结"，其实也是19世纪以来西洋文化的根本问题，就是对文化与自然的价值判断之倒置：女权主义的问题在于盲目地继承卢梭的"自然学说"，借以抵抗那代表"社会堕落"的男性；可是，女权主义者在攻击父权制时，忽略了一个事实，那就是"父权制"其实是人类文明的共同产物，一味地攻击父权等于是放弃文明，把自己放逐回到草昧之中。正如《纽约时报书评》的撰笔人斯坦娜（Wendy Steiner）所说："佩格利亚的《尤物与淫妇》一书正代表了美国对激进女权主义的霸道之全面反叛。"

总而言之，90年代以来，美国的女权主义已经从70年代及80年代偏于抗拒父权的"单元化"进入了容纳各种各样女权主义的"多元化"时代。这就是美国人已经用英文的复数形式（Feminisms）来指女权主义的原因。

关于女性的道德力量，孙教授在《传统女性道德权力的反思》以及《道德女子典范姜允中》（姜女士为王德威教授的母亲）等文章中，具体讨论了妇女才德与权力的内在联系。在权力问题上，她说比较认同当代著名评论家福柯的"权力多向论"，就是人的权力无所不在，在某处失去了权力，会在另一处重建权力的优势。对中国古代文学及文化来说，中国传统女性所拥有的道德力量，就是福柯所说的"权力多向论"中的权力，即"道德权力"，它是中国传统女性在逆境中对自身高洁忠贞的肯定，从而获得"自我崇高"的超越和权力感。除了德行，女子如果能够在她有限的人生中，用感人的文字写下她心灵的崇高，那更能获得不朽的文学和道德权威，所以，传统和明清时代的女作家，甚至利用才德并重的观念来提高她们的文学地位。根据美汉学家苏珊曼的考证，当时的女作家乃是通过男性学者们对她们才德的肯定，而获得新的道德力量，这与孙教授的观点不谋而合。

孙教授著作等身，为北美杰出的汉学家，曾获美国人文学科多种荣誉奖金并应邀担任国际大会主讲。尤其是，她与哈佛的宇文所安教授一起主编写成极有挑战性、掷地有声的《剑桥中国文学史》英文版，已于2010年面世，中文版两册也在2013年6月推出。她说："这部文学史主要是向西方人介绍中国文学。"这实现了她多年的愿望，重写文学史。此文学史的特色是：改正按文类划分思维方式片面的残缺；以文化潮流的描述为主；坚持尽量用第一手史料文本；更正传统的文学退化论；深入浅出，使普通读者也能欣赏；还考虑到印刷文化、接受史、性别等多方面的因素。她说："我要求每章的作者答应我，不要把女性作者放在最后。要求实事求是，就放她们在应该出现的地方。"此文学史将文学文化看作一个有机的整体，不仅要包括批评、文学研究成就、文学社团和选集编纂,也要保持叙述的连贯性,又要涵盖多样丰厚的文学方向。

连她在内,一共有十七位作者合力创作了这部中国文学史:柯马丁(Martin Kern)、宇文所安、康达维(David Knechtges)、林顺夫(Shuen-fu Lin)、王德威、李惠仪(Wai-yee Li)、奚密(Michelle Yeh)、艾朗诺(Ronald Egan)、傅君劢(Michael Fuller)、奚如谷(Stephen West)、吕立亭(Tina Lu)等教授,还有北大培养出来的田晓菲和商伟,以及石静远(Jing Tsu)和贺麦晓(Michelle Hockx)撰写了某些篇章。中文版由北京三联和台湾的联经出版社分别出版。

此外,近年孙教授不断以各种崭新的观点探讨了许多新的课题,也出版了不少学术文章,如《重写明初文学:从高压到盛世》《中晚明之交文学新探》《台阁体、复古派和苏州文学的关系与比较》《文章憎命达:再议瞿佑及其〈剪灯新话〉的遭遇》《典范诗人王士禛》拓宽了比较文学的研究。此外,她还撰写了《曲人鸿爪》,是一本张充和口述现当代昆曲名家以曲会友盛事的散文集,书中带有丹青墨韵精华的插图;并编著了《古色今香》等书。在繁重的研究之外,她又开设了多门课程,包括耶鲁大学部的"中国诗与诗学"以及两门有关中国文学的研究生课,每年更新。

我还常惊喜地读到康宜姐情理相容的散文集子和观影的讨论,如《纯真年代》《冬天》《长日将尽》《影子大地》以及《最后的贵族》等。她细微描绘耶鲁常春藤盟校生活,洞穿人世的体悟。她看透稍纵即逝的功名利禄,认定虔心写作是终极关怀。

究竟是如何分身"有"术的?话说当年不论有课没课还是刮风下雨,她都会将年幼的女儿送到学校或保姆那儿,公务分派处理好后,就回家伏案写作,独处是绝对必要的。

问她是否创作旧体诗,她说:"很少!"不过1994年春,她应邀到哈佛费正清中心演讲,我特意穿着很喜欢的绿色衫裙,去会她巧配的一身紫。辞别后她寄了首诗来,原来她留宿在哈佛教授俱乐部毗邻的丹娜·帕默(D. Palmer)馆二号房间,惊睹1770年的古镜和殖民时期的各种旧物。翌晨,又漫步在詹姆士故居。她就把这些访哈佛时出人意料的故事，用常写的英文体式写成小诗，又译成中文刊在《明报月刊》。这首古镜诗如下：

  伫立古镜前，浮想生痴梦。
  绣褥腰身小，长裙拖地重。
  纵目窗外望，欲觅旧时境。
  似见詹家子，采撷步幽径。

  孙教授不仅在提起老师高友工和其他师友如张充和、郑愁予夫妇及史景迁、牟复礼等诸位时，常无分轩轾地感激敬重，更与中美学生成为诗文唱和的好朋友。她谦和柔美而又爱才，曾说："在成长的过程中，我很不喜欢常常是男性帮助我，而女性却陷害我。我要讲求女性的关系，也挺能欣赏女性的美——心灵和外在的美都欣赏。在这方面我因自己受过这样的害，不愿意重蹈覆辙，对有潜力的女性就非常照顾，对有潜力的男性也一样。"我感知这就是承膺符合她所说的耶鲁精神——诗的精神，那是因对"人的言辞"之尊重和信仰而焕发出的真情。

老男人现代化

——创办《女性人》杂志的陈幼石教授

陈幼石,浙江临海人,1935年生于上海,曾任教于明尼苏达大学等多所大学。

陈幼石,受母亲的影响,有能舌战群雄不败的战斗力,是位女中豪杰。她自台湾大学毕业后,赴美留学,博士班先后求学于耶鲁大学和哈佛大学,并任教于多所大学。陈幼石起初专注于小说研究,后转向女性研究,创办了《女性人》杂志。其作《韩柳欧苏古文论》是研究古文由唐及宋的继承转化、发展途径以及各自的成就,论述十分独到,颇能醒人耳目。此外她还著有多部作品,如《古文中的意象与形象》《茅盾〈蚀〉三部曲的历史分析》等。

20世纪80年代的晨间，大夏天，我正在哈佛燕京图书馆阅览室一隅读书，瞥见邻座一位神气的女士，皮肤白皙，身材匀称，中分的长发在背后扎成束，穿着简便的衬衫、牛仔裤。她正由背式书包中拿出书本、笔记本和一张有着大照片的报道，斗大的字写着"赵如兰求真"，全然吸引了我的眼光……她就是常返回哈佛找资料的陈幼石教授，《女性人》刊物的创办人。

陈教授于1957年念完台大外文系后赴美，先在史密斯学院攻读，于1960年获得耶鲁英文系硕士，1960年至1963年在哈佛念研究所，先念比较文学系，再到东亚系，1963年又迁居回耶鲁，1967年获耶鲁东亚系博士。1969年至1972年任教于布朗大学，1972年至1977年任教于亨特学院，1979年至1983年任教于纽约州立大学奥尔巴尼校区，1987年至1994年任教于加拿大阿伯塔大学，1994年起转任明尼苏达大学，2000年荣退。

陈教授是众誉的女中豪杰。1935年出生的陈教授是浙江临海人，自幼生长在上海，母亲对她影响很深——母亲原名李佩琋，后改名为李泽民，友朋学生均称她为"李先生"。她回想："我妈妈就是天不怕地不怕的，很不符合专为造'亚当乐园'而规范出来的模范传统妇女。"

她母亲在20世纪20年代，自己到美国念大学，主修化学，后来做过点新闻事业，钢琴弹得很好，参加过演奏会，"也带回来一套十分奇异的行事处世方式"。

"我想母亲可以算是中国传统里'不听话'女人中最'不听话'的一个代表了。她绝不是家庭主妇型的，不会做饭，不会缝纫。我也从来不记得她什么时候把我揽在怀里亲热过。"

记忆中，母亲唯一做过的两次西点，都有近乎荒谬剧的成果。一次是做蛋糕，在铝锅里打鸡蛋，结果出来的蛋糕是浅绿色的，但兄妹四人，仍得把那只浅绿色蛋糕吃下去；一次做西式烧饼，结果她的棋友老刘一咬把假牙都磕掉了。在那新旧转变的过程中，这样的母亲实很难加以规范。

自她有记忆，母亲年复一年地在外面奔波，一趟又一趟地做生意，也不知赚过一块钱没有。母亲一辈子想做许多事。家中时时是高朋满座，饭一开就要两桌，可是没有本钱。那时的社会没有妇女空间，再加上不会委曲求全，个性耿直，所以很难被称为"贤良"。但小孩在她心目中个个是准天才，"可教"是毫无疑问的。上什么学校，跳几级班，请什么家庭教师，是她最注重的。她不管他们是男是女，在求知和技能训练上，一律平等对待。

陈教授回顾当年，母亲种种并不合"贤良"规范的育儿方式，日浸月淫，无形中造成了她日后在对知识和平等的追求时，那种不管天高地厚、勇往直前的猛劲。相形之下做过交通部长、上海市市长的父亲对她则无甚大影响。

她回忆，当时，不可能知道求知和平等待遇是社会上极其珍贵的权利和自由，还以为是众人皆备的天赋人权。不明性别有差，权利、自由亦皆有差的自我意识，到她念书和出国进修的年月才滋长成十分奇特的"窍"：自以为一切自己想做的事，只要去做，一定都会做得成。她中学功课并不好，努力进了台大外文系，才成绩特优，出人头地。其余兄妹亦然。

同学都抄背笔记，她没有上课听讲的成套笔记，就写不出一样的东西。但拿高分考了第一，老师都以为她有新点子。她小聪明大约是有一点，但并不是由于认真用功。台大从事教育的老师，都很可爱，像英千里、傅从德、台静农等。

对她最有影响的，还是同学。她与沈君山先生同在台大桥牌社。本来社中没有女桥友，她非要加入。另外只有一位是沈君山的女朋友。女生做桥友，有时要帮男生去买豆干、夹面包。在台大她打桥牌的兴致好大，经常一清早七点三刻就骑车到兵工署去看打桥牌。

住台大宿舍，与李又宁教授为同寝室室友；因会跟教官吵架，当了室长。她又爱运动，与苏玉珍等同学同是台大女子篮球校队队员。乒乓也打得好，在1970年"乒乓外交"时期，她曾穿着旗袍打乒乓，风靡全场。她解释说：那时穿着旗袍高跟鞋做接待工作，临时要打球，又不能回去换，只好把高跟鞋一脱，一身旗袍下场，居然也拿了女子冠军。男子冠军有球拍做奖品，女子没有，给她闹了半天，就只好用几只乒乓球充数。

当初在耶鲁她就专注在小说上，跟李田意教授研究老舍，后来李教授走了，她转到哈佛三年。那时的哈佛，是古典文学的阵营。教授觉得在18世纪之后，中国根本没有文学，也从未有人开现代文学的课程。"我跟海陶玮教授上课，他不喜欢现代文学，指导我研究唐宋古文，再转回耶鲁时也是说要我念古典文学，才给博士学位。我就无所谓，念给他看。我自己对现代小说的兴趣，慢慢追寻。"唐宋古文一念，将问题展开思索后，她发现，古典和现代文学中描述的政权斗争前后如出一辙，文学和政权之间不可分解。她最得意的是在哈佛受到方志彤先生的训练：注重对典籍材料的求证及行文时的用词选字等基本功的磨炼。

1988年，她才对女性研究发生兴趣；早在20世纪60年代，她就觉得茅盾的小说常常前言不搭后语，怪怪的，不协调，有的角色莫名其妙地死去，有的书没有尾巴……引起她许多问题和困扰，就去研究。不能完全掌握的书本，对她有吸引力。

要做教授就必须做研究，"我写的书，功效性很大"。在她研究茅盾的过程中，发现别的茅盾研究多用片面、二手的材料，套些流行广泛的观点，重新组合，并未做到追根究底基础研究的层次。这是因为从事研究的学者多已掌有文坛地位，现状的维持对他们有百利。"我根本不考虑有利无利。"

她在1986年出版了英文的《茅盾早期小说中的隐喻和写实》（印第安纳大学印行），1988年出版了英文的《古文中的意象与形象》（斯坦福大学印行），1983年出版了《韩柳欧苏古文论》，1993年出版了《茅盾〈蚀〉三部曲的历史分析》。

1988年她与李昂等人着手筹划《女性人》。1989年2月，这份文化社会刊物创刊出版，原则是半年一期，宗旨是从女性"人"的观点去探讨，并重议中外文化及社会传统中，一些基本价值观念。她手书的发刊词开宗明义，提出：女性人不仅是女人或女性。按名词的组成，最末位的是主位词，所以女性人最主位的是人，性是天赋，男／女是偶然得成，三者相当于一组价值层次定位，将成为《女性人》理论、文化、思想问题探讨价值定位的指针。

其中心目标：批判中国社会文化传统中，对女人的先科学和先知识性的贬断，而从独立的、"人"的立场，将这文化心态、理论基点及表达语言予以介绍、诠释、分析和议评。目的是引起一切有志于建设有真正概遍性的、和平的、公道的、民主的社会人士，在思想和实践层次上重论传统文化领域，从各视角上反思知性的盲点。

　　学术训练要独立思考，剖析社会某些机构如何运用截然不同的行止规范及言辞，来剥夺他人不同意的权益。她说："我不是政客，不算社会运动家，只觉得这没道理，很不情愿，所以用学术工具，来暴露因久无压力、不必再议决、再考察的话语中的前设前提。"

　　"不一定是男性，女性压榨女性（的现象）也很多，这些女性的脑袋瓜已经被男人洗脑、规范好了，有那一套在支配，她们受制在那圈圈里，声音自然相同。"她在《鸟笼和殖民地》一文中分析，"在易卜生和鲁迅的笔下，这使女性不能成'人'的过程，被比喻为把一只从自由的天地中捕捉来的鸟，关在'笼'（家）内，单取其歌唱悦耳、跳跃活泼的技能来自娱观赏。"

　　在今天，尽管女性的自我觉醒已经是一股世界性的历史潮流，却常难逃脱做鸟的命运。在女生学业完成、事业开端之时，她就发现社会上存在着一条极其严格的界线，制约着她们自我的认识和发展，在职业上如此，在生活上更如此。

　　事业与家庭不能两全的困扰，促使她对这困境的成因展开全面性的探讨。过程、纪录就汇集在身上，成了现代化社会中，女性人自我定位的文化社会运动史的案例。不容讳言的，要求自我定位，首先影响到的是那已习惯在传统社会中进行着唯我完善的、已烧铸成型的人们。修齐治平的社会结构，从来就没有替女性人保留过什么空间，故大家的奋斗，无不遭受各式男女的摒斥和敌视。

　　她说："今日的家庭依然执拗地把妇女羁縻在自然人层次上，继续着千年前的家庭责任，根本不讲平等自由人权。"易卜生的《傀儡家庭》，写透典型家庭中丈夫们一般性的人格虚伪和恶意愚弄，在当初曾唤醒过不少不甘为傀儡的女性，但到20世纪末，家庭之为"鸟笼"这一隐喻已经在一些思想较为先进的女性中凸显出了它的局限性。《女性人》第四期有文明示：有的尖端文化评论家，已经习于将家庭之于妇女和殖民地之于土人相提并论。若家是笼，出笼可能还会走进自由世界，但家若是殖民地，那土人是否有走出殖民地的迁移权，首先是大问题（看香港）；或有权移进自由世界，但在那儿是否可平等工作生活呢（看美国黑人）？都值得探究。

她把《女性人》创刊号的主题定为"暂缓革命"的原因是翻译了玛吉利·沃夫（M. Wolf）的《暂缓革命》——研讨当代中国妇女解放仍任重道远，革命使女性权益得到了部分保障，但在更细致的层面上，妇女的革命还得慢慢来。尤其是，她们在解放的同时，实际上又得担起双份的担子："女工、女公社成员、女科学家和女技术人员，必须努力工作、学习；她们同时必须把相当一部分时间放在家务和小孩身上。"

工作不讲劳动分配、升迁机会和报酬比例的必要性和合理性者，就会产生剥削，虽说妇女"撑起了半边天"，有点思想的女性人，就可判断这其中有很多的不合理。"半边天"有说是横的分：家里厨房内的半边是女性的；客厅还是男性的，这不就只是玩弄语言游戏或只有少数象征性的例子，也不只在中国，实是放诸四海皆准。

《女性人》第一期出来，就有好些顾问赞叹：李政道教授期望像女娲补天，放出不灭的闪电，使男女两个半边天平等；李欧梵教授称其既属女性，又基于人的共性；张光直教授希望能协助中国在基本价值观念上做些困难又痛苦的选择，推动进入21世纪；赵如兰教授盼其多样创新；叶嘉莹教授饱尝无数女性的酸辛，读了她的文稿，对她勇者与辩士的精神感到甚为感动和畅快；聂华苓女士更预祝《女性人》的成功象征中国人未来之希望。

第二期主导文章是格罗兹（E. Grosz）的《铭文和肉体示意图》，由陈教授翻译。文中探究"人身铭文"这一个代喻，并不是源自当代的理论家如福柯或李欧塔（J. Lyotard），早在尼采作品中便已有这代喻的先示；卡夫卡的短篇小说《行刑场》更是这代喻的一个触目惊心的托陈。他们拟设社会上形态化了的权力，特别是惩罚系统和道德系统，如何运用暴力，运用残酷但是得到社会认可的方法，通过制度化了的残忍酷刑，在人的肉体上留下种种记号。

《行刑场》的故事，描写一个犯人不知道他犯了什么罪，以及他将受什么刑罚。囚犯被捆绑在颤动的床上，任由字样设计器指定铭刻的"罪"字，再由一层活动刺针，把违反的罪戒一针针反复刺写在肉体上，棉花床单还会把身子翻转，以便刺书新鲜的皮肉，也吸血以备第二轮刺书，经六小时才渐能解读刺文伤口，再六小时，已经被刺了个透里透，要押进坟墓了……

陈教授分析：很多对女人肉身的措施，都有同样的意义，从心理层次上来铭刻肉体，或以装饰性、仪节性等各种"自愿"地在生活方式、行为习惯上为自己身体打记号，如发型、衣饰、束腰、束腹、胸围、化妆、扎耳洞、缠小脚、大门不准迈、言语不得多、毫无私有财产等，这都是对肉体精神、行动言语空间的侵犯。女性从来不明了为什么会这样，等到晓得，这制度已经把她们的生命完全侵蚀掉了。"你看女性说话总是卑躬屈膝，用男人这种'逻辑不连贯'说法，这都是他们用暴力制造出来的效果。"

女性问题，不能谈什么逻辑，要通过身体感受来尺度，为什么女性身体的处理，要跟男人不同呢？拿人口问题来说，她问很多生物学家，所有生物界要节制繁殖，都是绝育雄性，为何男人的性欲不必控制，男体这么神圣不可侵犯到了要专门残伤女性的地步？

第三期《女性人》是"堕胎专号"，主要观点来自作家李昂。陈教授评论美国1973年宣布堕胎合法，这个最高法院的决案震撼各界，也动摇了西方文明的传统基石之一：女性有权决定生殖与否。所以在议决之前，爆发了空前的大论战，西方人士多年来嚣嚣不已的人道、人权的价值基础、价值结构，及背后隐藏的意识形态，都受到无情的暴露。

第四期的主题是"谁控制我的身体"。传统都是男性设定所有的思想语言行为模式，你只能得到他要你得到的答案。譬如福柯在文章里，特别是《性意识史》中，隐指两性的界分和知识透于两性的不同特征，都是权力的效果，暗示在权力的运施之外，除了"肉体、器官、身体上的部位，及生理、感觉之外别无他物"。在已架构好的社会价值中，问问题常会掉进陷阱，"所以，我要知道谁控制我的身体，要是我做的事不是为我的身体服务，那给我再好的名称、太上娘娘的地位，都是虚伪，更别问道德与否，因那是已列的前提"。女性几千年来，在家同样从事体力劳动，就不能以酬劳工资来计算，必须接受"道德"这张空头支票？现在，要兑现。

1991年9月杂志第五期终于出刊，关心的人都等得焦急，她以"老男人能现代化吗？"为标题，引起好多"老男人"——中坚知识精英的侧目。她认为，倡议现代化的人这么多，老男人也该现代化，免得老是给女性社会压力，把女性思考出来的出发点弄乱，能稳定出发点，自己就能控制发展过程，与事实结合。

在第三、第四两期，陈教授继续推出她翻译的讨论——家与国的对立及乡间的劳动妇女尤见辛酸。听说，"本来一向是男人做重活，女人做轻活，今天做体力劳动的妇女多过男人，所以重活轻活，都由女人做，男人只不过从旁监督而已。"

她又译介本哈比（S. Benhaib）的论文《概括性的和具体性的"非己"》，介绍哈佛两位教授寇伯格（L. Kohlberg）和吉利根（C. Gilligan）之争论。寇伯格研究建立有关道德思考发展阶段的理论："前约定层""约定层""后约定层"。吉利根在人类认知和道德心理发展过程所做的研究，以托出孔恩（T. Kuhn）《科学革命的结构》一书而知名。但她在孔恩的研究模式论点中，找出和资料的不契之处，于是思辨拓展。这样，原来寇伯格的"道德发展论文"也不能不修正了。寇伯格的转变，肯定受了当代哲学对社会科学方法学所做的基础性讨论的影响，接受了哈伯玛斯（J. Habermas）对阶段理论的地位厘清，称是对正义思考及其发生演变的一个"合理的再建构"。

而寇伯格和吉利根的论辩焦点集中在寇伯格所描述的道德发展上，隐含着极深的性别偏见，只用男性案例，完全忽略了女性，又没有像吉利根那样考虑到道德不必然日趋完善，道德判断进入成人阶段，可能有向后退缩的现象。分析妇女的道德判断，吉利根较注重事情前后联系，人世间关系上细节和情节的组合，倾向就某一个非己者的观点论事——具体性的非己，与男性喜欢用的概括性的非己不同。

在严肃的工作之外，陈教授是很有生活意趣的人。在师友当中，她的烧菜、开车都和她的说话一样知名。她常在自己家或朋友家大显手艺，酒足饭饱再辩闹到深夜，满足大家的胃口和精神。听说她曾开车南征北讨横越北美，坐着她的车去赴剑桥新语，经过她三十年前的家，她还指着碧山半坡说：退休就搬回来住。结果为与儿孙相近欢聚，反而搬到较远的城市，而后更渐行渐远。

1991年深秋，"赵如兰教授荣退学术大会"，她是发起人之一；次年再在中国文化研讨会年会"女性主义对儒家传统之反思"的专题里首论，主讲"《女诫》取向的历史模版"。她别出心裁地采取福柯的考古学实践，而非文化学实践的研究方法。因很多制度、生活、文化，假如以"考古"手法发掘层面，可以透视当时的情景，而避免它在后人选择性的思考后，变成思想史。她说在很多方面，中国的制度史其实都是思想史。思想史的意义，被思考的人——对儒家传统有贡献的男性们在思考，把制度变成思想，出入很多。

她以《史记》《后汉书》《老子》《孙子兵法》的材料证实《女诫》经过后代思想，跟班昭在105年至106年写成的当时的形象是如何不相符的。《女诫》跟身为汉代政府一员的班昭的行事原则比较有关，而跟后代希望女人怎么做人，关系少一点。

因翻译汉代文献，发现汉和帝、安帝即位都不过十几岁，另有婴儿皇帝才不过百日，均为母后掌权，是女权政治。我说："历朝都有这种时期。"她说："为何历史家不讲，反而造出男权至上的假象，把宋明皇帝之集权，用来超越千年时空地来解释前朝？真是疑点重重。"

对于现代文学，她感觉男性评论家，把张爱玲的日常生活层面传奇化了，表面上看是将张爱玲的地位抬高了，实则将女性架空了；她认为所有男性都只同情没有自卫能力的女性，不受苦的就不同情，这是虐待狂的另一种。这也许就是她的老朋友张系国来信告知的"她把《杀猪传奇》拿去开刀"后的结果。

陈教授说："我现在已经不太讲'喜欢'这种感情主导很重的词了，早喜欢的书，已化为思想的一部分了，用超越一点的词——最有切体感的中文作品，是李昂的作品！思想性非常强，而且她能掌握……"话到口边，"我要好好写一篇评论，李昂的作品没有一篇不好！"我不免忆及1998年与张系国、李昂在纽约参加美东华人学术联谊会演讲，并在广播现场叩应（Call in）对谈"性、爱和政治"之热闹。也曾遇李昂来台北华文大会找葛浩文，齐聚，笑谈《迷园》。

哈佛的李欧梵教授也和葛浩文一样，称赞《迷园》。但她要知道他们为什么说好。陈教授说："他们对这些有力的基础性作品，找到成套的话语模式，他们对李昂的反应可以说跟对我的反应没什么两样，是同样的套术：怕、尊敬、佩服，反正都拒以千里之外，让你转移阵地，或切断你的话流，或改变你的范畴等，要特别注意，他们都很会用。"写论文时，她在屋中拉根线，贴上资料，踱来踱去的思考时都看得见，令杜维明教授等客人见者称奇。

古典文学中，她对魏晋的文学最有切体感。思潮在那里不必文饰、转弯，语言层次也不同凡响。另外对她而言，后现代思想最重要的一点是，站在女人的观点去观察世界文明。这是破裂传统世界观的有效武器，应该吸收体会，否则单讲这种流行，就像讲裙子长短，后现代说来也不过是知识分子时装性的思想装饰。

"我写东西不多，不乱写文章，每篇都是随时可以站起来抗御的，所以写得慢，能写以前没有提出过的现象；不过，有关自己写的文章和书，写完就不经心地忘得毫无影子，好像不是自己的。"有一回我找到她自己都没有的二十年前的文字，她也自嘲起来。

我问："遇到挫折，您怎么自处？"她精神抖擞地说："这个很有意思，一定要讲。首先是水淹金山，取自传说中的白娘娘。法海和尚有天兵天将，白娘娘为了要许仙，完全不自量力地以虾兵蟹将水淹金山，她根本不管。"直到对手有本事压她在雷峰塔下。要压就得花时间造塔、捉拿……现代知识分子，很会保护自己和运用时间，所以永远都能淹成。女性做事，不像男人手腕和目的有差别，她做的事情，就是她的目的，这中间没有破绽。

第二个例子，她当时读索忍尼辛(A. Solzhenitsyn)写的《牛犊顶橡树》，赞不绝口地说："一人独斗权威，对手是那些苏联特务或被收买者。这人常给叫进去，对于对手想要问的问题，他都已经想好答案，对手一问，就抽出张纸来照文宣读，弄得对方草木皆兵。这一招实在是高明，知道凭对手这几招，只能问这等问题，对手只知问题，可是不知我的答案，最后只能狡辩过场，问题解体。"师友间流传着她在郑愁予家争论到夜深的故事以及她以犀利的辩才舌战张系国、李欧梵、沈君山等联手的群雄，都能不败的故事，可见其战斗力之强。

她常拿苏联特务情报集团有雄大的军事后盾来自励，她说："我碰到一些问题，不过是个人层次的挫折，如果这都克服不了，那么将来女性怎能解放男人？怎能做主席、市长、特务头头？要争取女性独立自由前进，在今日世界就得有准备，任何挫折都要应付，不能倒退，或完全妥协。但要成事总须部分妥协。重要的是如何能在挫折中运用智慧及从以前受过挫折的经验中，设法拟造一个不被完全吃掉的对策，最好是在部分被吃时，造成对手的极度不消化，叫他以后不再来吃你！"

大家都承认陈教授的思路难以学习，她迂回关照、冲锋陷阵，既是运筹帷幄的大将，又是开疆拓土的勇士，屡挫屡奋，她的精神益复坚强开阔。

《未央歌》歌未央

——鹿桥吴讷孙教授的艺术史和文学深思

鹿桥，原名吴讷孙（1919—2002），生于北京，世界知名的东方艺术史教授、名作家。

1954年在耶鲁大学获得美术史博士学位后，他考取最难的金饭碗——联合国即席传译，并先后在旧金山大学、耶鲁大学执教，是圣鹿邑华盛顿大学麻林可德优异校座讲座教授、艺术考古系系主任。

鹿桥是一位"左手写诗篇，右手写论文"的学者，在中国艺术史研究上颇有建树，得过新海纹文学奖、日本书法奖和当代之宝奖等，荣任耶鲁摩斯学者、古根翰和傅尔布莱特学者，也是京都和清华研究学者。其名作《未央歌》《人子》《忏情书》等皆是文学畅销作品。

1997年感恩节的前一周，哈佛燕京图书馆第二任馆长吴文津问我，下周一你不休假吧？鹿桥想要跟你见见。真没料到蛰居圣鹿邑的名家鹿桥，会由天外飞来，还指名要看我，惴惴然欣跃。初见优雅，呈上我的《哈佛心影录》相赠；请其题字在跟我走天涯的《未央歌》精装本上，他喜乐洋溢地以深蓝纹墨水笔写在绿皮书内："束发受教为君子儒　朋而不党更不吞声哭　的野老　鹿桥　一九九七年　题为　张凤女士"。翌年他又为我的散文集《哈佛哈佛》题字，特依哈佛迭声重层意象，以花式飞白体书之，并用章：最高处印有董作宾为他所刻的阴文"鹿"字章，加笔名及原名章，赤墨套色，以求吉祥，人云罕见！2006年再有福缘，受托付将他送纪刚医生的墨宝送藏，交送周欣平任馆长的加大柏克莱东亚图书馆。

　　他和我的缘聚实因《滚滚辽河》的纪刚医生赠手稿给燕京图书馆珍藏一事。他听纪刚说起此事，"我还不知道有你这样的人物，我们可说是相见恨晚。"之后他要在我研究他书写之余并做联络，筹划他的手稿收入哈佛燕京图书馆珍藏之事，我则预请他到哈佛演讲。

　　返密苏里后，他遭遇写作、回台、搬家、眼睛开刀、售屋清理等事，层出不穷的忙碌，直到定居哈佛医学院附近、傍女而居，不得已演讲之事因病成空。他曾急切来电来信说："我不是能跟多人来往的人，只能挑着。这次很开心能与你谈几回，有机会还想认识一下绍光。演讲还得缓缓，我老了（仍未言病）！到处演讲是别人想象的我，我做不了，但是我希望你明白我确实不爱多出门、见生人和开会。不高兴怎么也做不来。我定要把这话说明，才能专注做别的。"那年他客居女儿家过节，一周内就约我见了几次，确是位"天才雅士。谨言慎行，言出于口，文发于笔，都是一字千钧的"，这是白马社鹿桥的挚友唐德刚教授所说的鹿桥，真是位君子儒。

　　我们时相往还，他寄过1945年在耶鲁新海纹湖地街28号白瑞弟家刚完成《未央歌》后七章时的相片，其眼神灼灼，英姿凛凛。那时他以每星期五美元，租了一间卧房。房东一家三口，先生是爱尔兰人，太太是法裔，有一个小男孩，年轻的鹿桥与他们很处得来，天天开夜车，他们也不嫌费电，竟然容忍他这不良习惯，后变本加厉，即使通宵也给方便鼓励。直到后来，他生活失调，体重锐减。他们才担心起来，买了个磅秤，要他每天称一下体重，在天气晴好时，指导他去游附近风景。着急他一人在外，不知珍摄。他于1994年还往访旧居时，房子仍在，但是那一带老宅拆了不少。除《未央歌》前十章在1944年重庆山洞写就的那几个月的"闲暇"，本名吴讷孙的鹿桥，一生都很是勤奋超凡。

在耶鲁获博士学位后，他考取最难的联合国即席传译：口译，应考三百余人，仅五人上榜，捧了金饭碗，待遇比教授还高。他名震东西，是圣鹿邑华盛顿大学麻林可德优异校座讲座教授，曾任艺术考古系主任，在旧金山州大和耶鲁任教过，得过新海纹文学奖、日本书法奖和当代之宝奖等，荣任耶鲁摩斯学者、古根翰和傅尔布莱特学者，也是京都和清华研究学者……1959年先在香港（1967年后在台）出版《未央歌》，在学院中翻印近六十版，常被选为最有影响力的书；大陆版也辗转于2008年由黄山书社出版，之后立刻排上深圳读书月期间出炉的"2008年十大好书榜"；1974年出版的给九岁孩子到九十九岁人看的《人子》也再版二十多次；1975年出版的《忏情书》也有十几版；1998年，《市廛居》刚出版一周就再印；其英文著作《中印建筑》被译为日文等；1963年出版的《不朽之境》被译为意大利和德文，风靡文学界和学术界；1984年退休后更忙，美国公视台PBS"当代活的瑰宝"在1987年曾播出三位艺术家，仅他一位华裔，谈的是他所钻研的艺术书法。1998年，他又被美中西区华人学术联谊会颁发了杰出华人先锋奖。

鹿桥曾寄赠著作与卅余年的报刊评论给我，也给我看各类文献相片：于延陵乙园静听鸣泉；"伍宝笙"北京农大的祝宗岭教授（和手书）；"蔺燕梅"；当然还有"宴取中"，就是挚友李达海部长等人。他感情充沛，但朋而不党，深居简出常问我耶鲁旧友近况：问张光直、夏志清、郑愁予、陈幼石、梅祖麟诸位；对于年轻的孙康宜、郑培凯等人，他较易张冠李戴，数次要我印寄王德威对他"不写政治的风快"等评论，极为看重。

他心性好生爱物，近文艺，归自然，建筑、音乐、园艺、旅行、影戏等无不涉足。他极爱太太儿女，且溢于言表。太太三十年来患类风湿性关节炎，在著书立说的紧迫中，他仍亲自照顾，二老相依相伴须臾不离。他来信常署鹿桥或桥。有时我打电话，他会误听为女儿昭婷，随即由太太纠正，二老也疼我们小辈如儿女。1999年6月11日到13日特为拜望二老于鹿桥亲手书写满壁《易经》、闻名遐迩的居处"读易斋"，我应圣鹿邑作协分会会长李笠和谢惠生博士等人的邀请，前去美中西区华人学术联谊会演讲，并喜得登堂入室欢叙。

唐德刚教授与鹿桥等人创办的白马社令我们向往非常。唐先生说过："他是位天才和雅士，也可说是个怪杰吧。"常谈世事紧促，警告人自省，生活不当靡费，依然异趣横生。他在耶鲁时，结了婚但没有新房。他和他那听话的新娘，决定自己动手在他单身时低价买下的山地上盖一座小房子。二人餐风宿露地搬砖瓦，盖了六年，终于盖成了。还引清流，运巨石，建乐台，桌椅布置得极有规模，极盛时有七百余人的"曲水流觞"诗画文会，就在延陵乙园。

千禧年，鹿桥透露搬来哈佛，年底他又因眼病匆匆赶在这开刀。这黄斑性眼睛老化症，他另一只眼也患过，早就不行了，只剩下这左眼睛。昭婷研究清楚病情，预定好医生，及时抢救才保全了他的眼睛。第二次搬家的计划只得暂停。冬季休养恢复得不错。担心他重听，我常大声与他在电话中谈文论艺，话《聊斋》《怪谈》等中日文学名著。

2001年4月，鹿桥独自回密苏里州，积极在圣鹿邑卖房迁居，当时我也为应邀去北大、社科院、复旦、南京、华师等大学演讲而忙碌，初夏回哈佛，就逢廖炳惠、陈子善两位熟友短暂访问哈佛，分别请二位做完演讲后，领他们去拜望大隐于市的二老。为配合陈子善去会相知的洛城诗人张错，还改约一次，终于在7月23日下午两点叩门拜访。他开了门之后，又担心绍光停车未至，坚持跟我站在门外等着，家门口有棵枫树早早地红了上沿，绍光寒暄后即为我与他摄下一张合影（最后的合影），再入寓中与吴太太茶话，谈到陆国民为谱的散民舞曲及黄舒骏给他创作的"未央歌"。在我的恳惠下，他微带腼腆为我们歌唱了一段主题"凯旋曲"，还潇洒地单手比画高低节拍，合影录像谈笑到告辞。他说到这次大搬家的辛苦，还有几十个纸箱堆积在车库中。他瘦了好多磅，临行关照勿再告诉别人自己的居所，免得再有访客。

记得在哈佛与鹿桥先生倾谈，就因他问"你们女作家怎么多像张爱玲，有说不出的忧郁"，而与他这可亲的前辈析辩张爱玲受虐的凄凉身世。鹿桥与张爱玲曾一同在1939年9月上海《西风》杂志第37期纪念创刊三周年的"现金百元悬赏征文"活动中获奖。十八岁的大一女生张爱玲，写了约一千两百字的《天才梦》散文获第三名名誉奖（名誉奖前面还有十名获奖者，也就是第十三名），文中名句"生命是一袭华美的袍子，爬满了蚤子"就出自这才华初萌的处女作。《西风》结集出版的得奖征文就采用了她的题目《天才梦》，她在五十五年间多次解说，还斤斤计较首奖的字数超出要求（旧事重提的还有水晶、陈子善等人）。陈子善说他2001年去美国时曾经拜访过鹿桥，就是我俩开车载他和廖炳惠去的这次，那时节，鹿桥因眼病、肠癌刚搬到哈佛医学院女儿家附近，知道鹿桥波士顿住处者，屈指可数。

1939年，鹿桥刚上大二，对文学产生了很大兴趣，作品很得师长和同学，特别是女同学的赞扬传观，又可笑地应了高班男同学陆智常的挑战（鹿桥徒步旅行的伙伴陆智周之兄）。鹿桥以陆智常找来的三个印花贴征文，在呈贡与昆明分寄出三篇征文：两份是以旧信代文，他新写的《我的妻子》获得第八名（刊出，及与《天才梦》结集出版时都采用的是《结婚第一年》的名字），水晶误为他得首奖（实为水沫的《我的亡妻》获首奖）。鹿桥写《委屈、冤枉，追慰一代才女张爱玲》一文解释这事。

鹿桥再与张爱玲在人世间的轨迹相逢，是1971年11月11日他应名家高居翰之邀演讲绘画史，在加大柏克莱分校热闹非凡的演讲之后，收拾幻灯之际，一位身长着灰衣者自我介绍说：我是某某夫人。鹿桥未听清，也不像认识，说时迟，那时快，两人之间钻出一个侄儿欲谈转系事，不过十秒钟，灰色身影已转身走了。后来读到张爱玲用的外国名字（按：就是Mrs. Ferdinand Reyher吧），鹿桥确信那天飘然走了的是张爱玲，正符合她那表里如一呼应字里行间所述之疏离感。

确如鹿桥推断，张爱玲自己掌握了见与不见的原则，首访不见者先有胡兰成，后来不见数度叩访的水晶等人；她主动去看生人，是去回访胡兰成，然后就爱得打开了心门。1972年至1973年鹿桥教授客座东京大学。情急之下胡兰成要鹿桥写一封信给张爱玲，想要与她再通消息。春旅中鹿桥回房写就，自述1971年时没想到是她来谈话，真是可惜，并道歉。信由胡兰成寄出。"谁知道呢？也许那信尚在人间。"胡兰成自己给张爱玲写过信，或请过炎樱写信，到1976年后也请朱西宁帮他去信，不过全如张爱玲曾主动去看的鹿桥的去信一般，石沉大海。

当时初知母病悲难，心慌忐忑，他的所有书和传奇，特别超过六十版的大学生必读小说《未央歌》的情真与他光灿的青春乐观精神……皆能助我渡浮沉。

与廖炳惠、陈子善往访时，未料其病魔已暗伏，他默然检查。忙到"九·一一"攻击事件后我打电话去，吴太太不怎么说，只道好。

圣诞前因挂念去电，当时刚办好张光直教授的纪念会，也因鹿桥先生与张家旧谊深厚，想跟他要一篇文字，放进纪念文集，不料他已病势沉沉！吴太太说："从夏秋起，已病了好久，正做化疗和放射性疗法。他于1996年曾患大肠癌但已治愈。没想到五年后，就在7月，复发并扩散到肺肝，可惜他的书写不完了。"我说："别记挂那个……"

惦念着他的病情却因微烧担心传染给他，先请绍光代送一篮果点先去问候，近午时去电，他在楼下接到电话，怕他听不清，我努力喊话，报上张凤，他说很高兴我能跟他谈谈，自言竟掉了五十磅，女儿女婿牺牲一切来照顾他。问起病情，他超脱地说："不要害怕！我都活了八十二岁，这么大岁数了，不担心了。那些医生才四五十岁，像我的儿女一样，每天换种疗法，说我怎么严重，我觉得不错嘛，也没什么疼，我看得很开。就是有些事没精神做了……"反被极爱儿女的他连连安慰，我只能仓皇地说："是啊，看得开好！多休养！要吃维他命！春天您养好，我再来帮您。""我也闹不清，每天慕莲给什么我就吃什么，有一大把！"温言婉语地应对着，又怕惊扰了他静养，匆忙结束了我与他的最后谈话。

农历年贺岁，吴太太说："他不再化疗，因几个器官都有了癌细胞，一时不容易见效。听从朋友吃蔬菜汤，有人从台湾寄来。现体力较好，儿女们轮流回来，帮他做好多事，尤其是女儿天天来，都累病了。他每天五分之三都在昏睡，有时会说胡话，有时讲从前的事……"

到了3月19日这天，仿佛心中有灵，一直忐忑着，晚上九点去电居然无人应，只有录音机，去电昭婷处也没人，就感觉不对。第二晚再电，不到十分钟，吴太太回电说，吴先生病重住院十天，在她与儿女绕床送老之下，于昨日清晨七点四十二分平静无憾地过世了。我讶然半晌答不上话！

一切都来不及！春天都还差一天，他都等不到了。他过世当天大雪冰雨！波士顿一连串暖冬后，那日居然漫天白茫，如泪洒落。

他撒手西归，又不着一尘，乘风而去，如惊翔白鹭不着半点泥水。吴太太伤心地说："这两天我迷糊地想了好多！"那是当然！她怎能不回忆往事前尘呢？记得他们夫妻对我提过：以前在南开、西南联大时，他兴趣广博，爱玩，爱徒步旅行，常引领去看广袤大地，上泰山，下徽浙；擅歌咏玩排球，毫不靡费；打工则是参与广播节目、拍戏；尤其是在耶鲁读研究所时，他女朋友多恋爱多且洒脱，还会开飞机。有了执照就带李抱忱的表妹、长他四岁的薛慕莲上天翱翔。大家都说他俩不可能，直到薛慕莲决定离职告别，取道芝加哥回国时，他才灵犀猛醒去电。薛慕莲接后问道："我丢了啥？""我啊！"才把这天定的良缘追回。胡兰成的一句话倒是说得准确：鹿桥到处风光映照，而唯独爱他的太太，对世间女子不谈恋爱。

一桩桩剔透往事，我垂泪沉痛追思，真舍不得这在过眼寒凉中修来的温暖福气！

他是太乐观，常笑说在中西文化的旋涡里，还有人垂着长长的头发，带着苍白的脸色，哀怨的眼光中有说不出的忧情。每问他终生深思的有关千古文化的大问题，他边倾心作答又边邀揽我们接续努力，如此厚望，多少青年一生受用不尽。

在他从容看破生死，于2002年3月19日仙逝，泪尚未干，殷殷照料他的夫人也于2004年5月11日相随而去。十年生死两茫茫，心伤！

鹿桥教授歌影方歇，而《未央歌》歌未央！

论中国文化与史学意识

——诗人郑培凯教授

郑培凯，1948年生于山东青岛，香港城市大学中国文化中心主任及教授。

自台湾大学外文系毕业后，郑培凯教授负笈美国，主修中国与欧洲思想史，获得夏威夷大学历史学硕士、耶鲁大学历史学博士，曾在哈佛费正清中心博士后站从事研究，任教和客座多所名校，并兼香港艺术发展局顾问、东亚文化交流会会长等。

郑培凯是史景迁等教授的博士生，涉猎广泛。作为学者，其研究范围涵盖思想史、历史学、陶瓷传播史、元曲、茶文化等方面；而作为作家的程步奎（笔名），其创作以现代诗及散文为主。其作品有《色·戒的世界》《汤显祖与晚明文化》《吹笛到天明》等。他还主编了《口传心授与文化传承—非物质文化遗产：文献、现状与讨论》《九州学林》等刊物。

1986年冬，纽约佩斯（Pace）大学历史系教授郑培凯与哈佛杜维明教授一同组织了全天的第一届《九州学刊》年会，这个首次在北美举行的中文学术研讨会，环绕着"中国传统与现代"的议题，从早到晚进行了三场演讲座谈，在哈佛社区激起了多重涟漪。我这才听说，常回哈佛的郑教授，就是作品常出现在港台主要报纸杂志的诗人作家程步奎，这个笔名已用了好多年。

　　他洒脱又年轻，喜中式衣衫，邀集我熟识的师友杜维明及赵如兰、张光直、夏志清、高友工、叶嘉莹、费景汉、许倬云、王浩、高英茂、孔飞力、史景迁、孙康宜、陆惠风、巫鸿、张隆溪和王德威诸位教授，又任顾问或编辑，又专题演说，真令人对中国文化复兴燃起了一线蓬勃的希望。

　　他自己登场的讲话"中国文化意识中的情色问题"亦生动有趣，翌年又听他讲"宋元明清妇女节烈事迹与文化环境"，更加佩服他的才学。

　　郑培凯教授，1969年毕业于台大外文系，副修历史。服兵役后，于1970年负笈美国，主修中国与欧洲思想史，获夏威夷大学历史学硕士，再获耶鲁奖学金、耶鲁获奖学者Yale Prize Fellow、耶鲁大学历史学博士。自1978年起，先后任教于韦斯利安大学（Wesleyan）（1978）、纽约州立大学奥尔巴尼校区（SUNY at Albany）（1979—1981），曾在哈佛费正清中心博士后站研究一年（1981），自1982年起客座耶鲁大学、台湾大学、台湾"清华大学"等学校。后任教于纽约佩斯大学（1983—1998），并于1987年至1991年兼社会科学部及历史系主任，1998年至今担任香港城市大学中国文化中心主任及教授。兼任香港艺术发展局顾问、康乐及文化事务署顾问、香港非物质文化遗产咨询委员会委员、港台文化合作委员会委员、岭南大学通识教育咨询委员会主席、浙江大学中国文化客座教授、复旦大学文史研究院学术委员会会员、逢甲大学特约讲座教授、2013—2014东亚文化交流学会会长。

　　主要著作有《茶饮天地宽：茶文化与茶具的审美境界》《高尚的快乐》《出土的愉悦》《真理愈辩愈昏》《色·戒的世界》《汤显祖与晚明文化》《在纽约看电影：电影与中国文化变迁》《树倒猢狲散之后》《游于艺：跨文化美食》《吹笛到天明》《流觞曲水的感怀》《茶香与美食的记忆》《茶余酒后金瓶梅》《行脚八方》《迷死人的故事》《雅言与俗语》《品味的记忆》，等等。此外，他还主编了《口传心授与文化传承——非物质文化遗产：文献、现状与讨论》《九州学林》，发表了《文苑奇葩汤显祖》《裛晴丝吹来闲庭院》《陶瓷下西洋研究索引：十二至十五世纪中国陶瓷与中外贸易》等作品。

屡次介绍他也是名诗人时，总见他有谦让姿态："不是诗人，是写诗的人。"据他说，在他心底给诗人这顶桂冠极其崇高的地位，感到自己还不符合心目中认可的诗人形象，因此更正，似就卸脱了"不朽盛事"与俱的责任重担，可随心所欲继续作诗，不怕亵渎了屈原、荷马以来的殿堂。

这些年他的诗集以笔名程步奎出版，自1982年起，先后出版了《程步奎诗抄》《新英格兰诗草》《也许要落雨》《从何说起》等作品，并译有《聂鲁达爱情诗选》《情诗二十一》等书。一本本的著作付印，他也觉得硬是不肯承担诗人之名，就未免矫情。不过他仍说："看来，生活在社会里，做诗人不难，要做个恰如其分的人，坦然写诗，让自己恬淡自得，却难。"

对他而言，做诗人着实不难。他总想通过创作想象的追求，发掘自己：听到午后的田野随着和煦的暖风吟哦，就想着那一茎茎麦穗，是否都有着独特的个性——为了谱写田园风味的乐章，经历了多少晨昏风雨，顶着早春渐融的冰霜，挣扎出厚实的黄土大地。他不是对自然或季节变迁迷恋，而是总感到人事沧桑也有近似之处，遂抑遏不住历史联想，开始构筑真幻交织的想象世界。

问他的诗人气质，是由父母所传？他从容道来："古人考科举要填三代履历，我连祖父母名讳都说不上来。"说来好像是难为情的事，反过来说，也突出反映了中国人在近代的境遇，特别是因战乱到台湾成长的一代，实在说不清有没有深植土壤的家庭树。

他的父亲郑旭东先生，从来没有告诉他祖辈或自己的经历。他所知的点点滴滴，都是从亲戚那儿听到的一鳞半爪：他们祖居山东日照三庄，又名勰庄，是《文心雕龙》作者刘勰的故居，他因感到与己无关，连考证的兴趣亦无。

他觉得自己的无情，是因从小就生活在流亡的气氛之中，熟悉的是台湾的一山一水，没见过山东家乡的一草一木。他父亲则写有回忆录。

他有三位堂哥来台，两位在文教界，年纪都比他父亲大，已过世多年。

一位是在"国立编译馆"任编纂的郑毅庵,另外一位是在建国中学教物理的郑培泽。他小时常去建中单身教师宿舍看堂哥,顺便到植物园及新建的科学馆玩玩。郑培泽看过他家族谱,山东日照的郑家与历史上盛称的高密郑或荥阳郑,没什么直接关系,应是明清之际,从福建沿着海路迁到山东的,或许是郑芝龙一家。他出国后,就会想:原来是和海盗一家呢,那么,迁到台湾,倒是归了郑成功一宗。

从母亲处得知祖父过世得早,家产并不殷实,在祖母及几位伯父的经营下,才变成了小地主。发家的时间,大概在1920年到1940年间,产业虽然不甚多,但绝对是富足有余。父亲到青岛去上德国教会中学,当与这段发家的经历有关。抗战胜利之后,国共内战在山东地区斗争惨烈,日照三庄郑家,几乎全部在社会变革之中牺牲了。

1993年夏,父亲由台第一次回乡,只找到了他的一个侄子,已六十多岁,终身未曾婚娶。他妹妹陪着父亲在三庄,居然找到了祖居与父亲的小学,逗留了两个小时就离开了。从此父亲再也不说回大陆了,也不说山东如何了。郑教授说:"我想他是重新打了个主意,在心理上离开了山东,却认他乡是故乡了。"

母亲尹淑贞女士是山东广饶人,家中是世代显赫的大地主,青州首富。外祖父是长房嫡系单传,只有一子一女。因此母亲虽出身于传统封建的礼教家庭,却从小受到父母钟爱,没有遭到封建制度的摧残。嫁给他父亲,是通过相亲的"自由"结婚,抗战胜利之后,正值父亲事业如日中天之际,在当时算是门当户对了。父亲从大后方回到山东,从事实业管理,是典型的"官僚资本家",任黄海水产公司总经理,可说是垄断黄海水域资源的新贵。"从家庭背景看,我们家怎么也算不上书香世家,倒是旧制度的中坚,向资本主义转化的新兴权贵。"

他生在1948年的青岛,未满一岁即随父母迁居台北。当时幸运的是母亲因他这个福气的麻烦奶娃儿,而未上沉船太平轮,捡回了命……由于迁台仅带了少量资产,他家就一直"在没落贵族与普通经济家庭之间打转。而我的成长过程,就是看到失势的山东权贵在台湾的没落,以及在长辈们夸耀当年如何风光之际，感到自己身处的世代隔绝"。

母亲教他从小读书，想来是传统的"书中自有这、自有那"观念的影响。他说："我倒是不太辜负她的期望，因为我从小喜欢书中的世界，总觉得要比身边日渐霉朽的气氛有活力多了。"诗中，他对倚门望儿归、抑郁浅笑的母亲，有着鲜明的刻画。他有两个妹妹、一个弟弟。

他回忆小时家中没有多少书，除了几本古典著作及一套艺文印书馆翻印的《资治通鉴》及《续通鉴》，都是母亲买给他的青少年读物。由萤桥小学毕业后，就读成功中学期间，他即习作现代诗，对法国象征派诗歌兴趣特浓。

"我为你写诗，在昏黄的灯下。回想起那一年还在上初中，每个夜晚，当家人睡下之后，我总轻悄悄开门出去，看星星睡了没有。只要天好，满天的星子都向我眨眼，而我总是固执地站在巷弄里，从南天数到北辰。我在星图上找你，却不知道你的光度与方位……"是脍炙人口的迴文诗。诗人似乎在自述早熟：读《古诗十九首》，学会用海碗喝酒，饮十五六岁的悲哀，体会老杜的苍凉。

1965年他考入台大外文系，在读书时代，他热衷于前卫性实验剧场，还专注英美现代诗，对艾略特（T. Eliot）、奥登（W. Auden）、庞德（E. Ponds）尤为顶礼，整天翻着字典，一句一字地研读，大谈新诗"横的移植"。

在台大他随英千里读英国浪漫诗，随朱立民读19世纪美国诗，并从叶嘉莹习中国古典诗歌。创作方面，则受教于认识的周梦蝶及余光中尤多。1965年台大海洋诗社举办首次诗歌朗诵会，遍邀台北地区著名现代诗人郑愁予等出席，是现代诗在大学校园朗诵之创举，此后蔚然成风气，厥为一功。

赴美攻读史学之后，他的耶鲁博士论文最主要的指导老师是史景迁教授等人，他前后有一段时间诗创作甚少，进入了自由天地，唯暇时读书自娱，读的是"五四"以来的文学，鲁迅、茅盾、巴金、老舍、张天翼等人的作品，之前他通通没有读过。"我没事就有系统地看，完全漫无目的，就像一块海绵一样吸。"在史学天地之中，他的兴趣也广："我的研究方向，比以前明确得多，研究的重点方向在明代至现代，中国文化中跟艺术、文学有关的创作想象思维，与思想史、文化史、艺术史、文学史都有关。我的个性喜欢设法具体地解决困惑。"就拿他的《明末清初的绘画与中国思想文化》一文来说，他对高居翰（J. Cahill）在1982年出版的《气势撼人》有精辟的评论。

郑教授述介高居翰书中努力开拓中国绘画史新局面之设想，并针对其论点具体提出商榷，如举张宏之作《句曲松风》，高居翰以其画风有自然主义倾向。郑教授分析张宏表达"高致于尺幅间"，画意隐居松林溪壑，人物完全融入大自然成一和谐之整体，正是呈现道教圣地和隐逸山林之意，这一画风并不是只着眼于大自然景貌，表现纯自然主义倾向的格调，而与中国文化思想有关。而且经过画家主观想象加工，把低缓的丘陵拔高成险峻陡峭的山峰，高入云霄，尤烘托出圣地虚无缥缈的神秘宗教气氛。

且以万历年间的木刻版画及元明绘画大师的作品如李嵩的《西湖图》等为实例，探讨中国本土绘画技法，不但有透视观念，有平远、高远、深远之"三远法"，也有写实鸟瞰式的描写园林胜景。郑教授认为高居翰推论西洋版画，直接影响中国画风的转变，是犯了"臆必固我"的毛病。

他再直指明末清初绘画的撼人气势，认为其反映了时代精神。这一时期的画，主要不同于宋画之处，是在风格的摸索上，表现自然有其特殊的理解，是一种有意识的自我探索，也是对个人生存在社会中意义的探索，认真且迫切。人人探索方向不同，自出机杼，表现出"个人主义"或"适性主义"的画风色彩。不论是张宏对大自然的观察入微，还是董其昌继承前人的创造性仿古；不论是吴彬、赵左以仙山幻境模拟现世以外的世界，还是陈洪绶以变形人物呈现明末知识分子的游离心境；不论是弘仁以欹奇孤冷刻画黄山的峻峭，还是龚贤以扑朔迷离显示梦幻与现实的交叠；不论是王原祁集诸法之大成，以构筑美好的新世界，还是道济打破一切成法，以自创的章法涂绘绚烂的艺术世界——我们都可以看到，这一切探索都是自觉的必要，发自画家内心深处。这使我们必须意识到思想史上阳明心学的发展，到后来成为自我探索的局面，非儒家正统所能束缚。又社会经济的发展出现了陆楫的"消费经济"观，乃战国《侈靡篇》以来最为趋近社会享乐主义精神和消费经济的学说。还有文艺美学中强调个性解法、重视个人情感、反对社会传统道德束缚，在在都显示明清之际，中国社会文化结构，有着"震撼人心"的转型，令画风递变。

他这篇论文，在艺术史方面影响颇大，被好多大学的研究生课程作为指定教材。他本来是研究16、17世纪的文化史，转而专注汤显祖及明末清初戏剧与文化艺术思维。

他在哈佛做过系列"汤显祖与晚明文化"的研究，早已辑成一书出版，甚受重视。这书独特地把汤显祖放在晚明文化变动的大脉络中探讨。其中从汤显祖与赵邦清的交谊，探索汤显祖的政治改良思想及其剧作中反映的社会处境。因汤赵之结识，正值汤显祖宦途蹉跎，历经贬谪之际，赵邦清在治滕县的政绩，使显祖反省了自己治理遂昌的举措，思考如何真正泽被于民。汤显祖对赵邦清的钦仰，反映了迫切希望社会得以改良的心情。赵邦清任职吏部，后遭贬斥，使汤显祖联系到自己受罢斥的经验，再次了解官场中蝇营狗苟及倾轧斗争的龌龊，加深了他的避世心态。

郑教授强调这是汤显祖创作生命最蓬勃的阶段。他在遂昌县令任内写了《牡丹亭》，弃官回乡完成，回乡又写了《南柯记》。及遭罢斥，再写成《邯郸记》，在文学上表达了人生如梦的体会。至于梦醒后，是否活在另一个梦中，则非所知。汤显祖将天下士虽有济世理想，但在混浊的人世间却动辄得咎；虽有出世之理想，但总难忘情的矛盾复杂心境，表现得淋漓尽致。汤显祖关切人类处境的情怀至老犹在，可为其剧作中对现实理想、想象、虚幻种种层次真幻问题再三探讨的脚注。

郑教授对于女性问题的重视，也绝不仅止于家庭。他研究中国妇女缠足，大约是从晚唐或五代开始，到元代逐渐普遍。宋朝社会甚至将此视为一种新的性别定义，到19世纪中国妇女约有百分之五十至八十的人缠足，但满族、苗族和客家族的妇女是不缠足的。这在地域上也有差别，四川、福建、湖南等省妇女缠足情形较少，北方陕西、河南就非常多。直到明清妇女也才注重自我表达。

郑教授还提到钱单士厘——第一位写国外游记的中国女子的两部作品：《癸卯旅行记》与《归潜记》。其夫婿钱恂是清末的外交官，钱玄同的长兄，也是光复会的秘密会员。她的儿子钱稻孙是著名的翻译家，侄子钱三强是著名的科学家。不过，他点明钱女士的经历与卓识并不需依附家人的成就。

郑教授在广泛的研究兴趣之外，为促进海内外对中国文化整合、文史学科研究之交流，创办了《九州学刊》，现称《九州学林》。刊名取自龚自珍《乙亥杂诗》："九州生气恃风雷，万马齐暗究可哀。我劝天公重抖擞，不拘一格降人才。"此刊物前五年获香港中华文化促进中心及美国群芳东亚研究中心资助出版，刊出专业文字，虽每期累赔，仍不曾中辍。唯海外联络印刷发行诸多困难，故1991年将业务移到台湾，委托皇冠出版社代理，纾解作业，使刊物顺利推出。由于上海的王元化及朱维铮两位的建议，合并暂时停刊的《九州学刊》与《学术集林》，组成新刊《九州学林》，仍由郑培凯担任主编。

更值得一提的是，他与杜先生召集我等一起协助的中国文化研讨会年会，二十多年来一直在召开，从研讨"中国传统与现代""中国文明的起源与文化的发展""表演艺术与中国社会""中国艺术""中国文学""中国音乐、语言与现代文学——赵如兰教授荣退学术研讨会"到"妇女与中国文化""中国文化与审美态度""中国文化中的生死观"，以及全球语境下的华文文学"岛与大陆的对话"等主题。开头因许多共同的师友和理想，便义不容辞的帮忙；改称中国文化研讨会后，我曾大力襄助召集主持直至从韩国演讲回来的2009年，我们在2010年之前一共举办了二十四届大会，皆吸引了美国东北各州学者齐集一堂，开放地交换意见。

郑教授爱读鲁迅，认为在中国近代文化剧变之时，鲁迅作为新旧更替的代表，以其敏锐的心灵触角，对自己内心深处的挖掘及对周边环境的剖析，反映新型知识分子对中国文化的转型、创新与重建的真诚省思。他在台讲学，以"鲁迅心中的黑暗闸门""从呐喊到彷徨""不再有社戏憧憬的故乡""祥林嫂死后的魂灵问题""娜拉走后，唯有伤逝""鲁迅想做怎样的战士？"六个主题，一方面探索文化变迁所引发的知识分子的自我批判，另一方面则着眼于鲁迅在白话文创作上的伟大艺术成就，展现鲁迅在近代文化中承先启后的地位。

当我问起：顺遂的生命中有挫折吗？如何克服？他说："有啊！怎么会没有呢？"他拉长了声音回答："成长时有父母帮忙。真正担起挫折，是赴美之后,不过回想起来那都算小的。"他刚开始教书,正遇上东方学不景气。找了工作,纽约州大又有斗争,后来他就离开了。"也并不当它是多了不起的挫折,中国历史这时对我有很重大的意义,想到我们上一代经历的挫折,是他们完全都不能控制的,在心理上等于做了个比较参考,那就觉得没什么了,于是人心开朗,无须分析。"

"不断写作有助纾解挫折吧?""对!我也写过些感觉黯然的诗,的确写诗也有纾解的作用。"

写意的生活常出现在他的诗文之中。寻常地读诗,到美国笔会替中国诗人舒婷等翻译谈话,听音乐、歌剧,春天去布鲁克林植物园赏樱。尤其喜好观影看戏,当年在纽约生活的环境,使他有条件看到很多表演艺术的呈现形式,影像的东西,不管是视觉艺术也好,表演艺术也好,绘画书法也好,他颇能用文字把那个感觉论介下来,发表了不少有关"影剧与历史文化"的文章,《在纽约看电影:电影与中国文化变迁》亦能结集成书。想象的空间领域,在历史上很重要,探讨历史上不同的想象空间,是他最大的兴趣。也可以说,文化发展不只是政治、军事、经济、社会结构,还有文学、思想,更有涉及视感与音感的生活体会。

郑教授和白先勇教授合作推动昆曲发展,他着重讨论昆曲的文化意义与涉及开创或复兴中国文化前景的问题,并提出艺术展现的问题,讨论实际的投入规模大小的演出,对传承基本功等的重要性。"戏曲研究,不应该仅是从文献到文献的。"

继续进行的大计划,是昆曲的口传心授计划。郑教授每三个月请一位昆曲这行最有成就的表演艺术家来讲述,差不多都是七十岁左右的名家。这些人都有口述历史或者是回忆录,此时再让他讲清楚表演艺术的展现,要每位天生资质都不一样之人讲,一招一式是怎么独特展现艺术体会和传承的,演戏要看人,戏以人传,以这第一手的实证资料来重新探索口传心授,谈论保护、发展、创新等,就不会再说得模糊,甚至不着边际了。目的就在于论介其相关的唱腔及身段,以了解艺术在想象空间的一些细微的历史变化,就是文化的传承。"这个探索,多少可以解决我一直在思考的想象空间历史性的问题。"

近年他常想：一个人只能活一辈子啊！活着的意思到底是什么？父母给的环境，有时顺着走，有时逆着走，寻找认同的过程，回头看，并不是每一步都对，襟抱着的是很强的理想主义，比起来，这个年纪做点事，实在比年轻时的想法少——年轻人就是比较好。近老的他，却始终恪守奋力前行的方向。

读诗只是消遣，不再费心揣摩。随兴而读，读得最多的，居然是中国古诗。《诗经》《楚辞》以及杜诗、陶诗他都觉得有奥援作用。又读西班牙诗，译拉丁美洲诗、聂鲁达诗作几种，并涉猎当代希腊诗等，觉得诗不再是高不可攀的艺术顶峰，不再是只能顶礼膜拜之物，诗已成为他日常生活的一部分。尤其喜爱他过年时，必写一首逸趣洞彻的诗向朋友贺年。

1998年，他接受香港城市大学张信刚校长的聘请，担任该校新创的中国文化中心主任。他希望把对中国文化的阐释，具体落实到大学本科的教学上，一方面是发扬传统的优秀文化素质，另一方面也希望借着创新，对中国文化的发展方向有所建树。

郑教授历年快马加鞭开设课程，如为不说中文的学生开英文的中国文化课等，听课者越来越多。他设计监督该校的三百种以上的文化课程和举办艺展，还制作主持香港电台的《文化超现代》，又留神研究"香港大学教育中的中国文化课程"。他还开创了中国文化中心的上网教学、艺术示范、文化田野考查、辅导计划等教学模式，更常常被敦请去"特约讲座"。

近年来，他接受邀约担任台湾教育部门的学术审议委员会、台湾"中研院"《近代史研究所集刊》、汉学研究中心《汉学研究》、台湾"清华大学"出版社《清华学报》等机构的特邀审查员；他是少数被中国艺术研究院邀请为编委的海外专家，参与了《昆曲艺术大典》《京剧艺术大典》的编著，并担任复旦大学及广西师范大学出版社顾问；白先勇青春版《牡丹亭》、李安电影《色，戒》的学术顾问。此外，他也担任香港艺术发展局顾问、康乐及文化事务署顾问、香港非物质文化遗产咨询委员会委员、港台文化合作委员会委员以及"对日：2013—2014东亚文化交流学会"会长。

郑教授对茶和"陶瓷下西洋——16至17世纪的中国陶瓷贸易"及香港陶

瓷的研究亦卓然有成。他对茶的研究尤其受中日韩各国的重视。

由于他对中国文化的理解，在研究中，他总采开放创新的态度，研究方法也不墨守成规，融合各种学科，甚至融入诗人的想象，以探索古人的心灵世界与处在历史环境中的具体生活情况。他心目中感情认同的中国历史文化，也就是一个活生生的具体人物所经历及展现的文化，而非死板的儒教或书上的教条。

郑教授潜心孤诣谈诗论道总为人赏识，一腔热忱而有大成。正如中国文化中心气派的门口所悬挂的朱熹的对联："旧学商量加邃密，新知涵养转深沉。"

欲识乾坤造化心
—— 剑桥新语社创办人陆惠风教授

陆惠风，1943年生于上海，曾任教哈佛东亚语言文明系。

陆惠风在香港中文大学新亚研究所，曾师事钱穆、全汉昇、严耕望、牟润孙诸先生，研究经济制度史和思想史，后赴日深造。再入哈佛东亚系留学，跟随杨联陞、费正清、史华慈等名师学习，获博士学位后直接任教哈佛八年。此后，陆惠风转入商界，但他一生深思东西文化，欲识乾坤造化心，却须臾未曾离开书本和学问，撰写着专栏，他是"剑桥新语"的灵魂人物。

1983年秋，时任哈佛东亚系副教授的陆惠风先生，邀约了赵如兰教授以及哈佛、麻省理工学院的教授学者们，共同创立了"剑桥新语社"。到2005年为止，这二十二年来，不觉已在学期中每月末的星期五晚间举办过几百次文史哲研讨粥会。1989年后，通常由我预先联络，当天赵教授和我再至哈佛燕京门口，开车引领主讲和听讲者到卞家或陆家，寒暄之后，进入研讨预定的文史哲主题，研讨到用过大家都赞赏的红白粥方歇。

若轮到去坐落在剑桥隔壁阿灵顿（Arlington）的陆家，先要在慈悲湖（Spy Pond）畔的院落停妥车，拾级而上，转进门入客厅，一望而去是落地窗外的湖光水色，在主题研讨之前，难免就会听得众人对这幢设计新颖的地中海式现代建筑赞不绝口。

这座静谧的书香天地中的男女主人已然转行经商。陆惠风先生常常自谦是个平凡的普通人，只想为心灵开一扇窗，并引徐志摩诗句"互放的光亮"作为与友谈天互为增明的写照，其实他最擅博古论今，轻巧的话语中，又有锐不可当之严峻，是"剑桥新语"的灵魂人物，还淡泊名利，成功地追寻自由，益发不平凡。

陆先生，1967年毕业于香港中文大学新亚书院历史系，越两年研究院毕业，学风受钱穆先生影响，同时师事全汉昇、严耕望、牟润逊诸先生，研究经济制度史和思想史，申请留学前创办《平民月刊》杂志，后偕妻子（新亚同学）童和君赴日，学习日文。1971年，夫妻二人同入哈佛东亚系深造。他随杨联陞、费正清、史华慈、柏庚斯（Dwight H. Perkins）、罗素夫斯基（H. Rosovsky）等史学和经济学名师治学，1977年获博士学位。由于他的成绩出类拔萃，被哈佛东亚系不依惯例直接留任八年，开有国史专题、中国政治制度史、明清社会经济史、中国通史等课程。杨联陞先生有时忧郁症发作，常是他去代课，别人以为他苦，他却乐而忘倦，并说因此学问上得益不少。

他认为自己是香港人，虽然他原籍为上海之郊青浦。1943年生于上海的他六岁时随双亲移居香港。其祖上是官宦地主，族谱所载，任官者不少，其他家族成员为地方绅士、地主，收入由土地而来。

其祖父陆廷桢先生为清末进士，1895年左右（光绪年间），在河南商城任过知县，为官清廉，常要修书请家中寄一些钱给他。地方士人感念他的廉直，还捐有万人宝盖（伞）为志。父亲陆项荪先生曾在章太炎办的学堂求学，能通日文，一度任职上海轮船公司。读书人喜欢的作诗、下围棋、吹洞箫、唱戏等，他样样在行。陆先生说："革命那一代如果说有牺牲者的话，他就是其一！"

陆先生的母亲周勤珍女士是嘉善人，他说那区文风不错，出过思想家。"江南贫富人家有时心理上并不那么悬殊，我妈妈待佃户下人都很亲切，他们常会摇只船来，送东西给我们吃；她有时说，家中的年轻女佣是她的过房女儿。我家未给清算，主要是这些人觉得一向待他们好。且在半夜三更跑上来说开会讨论了，担心男士会首当其冲，叫大少爷先走！"

1950年后，陆家迁至香港，一度困难狼狈。母亲个性很强，也得靠朋友让一幢房子给他们住。父亲带了点钱勉强维持，对年幼的他影响不大，感觉还住在山明水秀的地方。他在兄弟姊妹七人中排行第六，后头还有个妹妹。

"在香港，我母亲反而本领很大，做一点小生意。"家中每月给孩子一些用度，陆先生从中学后就做家教，赚零花钱，刚学到的知识，他就拿去教别人，独立能干。他最喜欢买书，直到现在他书房收藏的中外书籍，也很令人惊叹！

"父亲心理上漂泊，生活仍是蛮舒服的，我也有点像他，他不担忧……"20世纪50年代他父亲跟新亚书院的钱穆、唐君毅等老师有来往，与两路局局长、经济专家陈伯庄先生颇熟，有时下围棋聊天，主要是在港的文化人很多，大家都没啥事做。

动乱之中，一家人都不通广东话，又以为避避风头，短住即可回乡，钱没带多，倒带两箱书消遣。"家中常有逃难客人短住，他们背景都很好，生活过得颇为讲究，我家就住过一位在上海做过法官律师的先生，国学底子非常好。"陆先生在那亚热带的黄昏乘凉时，常听他们座谈文化、国事，为后来的研究种下远因。

他的一年级是在钻石山——钱穆先生住家附近的庙里所设的佛教小学上的，二年级之后就上基督教小学，毕业于伯特利中学。"我上新亚书院是很自然的。"他对此有着深刻的记忆。

陈伯庄先生的妹妹陈兰萍是位教员，牵着他的手到哲学系唐君毅先生的办公室对唐先生说："这是陆公的儿子。"唐先生看他历史分数最高，就把他放在历史系。陆先生在陈伯庄先生送给他父亲的一套两路局杂志中，接触到西方历史和经济的思想和制度。

约莫在小学五年级，他开始读《红楼梦》《水浒》《聊斋》等小说，囫囵吞下也有消化之处，还珠楼主、王度庐等人的小说也看。中学后看英文小说，始终对小说有兴趣。

陆先生也雅好诗文。1990年赵如兰教授当选台湾"中研院"院士，他以"俗韵天声李杜诗，凭君为我解情痴，春风翰苑花开盛，天下伯牙谢子期"贺之。有一次，大伙同叶嘉莹、柯庆明、张淑香教授赴尹远程、郑兆沅伉俪在纽英伦的别墅白山游览，他亦有"昨夜繁星降百草，偷听浊世紫箫禅，人间几度同今夕，细语更深未肯眠"为记。

老友们应邀出席为赵如兰教授庆祝了九十大寿。

陆惠风先生特别写了首诗贺寿并感怀：

你默默地隐居在康桥，
你静静地忍受着寂寞，
九十岁慈祥的奶奶，
多少人崇拜的偶像。
在这樱花桃李盛开的四月，
我们又吵吵闹闹聚在你家，
要庆祝你轰轰烈烈的一生，
都记得你豪爽率直的性格，
细听这音乐一般动人的语言，
想起你语言一般清浅的歌声。
今晚听见你们姐妹的合唱，
仿佛又回到人生的四月，

虽然大家的歌声都带点沙哑，
但满含着多少年的温情，
因你而发展的学问像满树的花香，
飘扬在你的师生朋友执教的校园。
今天是你九十大寿，
我们祝你生日快乐！

他读历史最先念四史，又细读钱先生的书，中大同学都羡慕他。奖学金获得者的职责是月会校歌唱毕，请学者演讲时，担任司仪。常常就是钱先生主讲，他同在台上仔细听讲，深受影响，也养成上台不怕的台风。

陆先生在新亚锋头甚劲，是辩论赛冠军，香港作家岑逸飞就说他"能言善辩，早为同学津津乐道，编杂志，他是约稿对象"。当时他写过思想性的批评、短篇小说、历史，甚至武侠小说，原本无意发表，丢在抽屉里，或以"袁无意"这样不张扬的笔名发表。他研究学问本感觉不一定要多立文字，故发表不多。他认真地写作，还是后来介绍他给两岸和美国几位积极拉稿的主编、发行人后，他才被敦请出来写专文，不再惜墨如金。他的文化时事评论杂文，很受欢迎好评。

虽然他自己避讳钱穆和唐君毅二位先生是他父亲的朋友，只旁听他们谈话讲课，两位对他却十分关心，唐先生很留意他的成绩，钱先生更令他觉得自己特别受到重视，但他谦虚地说："我想对所有好学生来说，钱先生都让人有这样的感觉吧！"

钱先生曾题朱熹的"半亩方塘一鉴开，天光云影共徘徊，问渠那得清如许，为有源头活水来"来赞许他。又为他结婚题录"闻道西园春色深，急穿芒屩去登临，千葩万蕊争红紫，谁识乾坤造化心"致贺。两幅字均始终悬于他家楼下书房。

历史系除严耕望、牟润逊先生外，年轻的孙国栋、唐端正、孙述宇都是他的老师。陈荆和先生教他东南亚史，陶震宇先生教日本史，陶先生还推荐他到日本亚细亚大学，参加交换计划学通日文。

全汉昇先生是他的第一位入室受业之师，治学深而严密，对他很有寄望，哈佛经济史大师柏庚斯到港，陆先生即被选派去与其见面。考古学大师张光直去港，也是陆先生陪，"记得他走路好快，几乎赶不上"。钱先生主张每天看报，严耕望先生对陆先生临别赠言"每天读书"，成为他一生始终信守的事。

他自谓性格带有多面矛盾，若用明朱希真的《西江月》"日日深杯酒满，朝朝小圃花开，自歌自舞自开怀，且喜无拘无碍，青史几番春梦，红尘多少奇才，不须计较与安排，领取而今现在"来形容陆先生的逍遥，他认为太浪漫了点。他喜用百丈清规"一日不作，一日不食"表达自己不曾荒废生命，每日工作或旅行之外，必读半天书，绝不以江南逸少的出世，看半朝花、听鸟啭新簧的生活为满足。单就钱先生认为对天下有责任之人应当看报一事，他说："我常看的报种类很多，英、日、中各类报刊都不放松。"

有好一阵他把自己隐匿在书堆之中，"剑桥侠隐"之名不胫而走。可是他的博学口才侠情，总是吸引周遭的朋友向他求教。绍光和我请他在大波士顿区中华文化协会谈宗教信仰与民主精神的历史渊源，就是他不断被请到侨社演讲的开端。

他既谈宗教又谈政治，大大突破了一般将二者截然划分的说法，他说："这是不惧美式忌讳。"他将中国宗教观一分为二：入世及出世。入世的即一种政治神学，如大一统观念，已成无可置疑的深层思想——日本学者丸山真男所称，亦荣格（C. Jung）提出的集体良知，是种时代精神，千年而下，有同一内涵。

儒家实际也是近乎宗教的入世神学，道家老庄思想则介乎出世入世之间。出世的宗教如佛教、基督教，都具拯救、乐土和统治者不能不容忍的人群组合形式，客观地提供了权力制衡，成为逼向实现民主的一个条件。

陆先生指宗教与民主具有同一根源：平等、重视个人生存与尊严。中国文化的危机是"五四"以来的民主追求，知识分子只向外求，不向内寻，没有在历史背景下，建立对理想社会的信仰——出乎宗教性的内化，是中国民主化过程中所必要的条件。反宗教，片面强调理性与科学，往往沦为庸俗化合理主义，对民主更没有系统的内化。

当时他强调，在这世纪末，又是千年之中的最后几年，是该做些深沉的回顾：自法国启蒙思潮开始转折，在中国则是自"五四"起，对神学和宗教精神的全盘否定，是百年文明史当中相当严重的误差，20世纪，对宗教精神的领会已然贫乏甚至曲解，但宗教仍是社会普遍的要求和渴望。

在宗教精神的实践方面，基督、天主和回教、佛教已渐转为融通。譬如佛学界，在欧美，学者已做了许多经典翻译考证的贡献，但是义理方面的交流，则比较少见。像海德格读到铃木大拙的禅学著作，就一针见血地说："如果我的理解正确的话，这本书的内容就是我一生想要写的。"很有震荡作用。

又如1989年1月在高雄佛光山举办的《六祖坛经》研讨会，佛学界与佛教界的对话就相当表面化，能涵盖两域者少之又少。他仅指出蓝吉富教授（佛教史名家）的《〈坛经〉与西藏佛学相似之处》一文是少数两面均可领受感谢的文章。此外，日本人柳田圣山提出《坛经》为后人组合的见解已不算太新，仍属考证范围。

陆先生说各大宗教原教旨主义应运而生，是为了对抗世界思潮不断"世俗化"的趋势。原教旨主义是指某宗教文化的继承者，为了保存个人与社会的本身自性（Identity）与此荣辱共存的宗教精神所设计的原教条和内涵。

原教旨主义必然包含依据原宗教的信仰与教义，和引申出来的行为准则、生活规范，并具有复古与创新的双重性格，常以激情牺牲的姿态与民族主义结合极端仇外、排斥异端的群体心理，常有专权独断、极具吸引力的领袖。极端发展，就成就了全盘政教合一。

深切的危机感——精神或社会经济的，是产生原教旨主义的第一要素；其二是传统文化的断裂现象；其三，更重要的是传统文化中，原有宗教基本精神极其强烈的怀旧感，是原动力。对中国言，因三缺其一，故不会在本国文化中产生原教旨主义，但因三有其二，故成为外来原教旨主义传播成长之沃土。在美国，原教旨主义的发展，还像中国一样只是星星之火尚未燎原，但已蠢蠢欲动，想把势力延伸到政党选举——共和党。

中国在现代化的过渡中，极需宗教力量贡献催化，但应避免原教旨主义者的错误。在政教分离的原则下，宗教对中国和其他人类社会的深刻影响，实难一以蔽之，若把活的宗教精神误解，则剥夺了中国社会健康发展必需的一股力量。宗教对世界文化的动向亦息息相关。

陆先生洞察在历史的演进过程中，人性的基本定义也在不断修订。过去的人对于知识、财富、欲望、权力都曾经有过"原罪性的内疚感"，得之唯恐天谴，今日则处之泰然。原罪性内疚感的解除可说是一种对人性、对自我的净化过程。与此同时，思想家、圣人也不断地提出与修订道德、民主、平等、自由、幸福等观念的内涵。

今天的世界公民已经认为，教育与医药保健是民权中不可或缺的部分。今后对进步是否也需修订为"齐步的进步"或"相应的进步"，才是真正的进步？少数人飞跃性的进步，是否意味着大多数人的倒退？这已经不仅仅是语义学上的问题了。如何在不拦阻少数人进步的前提下，使大多数人相应地跟进，是社会主义与市场经济双轨制社会的重要课题。

大乘佛学中，所谓全人类整体的救赎才是菩萨乘的救赎，所指正是此意。了解佛教和各国宗教发展的趋势，陆先生认为已成了今日世界公民的责任。

细看世界思潮，从依附于神学的哲学，转向独立学术思想的哲学，大方向之中，宗教精神必向往宽容大度，人和万物的地位（相对神的下降）会逐渐提高。新世纪宗教家最忙碌的工程，会是拆解地狱，也就像大乘佛教的拯救，用一竹竿把人和万物全引渡到彼岸。

陆先生甚爱动物，笑说："若要寻一派纯真不虚伪，我大概比不上我的猫！"他赞同保护动物。

研究和熟读《圣经》、佛经，也去过天主教会演讲的陆先生并不信教，但是他对关怀全盘环境和"柳暗花明十万户，敲门处处有人应"，揭橥十万八千法门的大乘佛学思想，持乐观态度。

除思想史外，如前所述他在经济制度史上也下过大功夫；在哈佛，杨联陞先生则在典章制度和思想方面深重影响了他。他曾在1986年冬《九州学刊》创刊年会上，就中国文化的几个侧面一节，与赵如兰、郑培凯各讲一题，他讲"典章制度与心物调和论"，借对典章制度的研究，说明历史研究不能偏于一种先设的方法和取向。他认为历史是人物时间交织的产物，分析历史可从心推到物，或从物到心；物后有心，心后有物，连成一片不可或分。然而，历史研究在大陆仍稍强调唯物，港台则充斥英雄创造历史的故事，史学界普遍重史料搜集整理，系统的分析方法论、史论仍嫌不足。他举了明代嘉靖万历年的史例，说明制度的变化，涉及政治经济、思想文化各层，此说法就提供了较客观的历史理解。

对于宗教中主要课题之一——生死，陆先生也有强烈关怀。业师杨联陞先生及父母的先后辞世，使他不免更深思死亡的意义。他由生死之不可分再问：过去的生是否已死？一直在生是一直在死吗？"死后是永生的开始"，是法国大革命启蒙运动最后辩论中，罗伯斯庇尔（Robespierre）所提。与罗伯斯庇尔意见相左的一方，则认为死是"永恒的睡眠"。

"死亡的意义究竟为何？"他先举《说苑·辩物篇》中的例子，子贡问孔子："死人有知无知也？"子曰："吾欲言死者有知也，恐孝子顺孙妨生以送死；欲言无知，恐不肖子孙弃而不葬也。赐欲知死人有知将无知也，死，徐知之，犹未晚也。"

再谈各种类近死的经验：一是重病或亲人的近死经验；二是性命相连之人的死；三是男女欲仙欲死的情热，实有交付生命之感；四是事业由高峰落到低点；五是亲近的事物或作品的毁灭；六是文化由旺盛到衰亡。这些是私人之死。再说模拟之死有如围棋、戏剧、阅读、听讲之死。宗教之死是指上帝之死、出家受戒、受洗修道等与死认同的行动，与罪等同之死，死则作为奖励，作复仇、作保护、作完成……

他关怀极广，从霍金超人论点说到心理学家海恩斯坦（Herrnstein）的《智商与阶级结构》，再引《朝日新闻》堀江义人报道中国之进步和大乘佛学可以在"生命之书的修订"主题下曲折呈现。

已过不逾矩之年的陆教授，看来依然年轻。陆先生对围棋有研究，但他诚实地说他的棋力极普通，兴趣陪客而已。他爱的是飘雪的冬日午后，在窗明几净的安静书斋中，与知己泡杯好茶对弈时，听那棋子"得"的一声落在盘上的唯美经验，远比变幻多端地掌握时空以少胜多更享受。他也爱好听唱京剧、昆曲及老歌等，品赏书画，还可抚一首古琴曲，拉一段二胡，练练洞箫管笛尺八……

陆先生讲求诗样的生活和美的实践。记得有年大雪午后，他携来中国乐器为我们解说禅宗空观。用比喻说中国这个禅宗荒落大院，可登临墙头从高处俯览，或跨越颓墙登堂入室取其珍宝。说空的观念正是心灵知识，取之不竭。第一层次是色空、物空、法空、不真空、非空非有——诸般色相有如雪落枝头，"千树万树梨花开"，霎时即空。二是言空、性空、法空——庄子所说"得意忘言得鱼忘筌"之空。三是心空、理空——心如虚空涵容万法，空是种活活泼泼的能力，亦老子云"当其有得其利，当其无得其用"。陆先生以吹奏洞箫呜咽，拉二胡幽怨来说明无格则音程无限："我这顽皮的人，常打破规矩！"诚然，打破规矩，就能无限。四是终极追求——空、寂、静的境界，正如宋朝不知名比丘尼悟道诗所写："竟日寻春不见春，芒鞋踏破岭头云，归来笑拈梅花嗅，春在枝头已十分。"

他又编曹溪老僧故事，言传微妙奥义。话说土霸数人，在山村酒店，听得老僧煽动村民不惧，欲往教训，抵山中，但听老僧兀自言语："风雪之夜，我若不把你搂在怀里，今晚可能过不了，你是这样温暖，慰藉了我寂寞的毛孔身心，恨不得把你整个吃到肚中。"引得土霸冲入扭住一看，原来老僧怀抱酒坛持勺欲饮，即以水酒分斟，尴尬的土霸饮过，定神一看屋中空无一物，水酒亦非水非酒。这故事令人得其三昧，"曹源一滴水"的滋味尽在不言，直指人心。

陆先生赞成必先有一定的广博，再求专精，提出用《庄子》中的"鹪鹩巢于深林，不过一枝；鼹鼠饮河，不过满腹"来表达求知之限。但他的为学之道却不希望如波平无染的止水，而盼能多饮几道汩汩自来的清流。

生爱死与生死智慧
——探索生命哲学的傅伟勋教授

傅伟勋（1933—1996），生于台湾新竹市，曾教授主持美国天普大学的佛学与东亚思想博士班。自台湾大学哲学系毕业后，傅伟勋赴美深造，并先后任教于台湾大学、俄亥俄大学哲学系，以研究禅宗跟佛老还有东方哲学闻名。傅伟勋教授"是当代中国哲学家中，研究领域最广、语言工具最为齐备、训练最为完整的学者之一。……他兼通中、英、日、德四种语言，并均可用于学术讨论及写作。"自患癌病，傅伟勋开始关注生命哲学，《死亡的尊严与生命的尊严》乃其名作，他还著有《西洋哲学史》、《从西方哲学到禅佛教》、《学问的生命与生命的生命》《生命体验与学问探索——我的人生经历》等中英文作品。

在哈佛不时听杜维明教授在堂上讲起专擅禅佛学的傅伟勋教授初论的"文化中国",以及在文化心理结构上进行"第六个现代化"等种种说法时,就很留神。1992年前后,杜教授在香港《90年代》、台湾《中国论坛》、大陆《读书》、美国《世界日报》和汉学刊物DAEDALUS上,将傅教授强调用来沟通两岸的"文化中国"概念,再扩大意义,把从事研究、报道传播与中国有关事物的"外人"通通纳入,使之变成一个全球社群的论说,引起了好多中外反应,随即展开热烈的讨论。

接着,杜教授在哈佛开了三次文化中国研讨会,会上总是提傅教授。尤其是1992年夏秋之交那场会,学者如林毓生、劳思光、李欧梵、王元化、李泽厚、刘再复、萧蓬夫及我等在哈佛教授俱乐部与会,傅教授未出现。杜教授在会议开场说傅教授正在做淋巴癌治疗,实在令人震惊,不免都为他的健康忧心。

1993年入夏,读报见傅教授新著《死亡的尊严与生命的尊严》出版,眼睛一亮。果然此书轰动,未及月旬,旋即再版。由媒体报道和他亲自演讲,活络了死亡学的人生研究教育,引起一波波的共鸣和反思。

在杜维明、郑培凯、陆惠风三位的支持下,我如愿以偿,1994年中国文化研讨大会,就以"中国文化中的生死观"为主题,并请傅伟勋及杜、郑、陆等人演讲。

那年秋天稍早,在康州会场三一书院由周剑岐、程建平和我主持的会议上,首次见到傅教授。傅教授比相片略清瘦,一头烁亮的白发,长长的鬓角,仙风道骨,戴黑框眼镜着黑西装。俟他开口,铿锵有力的声音,立将他生气勃勃的个性全然显示。他睿智的话语、幽默的禀赋,叫大家着迷。

第二夜研讨移师哈佛,议题设计就围绕着他和杜维明、陆惠风、梁燕城、纪刚几位拿手的"生之尊严与死之奥秘",再从中国精神危机谈到罪与罚——心性的探讨、天情与空性——终极真理的位格性、宗教融合对21世纪人类和中国文化的贡献等。在月黑风高的深秋夜,出乎意料地来了好多第二天一早要工作的听众,把哈佛燕京大礼堂挤得走道都坐满了人。这是继1989年杜维明等二位的满堂彩之后,文哲演讲十二年来仅见的第三次爆满,魅力惊人!

傅教授是新竹人,说话带着新竹腔。台大哲学系毕业,再于夏威夷大学、加大柏克莱分校深造。1962年获夏大硕士学位,1963年于台大哲学系任教三年半,学生现均为各大学中坚。1966年再度携眷赴伊利诺伊大学厄本纳–香槟分校(Champaign Urbanna),攻得哲学博士学位,于1969年先赴俄亥俄大学(Ohio Univ. Athens)哲学系任教,1971年转任州立天普(Temple)大学教授,迁费城,主持佛学与东亚思想博士班研究,并兼台湾"中研院"文哲所研究讲座迄1996年秋。

他著作很勤,有《西洋哲学史》《从西方哲学到禅佛教》《批判的继承与创造的发展》《从创造的诠释学到大乘佛学》(获嘉新水泥文化基金会最佳学术著作奖)《中国哲学指导》《死亡的尊严与生命的尊严》《学问的生命与生命的学问》(获图书著作金鼎奖)《道元》《佛教思想的现代探索》等中英文专著,编述的中英专书亦已有十册,并任中外四家出版社丛书主编,提携作者达三百人左右。

傅教授1933年10月7日生于日治时代的新竹,祖籍福建泉州。父亲傅顺南先生婚后,在竹市开顺生堂西药房。只受过小学教育的父亲,苦练出一笔字,常代抄司法文件。傅教授说:"父亲的世俗智慧从他所发明的几样西药就可见一斑。"自强胃病散,在台光复前算是数一数二的胃病名药,而他专为性病特制的"快乐金丹"与"天天乐",据说也是"仙丹"。凭着聪明,他父亲在日治时做到台湾地区物资统制会社的高级职员,经常游历日本及南京、上海;外加对女性的魅力,全不顾家。性格强烈又有生命韧性的母亲陈查某,生了十四个儿女,夭折五个。一个妹妹生不久即逝,弟弟送给了别人,他成为男孩中排行老五,最小的一个。

母亲一手抚养近十个子女,亲身照顾药店生意,记性好到背光所有药名,以记忆取代账簿,精力充沛。父亲后与一年轻寡妇同居,干脆弃家不归。直至战后,老年罹患半身不遂,他四哥将其接到台北照顾,也请母亲来,两人大吵两天,母亲离去隐居在新竹郊外佛寺。

据四哥说,母亲年届古稀,性格变得柔和慈善。她自动接父亲到佛寺,亲为看护，并自己预言年内将去世，果然不到一年狭心症突发，先电告他大姐，几分钟内即告别人间。两周后，他四哥才告诉远在美东部费城之郊的他，令他在书房竟夜为母亲所代表的老一代台湾女性的苦命暗自痛泣。

"还好净土信仰给她精神慰藉！"他并忆起母亲在每位手足出生时，就会请人看相备好命书以为毕生纪念。1961年他首次留美，大姐给他看写着"远离兄弟抛家乡"的命书，当时惊讶之余并不信其灵验。两年后，傅教授回台大执教，1966年再赴伊利诺伊大学，到1996年共为三十年，父母大姐之逝他都远在美国。命书预言他遭遇的此生气命，真是准确不过，足资感叹！

战后，在台省籍的新一代中，以第一志愿考进台大哲学系者，他算最早的一个，在美汉学界亦数他唯一。他说："如果不是命运的捉弄或安排，我也不可能学哲学。"他小学先上新竹第四国民学校，就对"生命的学问"关注最热切。记得三年级有位陈老师，问他们："世上有什么是磨损不掉的？"他们小孩子懂什么？老师答道："就是这颗心！"他体会到生命会尽，钱会花光，只是心是永远也用不完的，趁早训练，愈用愈好，是每人都有的王牌。他心性坦诚又机灵，哥大名家狄百瑞教授曾形容他像无导向飞弹。

他五年级遇到美军轰炸新竹的日本神风特攻队，看邻居商店老板和他老母支离破碎的肢体，加上自幼听母亲描写佛教地狱的可怕镜头，深夜常做噩梦。年幼时母亲忙药店生意，一时忘了他在楼上，曾从二楼跌到一楼两次，死去活来；在小学时，某次大雨天掉进池塘深水差点溺死。这些经历徒增其对死亡的迷惑与恐惧。

战后念新兴国校，开始改学中文，自修日文，捧读百科全书、文学全集等，养成他对文学（及古典音乐）的嗜好。进新竹中学，也一向是模范生，住近郊的刘幼峰先生和刘太太都当过傅教授的导师，感慨地说："他是我们教过的最聪明的学生！"傅教授调侃地跟我说："小时候大约是聪明又不大有出路，常顽皮耍宝，直到前几年才收敛点。"

竹中有个历史老师姓赵，大笔在黑板一挥写"赵"，他这班长就冒出一句："跟阿Q同姓！"老先生气极问什么意思，半秒钟急智的他话锋一转："天下第一姓！"老师多拿他没办法。他率性纯真，常说："我能使大家都很快乐！"

　　从国校老师自动教背诵国父遗嘱，熟唱军歌，兴高采烈地梦想回归祖国后的幸福美景，到接收的国军浩浩荡荡进入新竹市东门一带的黄昏时刻，他们小学生纷纷与国军将士手牵着手，齐唱进行曲，欢呼祖国万岁，而后竟有"二·二八"，他家突遭晴天霹雳。

　　他读竹中高一时，就读台大机械系的二哥被宪兵队逮捕，罪名是参加共产党。不久三哥也被捕，三哥是台中农学院（中兴前身）的学生，罪名是去南部为二哥选购无线电设备。经过一年多累积下的精神痛苦，加上母亲误信，白白送给有关单位不少金钱，家道自此中落。二哥与引他入党之教员后来同被枪决于水源地。二嫂从晚报阅悉此一不幸时，二哥已被火化，后才与母亲匆忙赶去带回骨灰。母亲原有的黑发全变白发。

　　竹中有名的辛志平校长，特别将他叫去安慰。二哥的不幸已依国法处理，要照样好好念书，创伤自然影响了他，始终第一的成绩下跌，高二补考化学，高三补考物理，差点没法毕业。三哥被判五年徒刑送火烧岛。

　　意外地倾家荡产，触发他远离兄弟抛家乡的奇怪动机，准备放弃学业，报考海军军官学校，结果由于右眼视力差零点二而遭淘汰，不得已求其次考进台大哲学系。

　　他高中偶读日本近现代哲学之父西田几多郎的数本哲学原著，受其影响，决意超克"岛国根性"之限，天天"以今日之我克昨日之我"（梁启超语），是他主修哲学的一大动机。而后牟宗三先生《哲学智慧的开发》（收在《生命的学问》）一书中说的哲学气质，更深深打动了少年的心，坚固了他终身以哲学探索为己任的决心。

　　父亲听到后说："你毕业后想在新竹摆八卦桌，以算命谋生？"多半人误以为命相家为哲学家。那时本省同胞几无例外，鼓励子女做医生、工程师、律师，考文科者已寥寥无几，想做哲学家的更等于是疯狂。

　　因报考台大的旅费无着，他只好出售大姐出嫁时留下的老风琴，凑了三百台币，坐火车北上，开始追求思想生活。"从台大哲学系到研究所毕业，我一直是清寒的学生，靠几种微薄的奖学金与家教赚来外快维持了六年。"

外在生活虽如此贫苦，精神上他可说是十分愉快："那时的我是地地道道的理想主义者，脑子里充满的是文学艺术的幻想与哲学宗教的玄思。"他也始终在文学与哲学间徘徊不定，哲学虽是主修，自觉喜欢的似乎是文学。

在台大为他扎根的两位教授是方东美和王叔岷。"方师讲课极富哲学灵感，有如天马行空，又有启发英才的魔力，是善于旷观宇宙人生的美感哲学家，论诗境、艺术，论'乾坤一场戏，生命一悲剧'，学到的是庐山顶峰展望诸子百家的哲学胸襟……"给他以眼花缭乱的百条哲学理路，令他逐渐意识到必须跳过宏观的哲学玩赏，早选专长。

他跟以校勘学著名的王叔岷先生，上过《庄子》《淮南子》《孟子》《史记》等课程。从那严谨细密的考证训诂作风，他真正学到攻治中国哲学，义理与考据缺一不可；也一直喜欢阅读清代乾嘉学派至当代有关训诂考证的国学论著。

王先生对他这位中文成绩最好的学生，相当期待地说："你懂得很多，此后好好用功，有一天你会超过胡适之先生。"傅教授认为超过与否，今天对他已不重要。他受庄子影响，对世俗评价早无兴趣，但如此的鼓励，对他极有鞭策作用。

进台大后，他自动跳过台湾人意识形态，打开胸襟广交外省同学。系中高他一班的刘述先，带他去见牟宗三、徐复观先生，也常带他去同窗杨汉之家大吃湖南家乡味。他说："述先有如老大哥，赚点稿费就请吃夜宵，颇有'千金散尽还复来'之慨，我喜欢外省菜，爱好辣，就由述先这位吃饭老师指导……"

毕业，考研究所第二年，他搬到台大第九宿舍，与刘先生同寝室，1958年得硕士学位，南下受军训。他在台大选定专攻德国观念论——康德与黑格尔，到现代德国实存哲学——雅斯培与海德格，留美专攻自己头痛的日常语言分析，进而治分析后设伦理学。

在台大和研究所，他都以雅斯培钻研做论文——还定实存（存在主义），乃因发现自己个性中理性—哲学探索与感性—人文音乐感受，相生又相克，甚至感性常胜过理性而难驯。他攻读哲学的实际动机是在了解、克服自己，只能接触与文学(音乐)感受较有关联的哲学作品。

留美后,他一百八十度转向英美分析哲学,是哲学知性自我强逼使然,故意违背原有性向,"确实验证了张载变化气质之理",在伊利诺伊大学的博士论文即以"现代伦理自律论"为题。他又副修现代语言学。那时美国分析科学哲学,几乎都是维根斯坦(L. Wittgenstein)等人的天下。他自认读哲学若无分析能力不成,就投入硬邦邦的不同层次的语境脉络、语意逻辑澄清等训练。他选过乔姆斯基(A. N. Chomsky)新派语言学,对那分辨的表面结构与深层结构极感兴趣;又由海德格、加达默尔(H. Gadamer)、狄尔泰(W. Dilthey)、德希达(J. Derrida)等思维中吸取,并从大学时王叔岷先生处所学之校勘训诂和由宋明理学到新儒家所强调的考据义理之辨,乃至大乘佛学中未成规模的方法论探讨,构想出1974年公开的"创造的诠释学"。

"创造的诠释学"是应用傅教授常强调的"层面分析法",分辨实谓、意谓、蕴谓、当谓、必谓(创谓)五大辩证层次。这是专门针对哲学原典诠释研究而构想的,属一般方法论,站在传统主义保守立场与反传统主义的冒进立场之间采取中道,继往开来,亦可扩延到文艺鉴赏批评、哲学史、思想史研究。他也同意哈伯玛斯(J. Habermas)的沟通观念,认同其在社会演进尤其是通过现代化往后现代的今日多元社会的必要性。

傅教授认为:在中外哲学及宗教思想史上的独创性思想家,多曾以创造的诠释学家身份,经历严格的思维磨炼,从亚里士多德以降,从中国的庄子、孟子、慧能、朱熹、王阳明到开拓新儒家理路的熊十力、牟宗三等亦然。

因恩师陈荣捷教授力荐,傅教授1971年转任宾州天普大学宗教系,主持佛学与东西方思想研究所。除由教学而沉潜的印度哲学,他也未尝忘却西方哲学殊胜的思维功夫及方法论,用以强化东方思想的学问性、学术性,经常引进问题探索法、层面分析法、脉络—语境分析法、语言解构与诠释等各国思潮,并构思出一套自己的诠释学和思维方法论,另外专注(超)形而上学、生死学、美学等在比较哲学上的课题,也开始关心涉及哲学宗教、心理学、精神医学、文化人类学的科际整合。他曾开过"佛学、心理分析与实存分析"这一般学府未有的新课,讲授达十七年,教学相长,成绩斐然。

综观能像他兼治儒释道三家的中外学者不多,他分析"整全的多层远近观"是儒释道三家形而上学的一大优点。就生死智慧言,子曰:朝闻道,夕死可矣。及忧道不忧贫,表示了儒家的终极关怀。了悟人生是种任务,让人不断贯彻人生使命的短暂生命历程中获得解脱;"未知生,焉知死",往深一层说,是一体的两面。以"吾十有五而志于学,三十而立,四十而不惑",到"五十而知天命"算孔子学思历程自述中,最有宗教深度、最为吃紧的告白,天命之年是整个人生的转折点。

孟子深化宗教超越性的天命,同时内在化了"天命即正命"的理趣,建立人性本善良知良能之说,为儒家道德铺下哲学心性论基础。"君子有终身之忧"是舍生取义的宗教性奠基,就是生死观的终极理据。到了张载,北宋理学家更开谈生死之端,逐渐有建立新儒家生死学的思维趋势,阳明心学尽力最大。

阳明首次为儒家生死智慧的真常心性论标出致良知,是三十七岁谪居贵州龙场之时,"忽中夜大悟格物致知之旨"。又云:"人于生死念头……见得破,透得过,此心全体方是流行无碍,方是尽性至命之学。"显然深受禅宗影响。

到了其爱用禅语的弟子王龙溪更说:"先师良知两字,是从万死一生中提掇出来。"儒家道德实践与涵养功夫的真正考验是在生死交关的极限情境。本体即功夫,功夫即本体,有如禅宗慧能所讲的顿悟顿修或本证妙修,颇有契接相通之处。

大乘佛学在乎帮助众生永离生死苦海,终极在于通过真常心性肯定与觉醒"生死即涅槃""平常心是道";认同终极存在,不外一切如如的真空妙有,具现化于日常世界的"一色一香无非中道"(天台)、"事事圆融无碍"(华严)、"日日是好日"(禅宗)都是圣谛。

道家生死观,基于自然无为天道,由老子的"各归其根"到庄子始于无可奈何把握生死命运的悲怆凄凉,再体悟生死不过是天地元气之聚散,自然而来去。

阐释庄子哲理高妙深奥,其物化论、化机论,齐物论,是庄子以真人之无心突破道家形而上学及一切形而上学与神学的思辨猜测，悟出"无无"之后，齐一死生、善恶、美丑、大小、梦觉等绝对主体性意义之理。

中国禅宗承接此一理路，再以明心见性的悟觉功夫，予以实践性的深化，到日本曹洞宗的道元禅，更以"有时之而今"，贯彻庄子齐物与慧能本证妙修的顿悟之旨，终于集了中日禅道"生命的学问"之大成。

他体会这种深意说："在我的禅道词典里寻不到埋怨、后悔、浪费这三个词。"将海德格时间性实存论"向死存在"的时点，一律显现为永恒的现在，永恒与时间在每一生命时点始终交叉融合，将海德格未完成的课题，步步解决。

所以当傅教授在1992年1月15日决定入院开刀检查是否得了淋巴癌之清晨五点带一包裹，在寒冻、冰点之下的气温中，孤独地步行五十分钟，勇赴难关，坚忍苦楚，故意试探自己的毅力，也正是想以此机会试试靠知解参禅的心性体认。

他最不喜打扰别人，又向来报喜不报忧，有大困难既不告诉，也不请他人帮忙。术后两天，他坐出租车回家，数天昏沉，熟睡。"生平从未睡得如此舒服甜蜜，无忧无虑，无相无念，有如涅槃解脱，如果这样就是死亡的滋味，我倒觉得死并不值得我们恐惧。"

春假回来，医师告以断定淋巴癌并蔓延到上胸，要做放射线电疗，除去脾脏，要他有心理准备和保持希望。

此时他已在暑期教过"死亡与死亡过程"的课十年，自信够应付死亡挑战。他告诉医生已有钟惠民总编辑盼他为读者写有关死亡教育的书，忽然觉得应该答允，乘此生死体验机缘写来，医生为其勇敢称奇。

5月1日再动手术之后，他更觉得已克服小时候怕死的神经质倾向。回想高二时的"小哲学家"灵感，跟同学瞎吼"死后虚无一片大黑暗"，不觉好笑又内疚。几次由单杠摔下，几乎半死，开始忌讳生命冒险；预官时乘美军旧机的风险，令他产生怕坐飞机的畏惧心理，直到天命之年。这些大小的近死经验，加上生来很强烈的生命感受，自然触发他环绕死亡或生死问题，日益关注生死学、生死智慧探索。而真正面临生死交关的大难时，他忆及"人生是一种使命",感到应珍惜余生,好好写出《死亡的尊严与生命的尊严》。他认为自己这本书,有些章节只点到为止,不过他已收集整理,完成了下几本书的大纲:《现代生死学与生死智慧》《生爱死——从死亡学到生命学》。三本合起来,被他戏称"生死学三部曲"。

他于20世纪80年代初构思"生命十大层面与价值取向"模型。现代生死学必须强调,生命最高三层——终极真实、终极关怀、实存主体,及其价值取向,对于下面七层——人伦道德、审美经验、知性探索、历史文化、政治社会、心理活动与身体活动来说,有其宗教性或高度精神性的优位。寄望能超越生死。

一旦肯定超世俗的宗教性或高度精神性之后,就可建立健全有益的生死观,培养生死智慧,接受我们的人生为一种高层次的课题或使命。而后彻底转化我们的人格气质,重新回到世间,从事具有人生意义的日常工作,创造真善美等种种文化价值。

他说如用大乘佛学的"二谛中道"理念说明,则可说,站在"一切法空""中道实相"等胜义谛立场,一切既不可得亦不可说,于此不可思议的解脱境地无所谓死后世界。然而站在泰半人类所执守的世俗谛立场,不能不说死后世界的奥秘,这确是一项生死学的课题,他并不因自己毫不在乎死后命运,而漠视大众对奥秘的关怀。在研究生死学第二阶段之后,关心的是如何从他所强调的"个体死亡学"转到"共命死亡学"。基于新时代的集体共命慧,研究面对死的挑战,希望表现爱的关怀、理想能在台实现。他提早退休,应台湾佛光大学(南华管理学院)之邀,主持研究所课程。惜乎未完成!

说到现代人都得承认无论如何奋斗,也不会完全成功,所以在儒家最好少谈圣人,君子已可;佛教则少谈成佛,能做菩萨已经了不起,生活的表现才最重要,老标示高高的境界根本无用。多少次他说道:"我这辈子遗憾未走上最爱的文学音乐之路,也不曾禅定调息,不是圣人!"说笑也讲得很大声,元气淋漓。

他阅读各国文学著作,比较中外,认为中国文学能挖到灵魂深处的尚不多；音乐，他最推崇独特性（文艺亦然），以伯牙子期知音的故事，谈无言拍合，以心传心的知赏……

他以《学问的生命与生命的学问》获得1994年图书著作金鼎奖至高荣誉，他的感想是期望于十年后，以古稀高龄重写一次毕生的学思历程，书名为《生命体验与学问探索——我的人生经历》，还望进一步学思奋勉之后能仿孔子的口吻说："吾七十而豁然贯通，问心无愧，死亦无憾无惧。"

大家关心他的病体，当时觉得应是已经控制住了。他不敢自吹自擂说必能长寿，但自觉已破生死，既已挚爱过这美好的人生，也随时能自然安然告别这美好的人生。他觉得真实人生才真正开始，一系列的著述有待完成，有哲学、佛学、思想和小说……

傅教授再次肿瘤手术引发霉菌感染，昏迷近月余未醒来，1996年10月15日凌晨逝世于加州圣地亚哥。

论近代戏剧和表演艺术的还本归原

——台益坚教授谈戏剧

台益坚(1932—2004),生于北京,麻省理工学院人文社会学院教授。

台益坚的父亲台静农教授是著名作家、文学评论家、书法家。台静农治学严谨,在文学、艺术、经史等多领域均有研究,并以文章书画高绝驰名。其作品《地之子》《建塔者》等备受关注。台益坚,选择了戏剧,获南伊利诺大学博士学位,任教多所大学,并于1991年担任麻省理工学院人文社会学院教授,并于此地创设了中国语文课程。

台益坚教授在师大附中、台大外文系时，就一直活跃于话剧的演出和制作，后专攻戏剧获南伊利诺伊大学博士学位，1968年任教匹兹堡大学，于1975年转任韦斯利学院，1981年转任塔芙兹大学，1989年到波士顿大学，自1991年秋担任麻省理工学院人文社会学院教授，为麻省理工学院创设中国语文课程，十分成功。

台教授恂恂温厚，颇能令人想起他极有清望的父亲台静农先生——前台大文学院院长、中文系系主任。提起柯庆明教授捎来的《台静农先生纪念文集》里的事迹，他表示，父亲成年后亦只路过的家乡安徽霍邱县叶家集，他并未去过。先祖由商致富，祖父毕业于天津法政学堂，曾任法院院长。1932年出生在北京的他，关于父亲参加过"明天社"，以及与鲁迅、李霁野等建立密切友谊的"未名社""左联"等事并不清楚。其时台静农先生与"五四"后的著名文人皆有往还。

台静农先生1927年曾受北大研究所国学门的导师刘半农与西北科学考察团负责的瑞典考古学家斯文赫定之托致书鲁迅，请求同意提名其为诺贝尔文学奖候选人。鲁迅不为所动，由广州答书："倘这事成功而从此不再动笔，对不起人；倘再写，也许变了翰林文字，一无可观了。还是照旧的没有名誉而穷之为好罢。"台静农先生初入杏坛，在中法、辅仁、北平、厦门、山东、齐鲁等大学任教，极不安定，因政治牵连而三度系狱，最长被拘半年，经蔡元培等呼吁奔走才得释出。对这些事，台教授说："这些他都不讲，后来听母亲说起过，其实他有许多令我们惊讶的事。可能只有李霁野他们才知道。"台教授年龄很小就离家住校，到念附中、台大时才与家人再聚。

台教授倒是记得抗战时一家的菜根生活：父亲的收入根本入不敷出，不能养活我们。台教授曾有诗追念母亲于韵闲女士当时的辛苦："相看儿女催人老，柴米商量累汝多。"刚入川，由川大的叶石荪帮忙，台家住入白沙邓姓别墅，房间多且又空着。不久，就有李何林、曹靖华两家北京朋友前来投奔，人多复杂，主要与曹家处不来，父亲怒而移家至黑石山。台教授和妹妹在家，常往山里挖菌和野菜，有时下水田拾田螺、捉黄鳝，打油背米则要步行二十里到白沙镇。有一年未能入学。

台静农先生当时在迁址白沙的国立编译馆谋得一职，半月才回黑石山的"半山草堂"，提着几两白干，在家想写字就以红土浆为墨，过着隐士的生活。台教授那时不足十岁，印象中父亲携回商务版的教科书，以一课《荔枝》的古文为其启蒙，首句是：荔枝生巴峡间……他爱读一篇白话《爝火》，其中描写的是夜行人遥看爝火，越远越亮越闪烁。父亲辞世他写下"现在父亲去了，我心中也燃起了一朵爝火，越远、越亮、越闪烁了"来怀念老人家，"但本质上他是极内向的。除了在其诗句、小说和书法中，他很少表露个人的情感"。

1940年白沙国立女子师范学院成立，台静农先生担任国文系教授乃至主任。战后一年，又应同事魏建功之邀，渡海来台。在当时这亦是他们一家得以离川的第一个机会。1947年台大中文系招考新生及二年级转学生叶庆炳等，之后叶教授成为第一届独一无二的毕业生。台静农先生任教中文系二十七年，其中曾任中文系系主任二十年，开明温蔼，在校在家皆春风化雨，热诚启迪英才数代，对于中国文学的贡献深远。

台教授约莫十岁时，就像姊姊纯懿般住校就读。"其实也就是国难期间的收容所。"（台教授尚有一妹纯行，一弟益公。）胜利后他又独留重庆念清华中学，时局吃紧后，才赴台同家人住温州街台大宿舍。他偶忆与妹妹同在中学时，跟父亲在门前不期而遇："他看一眼，我看一眼，就那样没什么话讲地擦身而过，我兄妹俩会心一笑，父亲待子女亲情是隐于不言中，他很少在家，在家也待在另一边的书房客厅，招待他的朋友学生；如果我们朋友来，他一定过来，对待他们就如学生一样自在而热诚。"比待子女亲近啊？"的确如此！他的学生来，我们很少参与，除非他叫我去介绍喝杯酒！"

"您那时常演戏？""对！长大后选了父亲不敢做的事，上台演戏，他连看都不敢看，我母亲每场都看，他从来不来看，也不知道不来的原因。""对您念外文系有意见吗？""有啊！他不赞成我念文，希望我念工，附中时按数学成绩分组，我在理工组，但我选择了外语。"说话间穿插着呵呵的笑声。

中文系已退休的乐蘅军教授记得同学早就看过张大照片，是台教授大三演《新红楼梦》时"新宝玉"的剧照。台静农先生边给学生看儿子的英姿，还边叹："我就不行！"是夸台教授有胆量上台演出。"他是完全不表达！"台教授感叹道。

若从头再来选一遍，会不会步父亲的后尘？"那是很有可能，我爱文学艺术，是因在家，书架上书很多，我也试过写新诗散文，投过《公论报》……"还因介绍而和后来写《剑河倒影》等享有盛名的散文大家陈之藩教授，合写引荐西洋文学作家作品的文字，刊在流行杂志《中学生》上。

对父亲被文评家认为"从内容到风格，皆师法鲁迅"的小说《地之子》《建塔者》等篇，他在抽屉里看过稿子。台静农先生以书法驰名。他的倪书字体，在书画名家江兆申、蒋勋诸位看来是"蟠虬老健""提顿险峻""仿佛受到极大阻压的线条，反弹出一种惊人的张力"。台教授说，在四川时父亲就写倪元璐的字。倪元璐是明末遗民，另宗倪元璐书的原因是张大千世伯曾送他倪元璐书双钩本及真迹等。有五件倪元璐珍品在1990年暑假台教授返台侍疾时，遵父命赠予台北"故宫博物院"。台静农先生过世后他再捐父亲法书六件，余润得沾天下，两代用心传为美谈。

后辈皆知台静农先生不善理财，事实上也无财可理。台教授直截了当地说："完全没有！但他过得最好的日子是最后十年。"老先生自奉简朴，招呼学生络绎不绝，恩义有加，常听得哈哈的笑声洋溢在温州街十八巷内。这应是最丰盈之财宝。

偶为台教授传稿，瞥见他手稿的字也是一笔一画认真而从容，必是耳濡目染，家学渊源吧。他嘿嘿一笑："不，不！我是最不会创作的，太太说我是不喜欢一个人做事，才选了戏剧；想特别参加演出，是感觉戏有掩饰，等于套了一层——你不是你自己，站在台上比较无拘，而且戏剧是个集体参与创作的东西，个人创作也许将来吧……"台教授的太太朱蓉，是匹兹堡大学艺术史博士，曾在城中主持"中华艺文苑"，向外人推介中国艺术文化。她首先发展空间艺术，设置艺廊，每年展出六个画展，成为美东定期而有计划地介绍中国现代美术的根据地，兼及中文、音乐、舞蹈，并主持演讲、电视节目等。

请台教授讲西方戏剧传统，他慢慢谈着：经过科学思想工业革命，促成各行各业突飞猛进地改变，如达尔文发表进化论，尼采宣称上帝之死，文学、戏剧、艺术亦必然有了新的要求，与京剧类似的帝王将相角色，也就是欧亚古典、浪漫主义中的贵族英雄，被真实普通的人物取代，时空也转向此时此地。

19世纪中期，左拉深受法国文学史家泰因（Taine）影响，并极力推崇巴尔扎克和写实主义在小说界的辉煌成绩，挺身而出成为自然主义代言人。在文艺理论著作中，写实主义与自然主义交替互用。严格地说，写实主义内涵较广，自然主义是其中与自然科学最具关联的一支。基本哲学是人没有自由意志选择，命定受遗传及环境的支配。发挥这观念具代表性的有易卜生的《群鬼》、霍普特曼（Haupt-Mann）的《日出以前》及史特林堡（Strindberg）的《朱丽小姐》。

写实主义成艺坛的主流，占据西方剧场达半世纪之久，弗洛伊德的心理学问世后，写实主义再延伸入新层面。写实主义戏剧多针对社会问题，择其最有意义的时刻，加以渲染，提呈出来，望观众得到理性的了解。故新上场的多是在现实中挣扎的小民，如高尔基的《底层》、柯克兰（Kirkland）的《烟草路》、金思理（Kingsley）的《死巷》都是典型之作。

但是科学尽管进步，人的苦难并不能完全解除，对科技的信心到底短暂，依旧摆脱不了悲剧的人生观。据亚里士多德的《诗学》中述：戏剧是行动的模拟，悲剧英雄是超然的较完美的人物，须以优美的诗的语言表达，以戏剧的效果来看。正如俗话说：爬得高、跌得重，自然感人之程度也更深。

自19世纪以来，戏剧反映中产阶级乃至普通人等的人事变迁，千古风流的个人英雄已经没落，既无令人可歌咏之事迹，又无磅礴之气志，诗的语言也就默然无声，自舞台隐退。现代评论家傅瑞（Frye）谓剧作主角与常人无异，语言就变成散文；人物成为诙谐，观众则感优越。

这并不表示悲剧不存在，写实主义悲剧是小人物之繁重苦难和复杂感情，只是在他们的坚决奋斗中，同样显示了人格的尊严与精神的崇高。像威廉斯（T. Williams）的名剧《欲望街车》中，布兰琪（Blanche）是被损侮的女性形象，可是她绝不放弃她所追寻的美好幻梦，终入疯人院。在米勒的《推销员之死》中，威礼（Willy）是受伤害的代表，不愿也不甘心接受现实改变，自杀对他并非逃避解脱，而是保存了完整的梦想。

自科技提高，父传子继的传统生活式微，人对生命改观，在精神领域中迷失茫然，个人的贡献与功能已无足轻重。人的天地成为不同的"立体空间"——高楼、公寓、汽车、电视、电话等，科学的昌明反而导致疏离感。

疏离反映在戏剧中，写实主义形式即不敷使用，原强调客观观察与科学分析，但人是感情的动物，往往是主观的，其间有难解的矛盾。近几十年剧作家对生命的真谛，也感到惶惑不安与恐惧，"人生到底是什么？"正是他们表现的问题，他们绝不试图提任何答案。如卡夫卡在《笔记》中的比喻：人类似乎陷在隧道内出事的火车中，除了进口与出口的那点时隐时现的光，一切都是未知的。

新派剧作家如贝克特（Beckett）、尤乃斯可（Ionesco）、品特（Pinter）、金内（Genet）等，都专注强调造成各危机的情况，及各角色多元性的内在生命。内容则表现为各种似是而非、矛盾混沌和不完整——人生也许什么都不是。无怪德布瓦（de Beauvoir）说："出生与死亡之间只有荒诞。"——影射前锋派戏剧之通性即艾思林（Esslin）所称的荒诞戏。

在荒诞主义剧作中，人是无能为力亦无自由选择的余地的，基本是消极的；不像存在主义的萨特在《无路可走》中所表达的，个人必须采取行动方能解脱，地狱无非是与他人彼此倾轧于一室而无法超升的情况而已。

荒诞剧表现的往往是既非悲亦非喜的糅合感觉，像卓别林在默片中塑造的小人物，传统悲喜剧分类已不适用。百年前齐克果（Kierkegaard）即说过：在极端的感情经验中，人的悲欢如果延伸到无限远，就相聚一点无可区分。

这悲喜交集，正是荒诞戏预期的观众反应。观众可笑其不合情理、不连贯、无意义，但这些现实表象的底层是有深意的，机械的掩饰的笑也失去了意义。艾思林说："荒诞戏的目的不在叙述故事，而是表达一种诗的意象。"以《等待戈多》一剧来说，并不构成情节故事，却反映出贝克特的直觉——在人的生存中并未真正发生过什么。全剧错综复杂，由许多次要的意象和主题所构成，好像交织于乐曲中的各种主题，跟一般结构剧中的直线发展不同，却能在观众的心目中，对一个基本的静止情况产生完整复杂的印象。

以艾尔比（Albee）的名剧《美国梦》为例，人物全无姓名，描述其机械性刻板生活。在纽约，人完全失去生存价值和意义，只是仅具人形的物而已。故路易斯（Lewis）论之："《美国梦》是以美国家庭为题的一幅极富狂想性的漫画：人物都是非人化的典型。"台教授说，正是科学所造成的现实真相！

荒诞主义其实仍是写实主义的延续，表演技术也有不少改变。写实主义以呈现感官真实印象为原则，把全盘实况搬上舞台。以传统剧场方法演技之斯氏体系为最重要。斯坦尼斯拉夫斯基（Stanislavsky）是俄国著名编导，影响很大，曾在纽约史特斯堡（Strasberg）创办了一小型训练所（Actors studio）。马龙·白兰度、玛丽莲·梦露等人都去上过课，方法就是斯氏体系。他们的口号是："演员必须活生生地把自己蜕变成角色！"分析剧本的主题，主要、次要角色都经箭头图解——大箭头下有许多小箭头，方向一样，跟着目的由内向外，发诸真情地去表演，达成贯穿动作。

而中国京剧是从外而内的。台教授回忆十多年前返台看父亲，张大千世伯邀他们到摩耶精舍等着一起去看一场好戏。只见大师正挥毫画垂杨，复以余墨勾了几笔鱼的水墨影子，小辈的他不禁赞出口来。大师用四川话说："我才画了几笔啊，你看到啰？你看不到哩！"偶然读到中国画界常引用的一句话，"绘水绘其声，绘花绘其馨"，中国演出者就是要找到那没看见的、没听见的、没嗅见的……

张大千对京剧素有兴趣，支助名角又买票捧场，但告诉台教授他不喜欢话剧。因为"明明是假戏，他就要真做"。台教授认为戏就不能当真，京剧一开场就会说白，好比："我（拍胸）！今天演霸王！"根本不是霸王，只是做给你看，我想象的霸王是这么唱的，这么"别姬"的。看来比实际岁数年轻的台教授，演讲有演戏的架势，相当潇洒自如。

欧洲在18世纪，翻译了元曲的传奇剧。由于语言的隔阂、文化的陌生、对文言唱词的删略，造成当时的法国文豪伏尔泰对其无法了解而排斥。伏尔泰认为中国文化在其他方面成就高深，然而在戏剧领域里，只停留在婴儿的幼稚时期。伏尔泰曾将元曲《赵氏孤儿》重编为面目全非的《中国孤儿》，在巴黎搬上舞台。1860年，京剧第一次到欧洲演出后，再遭不公平的评论："发音从肺部挣扎吐出，以为是遭遇惨杀发出的痛苦尖叫！""高到刺耳以致无以忍受的程度，尖锐的声音让人想到受伤的猫！"

台教授说他对中国戏剧发生兴趣，还是赴美专攻西方戏剧之后，返台探望父母时，才发现京剧里有无尽的宝藏才回头去钻研的。近年他也教中国戏剧，学生们反映他们不大能接受的，主要就是唱法。

为何京剧要用这种唱法？他与父亲及戏曲理论家曾永义教授都谈过，但无从发现相关记载，他自己的看法是：说故事在中国是早于戏剧的，从宋元话本开始，说故事人需要有技巧地假想，牵涉的角色有老生、小生、老旦、花旦、青衣等，须由自己临时即兴的声音表演出来。若能合理，再推论到后世戏剧的扮演唱腔，或有男扮女，或有女扮男的假声唱法。

"五四"以来，中国现代话剧表演全受西方写实主义影响。首倡者为留日学生、弘一法师李叔同等所创的"春柳剧社"，接下来的曹禺、夏衍、郭沫若等，近点的有张骏祥（袁俊）、姚克、洪深［修过哈佛有名的英文四七，由名家贝克（Baker）教授的课，也在卡伯利剧场附属戏剧学校和其他学校学习表演］，前二位均是耶鲁戏剧写作出身，受写实主义影响。

在20世纪30年代的俄国，鉴于社会人心论调灰色，日丹诺夫（Zhdanov）最早提出社会主义写实的框架。周扬因研究苏俄文艺而带进社会主义的内容和写实主义的方法，郭沫若等亦由浪漫主义而改变跟进。影响所及，大陆戏剧到了60年代一转以往所推崇的斯氏体系，闭门造车地生产出样板戏传统。样板戏杂糅东西流派，又夸张民族形式。像《红色娘子军》芭蕾舞的动作止于腰下，上身全是京剧动作，因为芭蕾的手动作太软，不具革命煽动力；《白毛女》改写数次，删除破坏"正面英雄"形象的受侮情节等。《沙家浜》也是一例。

另外，中国也由于梅兰芳在30年代先后到美、俄演出，做工高妙，肯定影响了欧西大师如布莱希特（Brecht）、麦耶霍（Meyer hold）等。1935年梅兰芳在莫斯科演了《汾河湾》《刺虎》《霸王别姬》，观众之中正好有斯坦尼斯拉夫斯基、布莱希特、麦耶霍、克雷（Craig）等欧陆的专家。布莱希特看他卸装后改穿西服答问时，举手投足便成角色，就对西方演员研究准备许久才能转变成角色的演法产生疑问，1936年即推出"疏离"剧场，重新诠释戏剧的主客观互动意义。

庞可（Pronko）在《东西剧场》中，提出如30年代得普立兹奖的名剧《吾乡小镇》，场次、角色的安排，不用布景、帷幕等，很有中国戏剧特色。该剧作者威尔德（Wilder）的父亲即驻港外交官，也去过上海。他小时可能受到中国剧场浸润，写出此剧，在美国戏剧中是个里程碑。

西方的表演方法多元。演员可以选择角色力求完全融入的斯氏体系，也可以选择将自身由舞台及观众抽离的布莱希特方法。中国当代的戏，在向西方学习了几十年后，又转回头，向传统学习。新作，像《车站》《中国梦》等，都有传统的影子，这是中国戏剧还本归原的一刻。台教授与太太朱蓉曾编导《清宫秘史》和《雷雨》等剧，以英语推出公演，他都演出要角。

大家对麻省理工学院这著名的理工学院能设中文组，都非常瞩目。开创中文组的台教授说，他们的教育方针是：必须使学生对社会责任及个人将来丰富而完美的生活，有充分的准备。各专业训练目标固极重要，但当今之世，科技问题与社会问题已不可分野，人文社会科学亦是专业教育所必须具备的。没有适当的文化背景、科技专业人员，就不够资格在本行内领导，所以理工学院学生依规定必修八门文科。

但美国经济不景气，各大校均收支不能平衡，也大量减少开支，麻省理工学院人文社会科学院院长及副院长曾两度赴远东，与企业界的成功校友会谈，盼能鼎力相助，使中国语言和文学今后正式列为文学院的常年课程，以循日文组先例。

台教授亦有牢骚：对美国中文这行，他已看透看淡，没有啥太大的期望。回顾要不是硕士念完那年，私下想进耶鲁念戏剧博士，因而到耶鲁远东语文学院应征教了两年中文，"踏出了错误的第一步"，实在不该入这行的。看他真是花开也好，花飞也好，豁达不争。感叹台教授竟因罹患肺癌，于2004年2月9日离世。

红尘里的黑尊
——高能物理专家郑洪教授

郑洪，1937年生于广州，美国麻省理工学院教授。

郑洪于二十二岁时在加州理工学院获得物理博士学位，后执教麻省理工学院五十年，二十七岁升任正教授。1978年当选台湾"中研院"院士，为当时最年轻之院士。因在高能散射物理上的重要贡献，曾获诺贝尔奖提名。自幼对文学感兴趣，在教学研究之余，醉心文学创作，著有中文小说《红尘里的黑尊》以及英文小说《为南京而歌的女孩》等。

《红尘里的黑尊》这本小说我已仔细读过许多次，作者陈衡是郑洪教授的笔名。听得学术界同事谈论，麻省理工学院的郑洪教授，被提名过诺贝尔奖，又当选了台湾"中研院"院士，而且还是当时院士中最年轻的一位，那是几十年前，我们尚未转任哈佛大学时。来到剑桥后，匆匆忙忙过了几年，与郑教授首次见面是在一个深秋，我们夫妇应邀参与他的老友沈君山的座谈会，郑洪先生是主持人。那时刻，据他所述，正如沈君山说的，他是"科学界的老兵，文坛的后进"。

在1986年耗费心血于尖端科学之余，他居然又以下笔如神的禀赋，在由台返美的飞机上，振笔疾书写成三万字的小说《听歌的一夜》，投到颇为风行的《皇冠》，匿起本名以笔名陈衡面世。头一回发表出去，即被刊为推荐小说，我们曾在艺文小集讨论过此书。

每有文学家来，时能看到他，或与出版界的太太相偕在座。熟稔他们生活的忙碌和不周旋后，益显欢聚一堂的珍贵。

郑洪太太崔志洁毕业于哈佛。婚后，她就因郑洪先生喜欢文学，而开了"剑桥出版社"（Cheng & Tsui Co.），专出版东亚语言文学类的书。此社现已是美国汉学界有名的出版机构，重要的学者如夏志清等皆与其有书缘。

他们夫妻平日辛勤于事业，亦无家累后顾之忧，除开假日小憩吃吃馆子和到各地开会外，全心投入工作。郑教授喜欢运动，由建中到麻省理工学院一直嗜好打篮球，中年也停了，现在只做吐纳游泳，但是对于心爱的诗画，仍不忘情。端看他俩家中的陈设，就可看出主人的雅趣。

1989年年底，郑洪在感恩节前通宵熬夜，稍睡起来，眼睛竟然看不见了，太太急送名医，做了很精密的视网膜剥离修补手术，也是他生平第一回手术，静养两个月后，才算康复。人在病中，种种的思虑不断涌现，百感交集有话要说，既不能用眼做别的事，于是行云流水般的创作功力又见发挥，闭目写成小说稿近十万言，初名《坐看云起时》，后改为《红尘里的黑尊》。

两个月澎湃汹涌的灵感，令人难以置信！他倒平稳柔和地表示："到我这年纪，积了一辈子想要说的话，当然写得快。稿子我总再三修改，前一晚写好的稿，晨起看看不妥就改，改了又改，最后原稿纸上可能只剩下一句是第一回写的。"看那手稿，有剪，有贴，还有修改液涂写，满目疮痍的原句实剩无几。

不仅他对自我期许之严，令人敬服，更难得的是，他还以泱泱风范向朋友汲取意见。

我读完他的手稿，也就觉得那"以赌场隐喻人生百态，大胆描写性、爱、死亡，深刻细腻，呈现人性竞技场的现实面"，确是心声流露。由于其中人物多少与《听歌的一夜》雷同，首先向他询及角色的来龙去脉，再表明赌局太长，对一般读者易生隔阂。他即坦言，这些正是前辈於梨华和张系国的意见，他会修正。对于小说原名过于抽象的问题，他也从善如流，改为《红尘里的黑尊》。这本书后由台北联合文学出版社出版。

他对彭玉麟的咏梅花诗画神往心仪。1991年春天，他在一次电话联络中突说："刚在苏富比买到一幅彭玉麟的墨梅，正想托你找资料研究哪！"缘于少年神往彭玉麟的廉洁和真情，又绝不要用道听途说的方式来写。我深感不容易，因正史所载彭玉麟必多军功，绝少触及这种浪漫故事，唯有姑且一试。经过一夕寻索，只寻得一本载有彭玉麟《狂写梅花十万枝》等诗的李宗邺所著的《彭玉麟梅花文学之研究》，翌日清晨他来到哈佛燕京图书馆，在喷洒着细水的青草地和石狮子前把书取走，隔日还书就携来十分在行的考据《彭郎与梅花》一篇，惊人！

郑教授的家乡是广东茂名，1937年生在广州，只在抗战时去过一次广东。那回从曲江以最原始的交通工具，乘船坐轿，走了差不多两个月才到。那年他才五岁，却能清晰记得家人在大太阳中，抬了一只刚杀的猪去祭扫祖父母的墓，拜谒祖宗祠堂。郑教授小学住在广州沙面，北伐时号称铁军的第四军军长张发奎，就住隔邻，常看他们在大花园里用牛肉喂狼狗。他说："我家住在一幢洋式楼房的二楼，三楼住着李汉魂省长（抗战时），厨房是通的，我常上楼去找他女儿谈天。"

郑教授老早就讲过他建中毕业后，参加最后一届高中生留学考试，取得资格后，因未筹齐保证金，延了一年，就先进入以第一志愿考取的台大电机系就读。要不是如此，大家很容易联想他也是名门贵胄。他谦称："我父亲郑丰先生，可能是家族中唯一读大学的，而且是半工半读地念完中山大学。虽做过广东建设厅长、立法委员，来台就辞了。"出国所需的两千四百元保证金对薪水阶级的公务员，绝非戋戋小数。母亲马锦文女士又未上班，尤其还有一兄一弟和三个妹妹。第二年春天，还是靠俄克拉荷马大学的同学，凑数借钱才成行。

暑假时他一面等申请名校，一面到举目无亲的纽约打工，在脏乱的佣工介绍所行列中，"手上握一个号码牌，紧紧握着，就像握着的是人生希望"。那时他才十几岁，做过餐馆的洗碗工、跑堂等，省吃俭用地把满腔辛酸往肚里吞！直到进加州理工学院之后的暑假，才在IBM公司找到研究性的工作，做到读研究所那年，豁然开解了一个"磁共振"的研究题目，还意外地成为他的博士论文，使他二十二岁就拿到了博士学位。

这篇论文的范畴，正属外子绍光的方向。郑教授曾经礼貌周全地写了封信一起寄来给绍光，他那精简高超的论文和那笔顿挫苍劲的字，令喜爱书法的绍光赞不绝口。1961年起他仍在加州理工学院做了两年超博士，接着又到普林斯顿一年、哈佛一年，1965年到麻省理工学院数学系开始任教。

他早慧聪颖，经过漫长近五十年的教授研究生活，他悟出一以贯之的"内功心法"——要注意始创性，一定不要模仿。他在CIT跟号称爱因斯坦继承人的盖耳曼（M. Gell-Mann）做"爱斯矩阵"，废寝忘食做了三年，竟然整个垮掉。从此他最反对跟风，一定要放下崇拜，深切思考，才能有所创见。

在哈佛物理系做超博士那年，他在餐会中碰到年老行动不大灵活的诺贝尔奖得主范弗勒（J. Van Vleck）教授，不擅交谈地先互换了姓名，范弗勒接着就问他："你是不是做磁共振的那位郑？"他差点忘记自己还有那么一篇化繁复为简单的杰作，引得诺贝尔大师都刮目相看。他的论文几百篇，到研究"广义相对论量子化"，篇篇都非专家不能懂，到达这种高能物理的绝顶之境，难怪早就被提名诺贝尔奖。

这样的成就，还会有失意低落的时刻？"科学界对我的不公，我个人觉得还蛮大的，总觉得自己没有充分被同行承认，也许大家都会有这种感触吧？"说得也是，哪行哪业真有公平的天地呢？相信朱经武、周芷等人更有同感。

我们在20世纪70年代后期，就听说过郑洪以"高能散射"成为诺贝尔奖的被提名人之一。那年的诺贝尔奖委员会，也因此辩论得很激烈，耽搁了好长时间才宣布，遗憾是难免，高处不胜寒。不过秉持理想，不轻易出手，必然不会长久受制。

自幼就有数理的天分吧？"我开窍很晚，小学时算术七十分，作文六十分，其余功课都惨不忍睹……"郑洪摇身一变自嘲调侃，俨然成了幽默大师，"我从来没有考过第二名，都是考二十多名……"令人忍俊不禁之余，他又不动声色地继续讲他五年级灵光一闪地被选去参加算术比赛，然后就一直到建中高一才得进好班，诙谐到底。

他小学跟母亲下乡度暑假，缺少玩伴，与哥哥两人翻出章回小说，他看《薛仁贵征东》，哥哥看《薛丁山征西》，还别扭地不肯交换。这本书就把他带进了文学的门槛。从此，郑洪经常阅读小说，从老舍、茅盾、巴金到还珠楼主等，《红楼梦》看了好多遍，但是作文仍不算好，同学里最好的是王正中先生（台湾"中研院"院士）。直到高一时王树楷老师把他的一篇《〈基督山恩仇记〉读后感》打了九十分，这前所未有的高分激起他舞文弄墨的兴趣，非但投稿频繁，甚至还想上中文系，可是因为"退稿真快，大部分都被退了，写作生涯的不顺利"，他仍选择了数理。

从不后悔？"不后悔！我中学就与一般同学的兴趣不太一样，喜欢做做数学、背背诗词，这些事对我而言，很自然。"他仍很享受他的数理研究，往往一个方程式，就花上两个星期来推演。他又感叹职业作家过活很困难，缺乏鼓励。

高中时他就爱念诗，也发表了白话诗，有几年他还写了旧诗词，我把1980年至1990年常常暑假来的叶嘉莹教授特意介绍给他，大家都常找机会相聚向叶教授学诗词。叶教授在改过郑教授的诗词之后，私下对我说："不必我多改，他是真的有天分。"有一年冬天，他递来《感怀》一首：

漂泊中年信可哀，时逢岁暮转低徊。
高楼莫上登临弱，对酒休歌陌上梅。
又是眠残夜未残，床头默坐雨潺潺。
少时梦醒情如蜜，不似今时意兴阑。

他的无师自通，能作诗填词，真是令人咋然称奇。

问起他的父母或是雍容亲和的贤内助，还有在抗日前后任《大晚报》《时事新报》等副刊主编的著名外交家、其岳父崔万秋，对他科学和文学抉择上有何影响，他说："没有，倒是太太配合了我。研究科学是由于生活所需，写作诗文是有如春蚕，有丝要吐，不吐不快。"他游刃有余地在科学与文学之间皆有斩获。

他对大文豪泰戈尔及好友於梨华把学理工的描绘成硬手硬脚的机器人，都要抗议："不要浮面的不了解我们，好像我们不会有感觉、痛苦和压力，其实我有好几位同学都因苦闷而致发疯。"这让我直接联想到《红尘里的黑尊》有类似角色，话题朝向出书之后的反应。

对号入座？"那当然不会没有，有人写信来说好像都是他的事，也有男性女性朋友说，你我年纪差好多，这些想法你不可能有，性格也不同，你怎么会把我的感受反应全写出来了？你知我怎么这么深？"可见他善于立在所创人物之立场，去想象描绘。

我又忍不住问起他与太太的相识经过。"我在普林斯顿做博士后研究，太太在哈佛大学部尚未毕业，到纽约去玩就认识了。"

"直追到哈佛来？"他倒腼腆起来："也不是。""在普大没有女朋友？""没有！你是想问有没有殷明秋啊！"大家都笑了，对啊！人人都看那位女主角殷明秋写得呼之欲出、情意宛然，恐怕是真有其人吧？他说："我是用了许多人做模特儿。"文学史的考证，当然是会与小说家的隐私，形成相当的张力。

对于死亡一节，他笔触深入，流露出内心的栖遑，丝丝入扣地也与他生命的轨迹吻合。1989年重阳前后，他父亲猝然中风，抢救无效去世。"全然没有预警，好难接受，亲人之中第一次！"

仓促奔台时，他曾有感写成《念奴娇》一词：

剑桥风烈，又金枫凄丽，重阳时节。
潋滟日斜河光冷，客里单衣寒怯。
异国飘踪，天涯浪迹，廿载轻离别。
长磨霜刃，寂寥待与谁说？

若问生死枯荣，此身应似，皎皎天边月。
今夜星稀云不渡，晓来光销影绝。
料得明朝，人间重见，新月无穷竭。
恍然惊问，新添多少白发。

叶教授亦稍改，由吴大猷先生帮他写下来，如今裱挂家中。细品其笔锋尽处，实是忧伤积成块垒。

死亡不再是听来的故事，从"死亡对他是最无法接受的恐怖！时间还在继续进行！"到"时间的变迁并不全是一个负面的程序，假如他对人生种种彻底地体验过，而对一切人和事都无愧于心时，死亡有什么可怕呢"，郑教授以种种的角度审视死亡和时间。

1993年近夏，我邀他与台益坚教授及宁强等学者，与於梨华、朱小燕、吴玲瑶、赵淑敏等名作家同台演说两场。他选了不同的题材，分别在哈佛和康州谈。在康州那场，他说起鲁迅的小说《伤逝》，体会出男主角并非因封建困顿而抛弃女主角，他们的爱是慢慢因时间和环境而发生了变化，只好走上那条路，很真实不造作，比《狂人日记》《阿Q正传》含有忧国意识来得感性，境界比较高。他能洞见这种爱随着时空转变而焕发或劫毁的不同面貌，也涵摄在他的小说之中，难怪常写爱情的朱小燕夸他擅写女性情感。

在他小说刊登在《联合文学》和海外的《世界日报》之时，恰好遇到廖辉英到北美作协纽英伦分会演讲。当日虽是郑教授回台开院士会的前一天，他仍到场。之后他们又在回台的机上巧遇。廖辉英读了《红尘里的黑尊》之后说:"男士与女士写的的确不一样。"

不少台湾"中研院"的院士也和其他读者有同感,迫不及待欲读后事发展。当年他们在台北的"院士会议"会场议论纷纷,所以杨振宁先生建议他每人送一本,期待出书又一年多,大家不免心焦,出书后陈省身先生已看了不只一遍,杨振宁先生盛赞之余还要看他别的作品。作为化学家的刘兆玄先生看了则对他说:"你的论文我都看不懂,这篇我看懂了。"

长居美国的郑洪,因国籍问题而在美不能享有投票权,但他仍一如既往,他对成长的乡土情有独钟,委实感人。他不仅关怀科学,也关怀我们的文学在世界的水平,以及自我风格的养成,更深切关注广大的社会和历史,依然醉心文学创作,用九年完成一本有关南京大屠杀的英文小说: *The Girl Who Sang for Nanjing*(《为南京而歌的女孩》),已有几个出版社想要出版这部小说。相比起来,《红尘里的黑尊》这本夏志清先生都赞好看的小说才写了两个月,这本耗时颇长的作品大家当然要拭目以待。

郑教授屡次返台和各地开会,研究咨询,不免感慨经费的偏颇。听说交通建设,动辄五千亿,学术机构如台湾"中研院"内却需为十年十六亿多的预算争得厉害。我明白他指的是1993年春发生的SSC("超导磁铁超级对撞机")事件。报上曾热闹地宣传为"院士大战",有三位诺贝尔奖得主和三十多位"中研院"院士参与争论。我们对"中研院"及各大学预算紧缩,而又见昂贵的地铁失误连连,都不免忧虑所呼呼的"科技建国"将如何达成?

郑教授表示:赌场是人生的缩影。这话或许已经讲得多了,让人感觉麻木。他赌过无数次,悟出赌一定要有节制,要研究或然率技巧,不能只靠运气赢得一时。这跟人生实在很像,光靠牌法是不够的,一定要靠自己把持,否则牌局千变万化,逆转时输了失去信心。我们几十年辛苦地发达了,诚敬之心一解,万一遭遇风暴,能够幸免吗?

人生如赌,郑教授书写真实的人生,以《红尘里的黑尊》等书传达出来的信息和忧惧,发人深省。

黄金岁月

——航天结构动力学专家卞学鐄教授

卞学鐄（1919—2009），生于上海，麻省理工学院教授、台湾"中研院"院士。

卞学鐄出身天津仕宦望族，外祖父严修范孙先生是天津南开中学和南开大学的创办人。1948年在美国麻省理工学院取得博士学位，之后留校任教，是麻省理工学院教授。卞学鐄是国际著名结构动力学权威、美国阿波罗登月计划权威专家，著有多部专著，当选为美国国家工程科学院院士。因其卓越的贡献，国际计算工程与科学学会在"2000年国际工程与科学计算会议"上颁发的五个奖项之一，便是以在力学方面著称的卞学鐄的名字命名的。其夫人是赵元任的长女赵如兰，两人是一对令人羡慕的神仙眷侣。

台湾"中研院"2002年新选院士中，八十三岁的卞学鐄教授最年长。卞学鐄教授在美国麻省理工学院任教近四十年，是国际工程力学和航天工程方面备受赞誉的权威。

他太太是语言、音乐学名家赵元任先生的千金赵如兰，哈佛大学头一个中国女教授，1990年当选台湾"中研院"首位人文及社会科学组的女院士，专精于音乐史和说唱文艺。女儿卞昭波（Canta）任职于华府卫生社会福利部。

卞、赵两位教授，可以说是哈佛及麻省理工学院等校华人学者的大家长，常沾其润。他们府上，是我们和海外华人学者们无拘无束晤面畅叙的场所。

卞先生出身天津仕宦望族，祖籍江苏常州乡间，曾寻根故里。卞氏中一支于乾隆时北迁，经营药材等贸易，亦为教育世家。祖父卞燕昌，由拔贡出身，任内阁中书，旋调民政部员外郎。外祖父严范孙，以翰林院编修出任贵州学政，后任右侍郎主掌学部，是天津南开中学（1903）和南开大学（1919）的创办人。

父亲卞肇新在南开中学毕业后，1913年曾赴英国伦敦求学，母亲严智蠲携其姐陪读。欧战爆发，卞肇新携眷迁美，毕业于纽约大学商学系，返国任职商界、银行业。卞学鐄生于1919年1月18日，当时他父亲正在上海汉冶萍公司做事。出生那天，接生的医生还未赶来他就出了娘胎，医生一到，看婴儿气还没转过来，没有哭，就拍打几下屁股，救活了小生命，为感念这位黄大夫，其名字（"学"字辈）中的后面一个字在选用家族的金字偏旁边，并加了个黄字，即"鐄"，其英文名Theodore也是跟着医生弟弟名字取的。

卞先生成长于天津，父亲任中央银行天津分行经理，母亲在女青年会任董事长，家族繁盛，上有七位兄姐，下有三位弟弟及表亲多人。在南开中学时与胡永春、鹿桥（吴讷孙年岁稍轻）等人同班，他们个个俊朗又高人一等，长身玉立。尤其是卞先生星眉剑目，发黑丰厚，堪称美少年！年过八旬时，善自珍摄，并常练大雁功，身形卓立如昔。因与赵元任心性相通而成赵门女婿。

1936年，卞先生中学毕业后入清华大学工学院，因抗日战争，随校迁长沙、昆明。1940年，获西南联大航空工程系学士学位，后续获清华大学毕业证书。曾进云南省垒允镇的中杭飞机制造厂任技术员，1942年转到成都滑翔机制造厂任工程师，1943年至1944年间赴麻省理工学院航空系深造，攻读硕士。

赵元任太太杨步伟医生，在官费留学和日本帝大实习时，就认得卞先生外祖父严修先生和几位舅舅。他随表哥严仁赓（北大经济学教授）自1943年秋就经常出入剑桥行人街27号的赵家。当时的赵家一如今天的卞家，是学者活动的中心。他与赵教授、杨联陞、周一良和后来的二妹夫黄培云、二妹新那等，都做赵元任先生的中文助理教授，为美国陆军做特殊训练计划，教大兵们学中文，协助中国；又一同参加哈（佛）麻（省理工学院）合唱团——在哈佛大学主修音乐、活跃亮丽的赵教授是指挥。在众多杰出的青年追求者当中，唯卞先生得赵家父母与待字闺中的大小姐青睐，雀屏中选为赵家东床快婿，似因岳婿二人心性相近相通，兼有沉稳、开阔的胸襟，为免生枝节，入伍前两人谈了一夜，不待10月底退役，就先定了亲。

刚毕业，卞先生到纽约州水牛城克蒂斯飞机公司，做了四个月应力分析（震动与颤动）工作。1945年初夏，自请参加美国海军陆战队四五个月，8月14日战争胜利，他于秋天10月3日休假时回哈佛结婚。当时婚礼在历史系洪康伯教授（Arthur N. Holcombe）家中举行，其夫人为波士顿地区中华赈济联合会主席，热心中华事务，与赵元任夫妇相熟。父亲精心安排喜帖和婚宴程序，母亲负责婚宴酒食，大宴宾客八十五人，由剑桥市府布克秘书（Frederick Burke）主持证婚，杨联陞先生任司仪，依中国礼节行礼。卞教授说当天赵教授身穿二妹做的大红金边旗袍，他自己因由军中返回，着戎装。二位风采自不在话下。洪康伯教授家族捐出许多珍贵照片给燕京图书馆，曾特别展出卞教授与赵教授的婚照。

卞先生1946年回麻省理工学院攻博士。张其昀先生本邀卞先生任教于浙江大学，因正要完成学位而延缓归国。1948年毕业后任资深研究工程师，1952年他回母校麻省理工学院任助理教授，直至教授，三四十年来育英才，桃李满园。他创建杂交应力有限元法，发展杂交/混合元学派等，在理论与应用双方面都有先驱性的建树而天下知名，曾在美国四十五所大学和中、日、韩、英、德、加等十数国约七十所以上的大学，发表演说或担任顾问教授。

卞教授曾获冯卡门纪念奖（1974）、美航天学会结构动力学和材料奖（1975），并当选美国国家工程院院士（1988）及北京航空航天大学（1990）和上海工业大学（1991）之荣誉博士，荣耀无数。有三本著述与编著及一百四十多篇论文。

五十年前他就开始发表重要的结构动力学论文如《简单悬臂梁中的结构阻尼》（1951）等几十篇。当他参加美伊利诺伊州伊万斯顿的"结构动态稳定性国际会议"时，初遇苏联名学者巴洛廷，对方冲口呼出"哦！结构阻尼卞！"成为一时佳话，各国同行循其成果，继续研究，开拓出该学科领域迄今的康庄大道。

虽声名远播，他依然是谦恭恬淡，人不知而不愠。原本话不多的他，绝少谈自己投注的勤力和卓著的硕果，只说是深受麻省理工学院拜森纳教授（Eric Beissner）和他的导师毕斯匹林赫夫教授（Ray Bisplinghoff）的启蒙熏陶，奠立宽厚的根底，在结构分析和动力学相应等方面积累了相当的经验。

教育研究讲学之余暇，卞教授爱看书，睡前常喜欢阅读中国近代史一类的书，藏书极多，从中国的经、史、子、集到科技文化各类书籍，应有尽有丰富多彩；还喜欢手艺，亲手制作原木书架给太太及他典藏的家传古书，一楼满墙都是。最令人感动的是他不忘赞许并参与太太同我们小辈的活动，每逢月末周五夜，剑桥新语社的红白粥会，常由我联络领着主讲人及一伙学者到他们家（或到哈佛燕京聚会厅）聚谈。陆惠风先生最渊博又擅言辞议论，而卞、赵教授预备点心，平易慈祥地听大家天马行空的谈兴。除我们之外，他的师友及同学胡永春夫妇、杜维明、李欧梵、罗慎仪一家以及李卉老师，还有过去的张光直教授等人都对卞先生敏锐的记性和豁达素养，称道不已。他正像一位永远在那儿支持鼓励儿女的好爸爸。

卞学鐄教授的黄金岁月能与我们的生命脉络交织成大块绚丽的云霞，真是我等福气！卞先生于2009年6月20日，以九十岁高龄仙逝！

美国东亚图书馆第一位华裔馆长
——哈佛燕京图书馆首任馆长裘开明博士

裘开明（1898—1977），生于浙江镇海，美国第一位华裔图书馆馆长。

毕业于武昌文华图书馆学（专）科的裘开明，年仅二十四岁就成为厦门大学图书馆馆长。1927年受哈佛大学图书馆馆长柯立芝的委托，开始负责整理该校图书馆中的中日文藏书。他创立的汉和图书分类法，极大地推动了西方的亚洲区域研究工作。他所创立的"东亚图书馆学术"体系及裘氏编目法，广受赞誉。因其出色的工作，先后被委任为哈佛燕京学社汉和图书馆（哈佛燕京图书馆）馆长。费正清称赞他为"西方汉学研究当之无愧的引路人"。先后出版和发表有《中国图书编目法》《汉和图书分类法》等专著和大量的学术论文。

裘开明先生，字阐辉，生于1898年3月11日，浙江镇海人。故乡地近宁波，家中经商仅小本经营，启蒙于秀才出身的大姨父所办的村塾，念《三字经》《千字文》《百家姓》《千家诗》"四书五经"……及长，到汉口中华图书公司的前身文明书局做学徒，书局由他姨父友人担任经理，他自此识得书趣和体验经商。

1911年辛亥革命狂飙武昌之际给他鲜明印象，接踵而至他就学于湘雅书院、长沙圣公会学校，始习西学，同学中有曾国藩、左宗棠的家族子弟。1915年获奖学金读文华中学，1918年旋获奖学金至湖北武昌文华大学就学。文华大学由圣公会所创，与圣约翰大学相同，但由英国国教会办学，所以裘先生青年即受教于牛津、剑桥、普林斯顿、麦凯（McGill）等名校毕业的老师，课业包含英法德文、历史、数学等。

每遇假期他即赴商务印书馆的涵芬楼做图书实习。时涵芬楼由张元济、高梦旦（藏书家郑振铎之岳父）主持，大量印就多种善本书摹本。1910年文华图书馆创办"文华公书林"，1920年衍生文华图书馆学（专）科，这是中国图书馆专科的发轫，在导师韦棣华女士（Mary Elizabeth Wood）的指导下，他成为第一届六位学生之一（仅三人完成学业）。

1922年他念完文华大学（今华中师范大学）后，因韦棣华老师和图书馆教育先驱沈祖荣的推荐，受聘于新加坡华侨陈嘉庚创办的厦门大学，就任首位厦大图书馆馆长，在厦门极致渗透的日本影响下，他学会日文，得识文学人物陈衍、鲁迅、林语堂等人，和欧洲汉学家艾克（Gustav Ecke）、迪米弗（Paul Demiieville）诸位也因为采书生缘。他由广雅书局经理徐信符处，学得许多中国目录学方面的传统。

1923年至1925年间，因韦棣华女士与弟子余日章博士等人的呼吁建议，中华教育文化基金会将部分的美国庚子赔款，运用于在华建设现代图书馆，于是融合后的国立北平图书馆，在1931年6月25日开幕；南方又早有江南图书馆（1910）、江苏省立图书馆（1913）和国立中央国学图书馆（1927），皆有学者如柳诒徵等人主事，渐次发展。（见1964年的《哈佛亚洲研究学报》）

1924年秋厦门大学送他赴美，进入当年的纽约公共图书馆学院（后为哥伦比亚大学图书馆学院）深造，较适应美国生活后，往麻省剑桥拜望他在文华的德文老师穆勒教授（James Muller），那时穆勒在哈佛大学教宗教史。此行奠定他向往哈佛的求学心向。1925年至1927年他果真申请赴哈佛大学研究所，攻读经济硕士学位，自愿无酬每周为威德纳图书馆工作几小时，以获取编目经验。

受戈鲲化开讲中文课程影响，哈佛有了中文书的种子根源，约四千五百册。外加哈佛早有不少渴望亚洲思想艺术的教授如伍兹（J. H. Woods）等，于是1904年哈佛大学开了第一门有关近代远东的课，由Robert P. Blake教授教"1842年以来的远东历史"。

1914年借助两位东京帝大的教授服部宇之吉（Hattori Unokichi）和姊崎正治（Anesaki Masaharu）的讲学研究而收藏到的日文书也有一千六百册左右。这些书籍由哈佛大学图书馆主任、当时开设东亚课程的柯立芝（C. Coolidge）统管。

1927年1月他请裘开明先生（先生2月得经济硕士）开始筹备中日图书安排管理，先称哈佛燕京学社汉和文库（Collection）主管。

1928年1月4日哈佛燕京学社正式成立。北京方面也同时成立管理委员会，并决定在哈佛大学创立"哈佛燕京学社汉和图书馆"（即后来的哈佛燕京图书馆），接收了哈佛所藏的中日文书进行整理，哈佛燕京学社请开始研读博士（1933年获得博士，与宋子文是同学）的经济研究所学者裘先生担任馆长（1928—1965）。

他是第一位受聘为美国东亚图书馆馆长的中国人，也是到目前为止任期最长的一位，三十八年。北美东亚图书馆的事业自裘先生才有了出发点，在图书分类学、编目学、版本目录学，皆有兼采东西前所未有之创见。裘先生于1965年退休。

创立哈佛燕京学社汉和图书馆，主因哈佛燕京学社乃是由查尔斯·马丁·霍尔（Charles Martin Hall）的遗产捐赠，他将部分财产资助美国基督教会在亚洲主办高等教育事业和学术研究。

哈佛燕京学社在马萨诸塞州注册，于1928年4月正式揭牌。这个财团基金会经营业绩蒸蒸日上。但不想基金申请及与北大联合研究的计划暂停，几经周折，与燕京大学之合作终获成功，且在中国选出执行的六个教会大学。

与哈佛相对而言，哈佛燕京学社为一独立而又不独立的作业机关。学社曾展开中美双方互遣学者的研究方案，后因战争而止，1954后重新再起，半世纪发荣兴盛，此项目已成膏腴之地。

燕京也建立管理委员会（北平办事处，亦说尚有学术委员会等），据校方记载由洪业为主任委员，还有顾颉刚、容庚、陈垣等人。1928年燕大负责人之一吴廷芳曾兼管燕大的哈佛燕京学社，以其经费成立国学研究所，艾德敷（Dwright W. Edwards）写《燕京大学》，据称哈佛燕京学社并无明文，仅留北平办事处执行干事，首任执行干事为美裔文理科科长博晨光（Lucius C. Porter）等，洪业继任，梅贻宝校长后兼任。1946年聂崇歧代理，1947年由陈观胜专责处理。除办事处外，尚有哈佛燕京学社汉学引得编纂处，洪业为主任。

1930年之后学社通过在燕大文理科科长洪业（相当教务长、总务长、辅导委员会主席、文理法研宗等五院院长之总和）和哈佛燕京图书馆驻北平采访处主任顾廷龙等人在京如琉璃厂等处购善本书，1940年后又辗转在东京及美国本土等访购中日古籍秘版善本书，抗日战争结束托人代购书于日本坊肆及书商。在当时哈佛燕京学社单为访求方志就筹集了六万美金，财力之雄厚，无与伦比，也无心插柳地保存了无数汉籍。

在1934年至1956年，法国汉学名家伯希和（Paul Pelliot），推荐了他的学生俄裔世族叶理绥（Serge Elisseeff）担任哈佛燕京学社主任及新成立的东亚系系主任。

1930年裘先生获中央研究院社会科学研究奖金，回国一年在陶教授的湖北农业经济调查计划中，完成他大部分的博士论文。

乘返京之便，裘先生顺道略览欧苏的东方收藏，如大英博物馆等，并考查北大清华图书馆，可惜发现两校均无统一编目（多未编目），亦无丛书分析片，感慨与洞见促其推陈出新。

在燕京大学的洪业先生信托裘先生，用在哈佛大学的汉和图书分类方法，汰旧换新重编中文书，外文书仍依杜威分类法编。返美前裘先生策划，由燕京大学图书馆田洪都馆长合作采购书籍，凡燕大买书即为哈佛燕京图书馆也买一份：1928年至1930年燕京大学代哈佛大学购书收(手)据，哈佛燕京图书馆就收藏了一袋于善本书室的保险柜中；并一同编印目录卡，策划了精详的合作计划。1936年冬，裘先生获得洛克菲勒基金赞助，再次回京刊印目录卡分年分册，统印一万两千一百九十五张卡五十套，促成20世纪40年代后各馆卡片合作的项目。一年半中他为馆务滞留中国，在宁沪正逢"八·一三"战事，几乎丧生，1938夏才返回哈佛大学。

裘先生依柯立芝所言：毋庸担心缺少美国图书管理训练，照他在中国做法进行编书。他兼采《四库全书》和张之洞提督四川学政时写的《书目答问》，跟随孙星衍、缪荃孙和杜威等人的脚步，特以韦杰式拼音系统（Wade-Giles System）及日文希伯尔尼系统（Hepburn Style）中日两种译法编目；在1928年年底又首创了罗马字编目卡，加写中日文的方法，以便排列检索，改进了国会图书馆和当时很多图书馆仍以笔画来排卡的编目方式，及耶鲁图书馆又不得要领地缺失。

裘先生所创汉和图书分类法［在冯汉骥教授和于震寰（镜宇）先生两位的协助整理下，于1943年由华府东亚研究委员会出版］，在我们哈佛燕京图书编目组运用了五十八年，我们编目主管赖永祥副馆长亦想加以研究发展，同侪中资深编目朱宝樑先生，以及现任公共服务及电子资源部主管杨丽瑄等人，皆沿用裘氏编目法给书编号，直到1996年，编目组决定，改为全国通用的国会图书馆编目法，图书编目制度，自此改变。跟从赖先生的继任、由国会图书馆请来的林国强博士几度研习。

据赖先生考察：七个亚洲馆，美国十五个东亚图书馆，另外加拿大、英、德、荷、澳等约二十五个东亚图书馆，自1931年起，亦逐步采用裘氏编目法，以谋定于一尊……虽然多数馆近年皆改编国会号，但均保留有此法所编的藏书，裘先生纵于1977年11月13日过世，裘氏编目法仍历久而令人怀念。

当年各大图书馆创立东亚图书馆，多半求教于裘先生或送专家到哈佛燕京图书馆来见习，如1947年的加大柏克莱东亚图书馆、1965年的明尼苏达大学的东亚图书馆，他都是图书馆顾问、特别指导，且对各馆之间的互动，都直接间接做了不少引导。

现已退休的郑保罗先生，1965年在明尼苏达大学曾受其指点，后来曾主持康奈尔大学华森专藏文库（东方图书），他说：裘先生见面总循循善诱，爱护后辈，耐心地教导业务知识，传授书志学问等，并常以通信或抽暇亲返明尼苏达大学来指导检讨图书馆发展计划。郑先生念念不忘："图书馆是为学人服务的；不要单顾自己的图书馆，要尽力促进馆际合作；图书馆的发展并非一天的事，要有毅力，苦干才成。"他对每个读者，不论是教授或是学生都一视同仁，竭力为他们服务解决问题，以身教言教导引同仁敬业乐群的精神。

中日汉学泰斗费正清与赖世和，将著述敬献给他，还缅怀创始艰辛：裘先生毫不计较校方定夺的藏书地点，先在威德纳总馆98号小间，整理中文文库，再迁至博斯屯楼（Boylston）地下室的"哈佛燕京学社汉和图书馆"，可以说是无人愿收的失修死角。馆内只有在潜水艇上才用的铁质旋转楼梯，落差极大地连接阅览室和书库，他却喜滋滋地忙上忙下，精神得很，1958年更是迅速有效率地搬到神学街现址。

他自奉俭而待人宽，纸总用两面，惜纸惜物，工作每周达六十小时，无论晴雨，夜以继日，毫不倦息，业务又严明公正，也是引为典范的。1946年协助他在哈佛工作了三年半的童世纲馆长（后主持普林斯顿葛思德图书馆）就深有感触。

1969年夏天，芝大钱存训馆长为东亚图书馆协会，邀请他由香港回到芝加哥大学讲学几周，并由联邦政府资助，在芝大举办东亚图书馆学暑期讲习班。钱馆长回忆：裘先生以七十一岁高龄，非但编制中文图书系统讲义，包含采访、分类、编目、排检等系统的专门作业，还日日连讲三小时，外加会后谈天，精力过人，深受大家欢迎。

印第安纳大学的邓嗣禹、哈佛毕业后在加大洛杉矶校区任教多年的陈观胜教授都认为若非是他，历史记忆都会不一样；吴文津馆长说与裘先生共事过的童世纲、恒慕义（Arthur W. Hummel）和 L. Carrington Goodrich、写明清名人传记的哥伦比亚大学房兆楹夫妇、燕京大学图书馆田洪都、归国去北京图书馆的邓衍林等，均能在海内外事业鼎盛，正烘托出卓越的指引者裘先生一身学养，融汇中西。

1965年他交棒给第二任吴文津馆长后，又奠立了明尼苏达州立大学东亚图书馆的基础。1966年他再应香港中文大学之聘，就任该校首届图书馆长，筹设大学图书馆，事必躬亲，拓展书藏，惜因健康关系，终于1970年返回波士顿休养。他还出掌哈佛燕京图书馆善本书主任，直至辞世，才交由戴廉、沈津、马小鹤、杨丽瑄、王系等人代理。裘先生连同副馆长于镜宇（震寰）和冯汉骥，以及陆秀、任简、黄星辉、刘楷贤、赖永祥等人，当年乐业，虽退未休，为汉学研究学问服务的岁月悠长，他到最后仍为善本书目操心。

　　1940年至1941年东亚语言系开创，年代不明确。1937年很不妥善地隶属闪族语言历史系。1950年后才改称东亚语言文明系。

　　其他如历史系、艺术系、法学院、神学院、政府学院、教育学院、医学院、公卫学院等各院系学生学者，钻研东亚学问研究者，宛如一盏盏的灯，纷纷逐次点亮，渐与哈佛东亚系，或做等量齐观。

　　裘开明馆长是美国东亚图书馆的开山鼻祖，第一位专业中国馆长，是对西方汉学默默耕耘贡献的先驱人物。吴馆长后，哈佛燕京图书馆第三任馆长郑炯文自1998年上任以来，承袭开放藏书的传统，以多元方式将珍本书回馈汉学；并极有远见地议定专家编写"哈佛燕京图书馆学术丛刊"，如程焕文编《裘开明图书馆学论文选集》、陈红民编《胡汉民未刊往来函电稿》等；及"哈佛燕京图书馆书目丛刊"，如沈津编《美国哈佛大学哈佛燕京图书馆中文善本书志》，朱宝樑编《二十世纪中国作家笔名录》，尹忠男和金成焕编《燕京图书馆韩国贵重本解题》，等等。2003年10月17至18日，哈佛燕京图书馆在郑炯文馆长主导下欢庆了七十五周年纪念。2008年10月31日，郑炯文馆长再度主导欢庆八十周年纪念，并召开裘开明馆长学术研讨会，缅怀其成就！

　　至今全美有八十六个东方图书馆，且方兴未艾，每个馆内除馆长外还有多位图书馆专业人员和辅助人员，影响所及，披靡汉学八十五年以上，绵延无穷。

中国赴美教学第一人

——哈佛1879年首聘中文教师戈鲲化

戈鲲化(1835—1882),安徽休宁人,大清知府衔候选同知、哈佛首聘中文教师。

戈鲲化曾供职湘军,后任职于美、英驻华领事馆,1879年应聘前往哈佛担任中文教师。他所编纂的中文教材《华质英文》,被称作"有史以来最早的一本中国人用中英文对照编写的介绍中国文化尤其是中国诗词的教材"。同时,戈鲲化也以一种开放积极的姿态融入了美国社会,并与美国的汉学家们和当地社会名流建立了良好的关系,身穿着清朝官服的戈鲲化就以教学及有声有色的社交成为中国文化输出的先行者。虽然这次中美交流因其病故,不到三年仓促结束,但是却开启了哈佛大学的中文教育及中国研究的历史。

中美百年文化交流的先声，多以耶鲁1854年毕业生容闳为依归，他在1900年写的英文版的《西学东渐记》可谓留学生文学的另类开山祖。而多数人未知的是，美国知识界向我们求教也已长达一百三十多年。1879年哈佛首聘中文教师戈鲲化先生，当为中美交流的另一序幕。

哈佛大学在美国是最先创立最负盛名的学院，1636年成立，当时清教徒才登陆普利茅斯十六年，约六十年后才有威廉玛丽—弗吉尼亚大学的首所学院（1693），而耶鲁成立于1701年，宾夕法尼亚大学成立于1740年，哥伦比亚大学于1754年成立。

哈佛是在伊利奥（C. W. Eliot）校长1869年至1909年任内，传统的学院转型为现代大学，始分文、理、法、商、医学院，学生和教职员都多了三至五倍，校务蒸蒸日上，尤其校内不少教授都醉心东方思想艺术，外加与华通商、传教者骤增，外交关系则是另项考虑因素。

波士顿一位商人萧德（Francis P Knight）于1877年2月22日向伊利奥校长写信，以先见之明，提醒美国在中国的商业外交利益正不断增长，英国牛津、伦敦大学，法国的法兰西学院和东方现代语言学院，德国柏林，荷兰的莱登大学已先开课；及常春藤盟校最有竞争力的耶鲁大学都在1876年就试派卫三畏（Samual Wells Williams）开设中文课，因无人选课而作罢，哈佛应速设中文课。校长复信立表赞赏，又经商会支持，3月10日后，由杜德维（Edward Bangs Drew）主办募款，经迪赛尔（G. B. Dixcell）等人反复努力，很快就捐得八千七百五十元，到12月7日，已有了一万元基金去敦请教师。

千挑万选，终于寻得1835年出生的饱学之士戈鲲化。他是新安郡徽州休宁人（今安徽歙县），曾在清朝黄开榜湘军中参军幕，与太平军作战时任文书约六年；再到驻沪美国领馆，做译文抄写和翻译教员；后迁居宁波十五年，始终任职英国驻宁领馆，也教英法人士学中文，跟他学过中文的驻宁税务司杜德维大力推荐了他。杜德维强调戈鲲化由于长期与外国人共事，开明又有评议改进之论，熟稔外国人的心态习俗，远较其余高深学者析理清楚，人又机智幽默，并可能在留美教学期间，编写有助于中美外交的著作，期以导引益发友好的关系。

杜德维还替哈佛校长为这首位华人教师，做了非正式的课程规划，以备参考。教课以南京话（南方官话）为准；戈鲲化计划选用威妥玛（T. Wade）1867年编的课本《语言自迩集》做教材，这书虽是以京片子发音写的，但他可将发音熟练地调整；招生开课，以三四人的小班制为主，若人数多再加开班。

每回我到哈佛校史档案部，戴上馆员送来的白棉手套，小心翼翼地静读这些依编年序次排列的档案和手稿时，总不免心存感激，缅怀他们一百三十多年前探勘中国文化的执意恳切，不厌其烦地通信安排、集资论介、甄选签约……杜德维、鼐德与伊利奥校长及戈鲲化名下留下了厚厚实实的一匣见证（Harvard University Archives UAI 20.877），其中文档以1879年戈鲲化来哈佛大学这年最厚——最早经吴文津馆长指点，出自张凤的《哈佛燕京图书馆》一文，刊发于1988年3月29日台北的《联合报》上，后集于拙作，多被人引用或窃用（自行细考于哈佛大学特藏档案的普西图书馆）。

最叫人悸动的是那墨色依然鲜明的合同，由当时东三省奉天营口东北九十里的牛庄领事鼐德用中英对照写着：

立合同议据

大美国驻答牛庄领事官鼐德代哈佛书院山长等与寓居宁波之大清知府衔候选同知戈鲲化议定条款，开列于后合同：

一、哈佛书院山长等言定，延请戈鲲化在书院教习官话，三年为期，自壹千八百七十九年九月初一起至壹千八百八十贰年八月三十一止，每月束脩洋钱贰百元正。

二、哈佛书院山长等言定，戈鲲化携带一妻二子住上等舱位，载至干姆白理嗤城，又带一仆住于下舱。路间除沽酒之外，所有一切船钱、房钱、车钱及应用行李等费，均有书院给发，俟叁年满后仍照此式送回上海。

三、戈鲲化如叁年之内病故，应将其妻子仆人，全数送回上海，一切盘川戈姓不须花费。

四、山长言定，画押之时先支壹月束脩贰百元，以此合同作为收钱之据。一到干姆白理噬再支束脩贰百元。自开馆日起至一年后即一千八百八十年九月初一按月扣除壹百元，连接四个月除清。

五、戈鲲化言定，哈佛书院课程、学生多寡、教法章程均候山长主裁。

六、每月束脩贰百元，作戈鲲化一切花费，此外各项杂用概不得向山长另支。

七、合同内如果英汉文义字句有意见不符处，言定以英文为主。

今将合同缮就英汉文合璧壹式叁纸在大美国驻沪总领事衙门当堂画押盖印，各执壹纸存照。

壹千捌百柒十玖年伍月贰十六日

读着读着正奇怪戈先生怎么重男轻女，难道女儿只能住下舱或者活活生离留在家乡？再翻阅下去，果然寻出在这五页淡灰蓝横条的合同之外，又另夹半页信纸大小的补页，上书中文在左："兹再议定又加叁女住上等舱位，又加一仆妇住下舱，其章程与第二款同，惟叁年后，仍照现在所搭捷径之船送回上海。又照。壹千捌百柒拾玖年陆月二十六日。"与那三页中文配合横写英文在右，一样用无名指甲大小的楷书，工整地在一边直行以毛笔书写，两人签名处皆盖有美国上海领事馆的钢印，英文较占页，故多两页，仅继续横写英文，留白一半。此一合约，纸质虽有三道折痕，却完好如初，比信纸长宽各加一寸，也厚一倍，同一档案中，比起其他纸页的碎落剥蚀，丝毫不显百年沧桑。的确，想要流传久远的东西，最重要的还是品质。

依约他与妻儿及一女佣和一位女翻译 CHIN Tin-Sing，乘葛兰芬勒号（Glenfinlas），先到纽约再接到麻省剑桥（Cambridge），剑桥就是合同中的干姆白理噬城。路上花了三周，7月15日由上海起程，8月8日抵哈佛大学，还比预期早了点儿，所以为他一家准备的屋子——剑桥街717号，尚未安顿，伊利奥校长也不在剑桥，他们由哈佛大学图书馆馆长席博理（John Langdon Sibley）接待，先住在贾维思地对面的医院楼宇，后又迁至梅苏街十号，都离哈佛园不远。

这位由东方来的清朝官员，即成轰动各报争相刊载的热门人物，当时美国东半部华人，据估在1870年不过四百人；之后十年也不过三千，尤其没有见过高深又有学问的士绅，哈佛请了在纽约、新港都有分店的华伦（Warran）照相馆，为他一家照了八张相，三张相片中戈先生均着朝服，想必是符合他大清知府衔候选同知身份的，皮衣露衬白皮毛的边，足以抵得住美国东北的风寒，还挂着串朝珠；第四张是由他右侧后方角度照的，清瘦的他背后垂着细长及腰的辫子，明晰可见；第五张穿长袍短马褂，换戴瓜皮帽，右手持折扇；另三张拍他的两男三女，其中两张几乎相同，两个儿子分别为十四岁和十二岁，衣着似父亲，三个女儿裙子都滚大襟，宽宽长长的圆领，最小的两女孩约为五岁和两岁，都戴金锁片，两岁那个活泼好动，照出来一片模糊。

相片登在几家报纸（*The Daily Graphic, Harvard Register, Boston Book Bulletin, Boston Daily Adervertiser*）上，报纸都加以炫人耳目的报道：对这位四十五岁温文尔雅举止巍然的教师，怀着无限企盼，把他所教的官话，详介说明是官方使用，也普及在商用，特别是宁沪以北的港口如天津、之罘（指山东福山县因明代设烽堠防海，故又名烟台）、牛庄通行，但在福州、广州、厦门、汕头、台湾则是听不懂的。戈鲲化在1879年10月22日正式开课，教材是篇小说。

他在哈佛开馆授徒，不限本校大学部学生（哈佛大学向耶鲁及欧洲有汉学研究的大学都有招生，包括来自中国的留美学生），任何有兴趣由第一手资料了解中国的学者，或者希望从事外交、海关、商业、传教事业者，只要交费一百五十美元就可选修。

他每周上课五天，每日一小时，在课堂穿官服，要求学生尊师重道，并自学三小时。居家依中国规矩住于楼上，高过用人所居住的起居室；有时边散步边学习，也利用假期走访纽约和耶鲁大学的卫三畏等，有时为教授们如刘恩等特别开诗文讲授；有时从容不迫地应邀到教授俱乐部赴宴和帕坡惹斯（Papyrus）俱乐部朗诵演讲，参与杜德维等人的演讲。1880年的哈佛大学毕业典礼上，他是瞩目的校长上宾，受到欢迎的程度，颇让我们深感骄傲。不幸的是他在合同届满的1882年，开学不久的2月14日就因重感冒和肺炎不治去世，校方虽有校长亲往探病，并请怀门（M. Wyman）、闵纳（F. Minot）医生主治，还有几位医学院学生照料，但仍药石罔效。

2月16日伊利奥校长为戈先生在校内亚培顿（Appleton）教堂追思，典礼之后，他的木棺套着铜质棺柩，循序跟着校长和他白衣戴孝的长子戈忠（伯甫，1867年生），祭奠之后，暂厝棺木于家中，等运返乡。［两千美元遗产管理者为其遗孀戈叶氏和二儿子恕（仲甫，1872年生）。幼子戈惠（叔甫）约于1880年年底在哈佛大学出生，十四个月后夭折，其女儿（Wan Law、Wan Jing、Wan Yu）均未详载，亦无可考。］

出席者有容闳和使馆官吏，以及萧特、杜德维、胡波（Hooper，校董）和刘恩教授以及无数悲伤的师生，由神学院牧师埃佛特（Everet）教授主祭，随后在3月15日由杜德维护送遗眷老小及遗体返回上海归葬。

报端亦连日追忆，戈鲲化虽以小班教学，又当时学中文者少，最多只教了五位学生，但成绩可观，他的洋学生已能在中国立业。这其中包含1880年的一位中国小留学生——十九岁的丁崇吉。他是哈佛首位中国留学生，一年就奉召回国，先入海军，后从商（见高宗鲁、邓嗣禹等资料）。

伊利奥校长会同几位教授如拉丁文大教授刘恩、华理士、杜德维等联名于5月13日在 *Boston Daily Adervertiser* 上呼吁募款成立基金会，经营基金四五千元，对他妻儿抚恤教育，每月汇三百美元供居家及儿子读教会学校等。于是戈鲲化全家，返回上海定居（席博理说是宁波）。其子孙现多在上海，生活并不宽裕。

几度析点戈鲲化的档案，看到他在1880年出生仅十四个月、刚要回国时因虚弱而夭折的幼子戈惠的相片和小小棺材的装运单，看到船票账单打折后费用两百一十二块半美元，看到医生处方收费单据，还有杜德维运棺处理的收据——实在也够令我在寂静的阅览室中，沉郁噙泪，俯仰唏嘘，悲叹不已。

苍天无语，惜乎他在美除了薄薄的五十页自译诗词教材《华质英文》外，也未留著作。戈鲲化未出国前著有《人寿堂诗钞》两册，原清光绪四年（1878）印，附有《人寿集》。《人寿集》为撰者四十岁生日自述，原作者与友人唱和之作,为光绪三年刊本,一册,重制微卷藏于原沈津先生主持的哈佛燕京图书馆善本室;后来见于南京大学人文学院副院长张宏生教授的珍贵资料中。

纵使著作难访,我们不易设身处地去感受,他堂而皇之地穿着清官朝服昂首阔步走在哈佛园中时,心中有无历史使命的负担?但一定能移情想象:他病卧酷寒的异国,命在旦夕,抛下言语不通的妻儿子女,该是多么的悲怆!

他的际遇和这张哈佛百年档案中绝无仅有的中文合同,比起《美国华侨史》所言当时其他华工契约中规定要扣路费,每月七美元到十六美元,工作从天明起,到日暮止,更甭提西部华工所受的私刑屠杀……相比之下,无疑是天壤之别。

四海为家,难能随遇而安,在离散中总有牺牲,文化也在流徙中传扬。戈先生在哈佛所开的中文课虽暂偃旗息鼓,但实为赵元任、杨联陞、赵如兰诸位在哈佛的教学者首开先河,1879年为此准备的中文书也就成为哈佛燕京图书馆的种子书本。如今,外国人学中文者号称有三千万,美国较大一点的中学都开讲中文和中国文化,文化交锋实是前人种树之荫。

绣荷包的缘分

——哈佛中国古典小说史家韩南与张爱玲

韩南（1927—2014），1927年生于新西兰，中国古典小说史家。

自新西兰大学毕业后，韩南到奥克兰大学研究英国中古小说，但在写博士论文时无意读到了英文翻译的中国文学，从而改变志向，于伦敦大学亚非学院开始学习中国古代文学。先后任教于伦敦大学亚非学院、美国斯坦福大学，1968年起任教哈佛大学东亚系兼系主任、卫特托马斯讲座教授、哈佛燕京学社的首位中国学社长。

韩南对中国的古典小说，颇有研究，特别是在白话小说研究、李渔研究以及通俗小说研究等方面，其独特的视角和方法令人耳目一新。著有《〈金瓶梅〉探源》、《中国的短篇小说：关于年代、作者和撰述问题的研究》《中国白话小说史》等作品。

久已钦仰的夏志清教授，终于20世纪80年代由王德威教授中介得识，又因我儿子于哥大攻博士，得以绵密请益，福气地常蒙他热切引导或来函示下许多不传之秘。特别是1995年秋他曾说"张爱玲1967年到过哈佛"，引得我上穷碧落下黄泉地深度挖掘：由寻获罕见的哈佛史勒辛格图书馆蓝点档案卡上仅得的八行文字考据写成《张爱玲与哈佛》《张爱玲在不在——寻找张爱玲在哈佛寓所》等文章于1996年4月15日首刊于台湾的《联合报》和《中央日报》；挑明《海上花列传》英译手稿未曾交卷哈佛，四处追问下落。

1997年经张错教授发现来函，《海上花列传》英译手稿就在宋淇太太邝文美转赠南加大的张爱玲遗稿之中，再由南加大图书馆整理后，交由哥伦比亚大学王德威教授2005年出版。1996年春，我又将在张爱玲哈佛故居和哈佛邦汀研究所寻得的爱玲手迹著作先以中文在知识界公之于世，中、德、韩、日各国张爱玲研究者，竞相来访。几篇文章，并为哈佛瑞克利夫学院图书馆的诺斯（J. Knowles）太太邀去归档。

1996年之后，夏教授再传张爱玲履历表，给我参考；仲夏慎重亲传由他作序、司马新所著的《张爱玲与赖雅》（原书为英文，由徐斯与司马新合译为中文）。经过韩南、海陶玮和夏志清等教授调教的郑绪雷（Stephen Cheng），其哈佛博士论文即研究《海上花列传》。1996年夏，郑绪雷的著作在台北大地出版社甫出，适逢我过访，喜出望外地手捧夏教授赠书，同不肯留步送行的他在楼外虔诚合影纪念。

2005年10月28日至29日哥伦比亚大学召开了"夏济安夏志清夏氏昆仲与中国文学研讨会"，我发表了《夏济安夏志清夏氏昆仲与张爱玲》的论文。恰逢曾在20世纪80年代起指点我良多的韩南教授和刚重新被韩南教授等延揽回哈佛的王德威教授，即刻托付我一个崭新的使命：留心为张爱玲赠送给韩南夫妇的绣荷包和书，找个贴切合宜的收藏地点。

韩南（Patrick Dewes Hanan）教授为声誉卓著的中国古典小说史家，是哈佛燕京学社第一位华裔社长杜维明之前的首位中国学社长（1987—1996），而在此之前的五十九年中社长全为研究日本学的西方学者。

韩南教授于1927年出生在新西兰，父亲是牙医，从小在农庄长大。他原在奥克兰大学研究英国中古小说，忽对中国小说发生兴趣，1953年便申请伦敦大学亚非学院，从头再念起，边写博士论文，边任教于亚非学院，1961年获博士学位后，他便开始了在中国白话文学研究的峥嵘岁月，其造诣之高得以任教斯坦福大学到1968年。哈佛的海陶玮教授在那年鼎力争取韩南教授来哈佛大学教书，韩南教授因此转任哈佛东亚系中国古典文学教授并兼任系主任，1997年荣退，自1998年起成为哈佛大学卫特汤玛斯（Victor S. Thomas）讲座教授。

为博士论文搜集材料，他1957年第一次到了中国，据说他曾申请北大被拒，而后依然来了。他说："我很幸运，1957年至1958年，得到了去中国留学的奖学金。那时候中国接受的来自西方的学者很少。我们有三个人，获得了由对外文化联络会接待去北京的机会。我可以充分利用北大图书馆和北京图书馆。通过各种组织，我得以会见时任文化部副部长的郑振铎以及傅惜华、吴晓铃（他当社长时曾受邀来哈佛）等学者。如果没有这样的机会，我就不可能如此细致地分析《金瓶梅》的版本。"第二次访问中国，是1980年随一个代表团进行为时三周的访问。那时他刚刚写好《中国的话本》，花了不少额外时间审阅资料。1987年之后，韩南教授多次到中国为哈佛燕京学社面试甄选交换学者人才。

他的著作有：《〈金瓶梅〉探源》《〈金瓶梅〉版本及其他》《中国的短篇小说：关于年代、作者和撰述问题的研究》《中国的话本》(《中国白话小说史》)《中国短篇小说》《鲁迅小说的技巧》《中国近代小说的兴起》《19世纪和20世纪初期的中国小说》《韩南中国小说论集》《创造李渔》。他还研究《儿女英雄传》《海上花列传》等19世纪小说以及并以其慧眼瞩目大家不常注意的、开拓鲜为人知的小说或基督教用以传教的叙事文学，他还将中国的《肉蒲团》《无声戏》（选译）《禽海石》《恨海：世纪之交的中国言情小说》《十二楼》（选译）《黄金祟》《风月梦》《蜃楼志》（2014）等译为英文，多次获奖影响深远。

他考据小说文本风格，分析鉴定作品的年代及其产生的条件、方式和过程，以及同一个故事在不同题材文学中的流变等。钱锺书先生称他：精思明辨，解难如斧破竹，析义如锯攻木。耶鲁名家孙康宜教授称：书里充满了卓越学者的机智，加上典雅而洗练的文字，可说在当时汉学界中少有出其右者。

韩南教授温和拘谨，不善社交，低调矜持，避免与他不喜欢者应酬，而能将珍藏交托于我；忆在图书馆寻书偶遇，会突然对我谈起："我们邀请德威从哥大回哈佛，（夏）志清对我说他会自杀……"措手不及只能莞尔安慰，都令我受宠若惊！

韩南太太安娜为德裔，据闻年轻时两人在伦敦一见钟情，不到三个星期便闪电结婚，他俩仅一个儿子盖，竟在两个月左右父子都先后离世，禁不住为他家担心。我与韩南太太仅在宴会中相逢，她身段高挑漂亮爽气地对我说着张爱玲。她一向热心，爱好和平……后来就听说安娜患了帕金森病渐渐不能自理。两人结婚六十余年，恩爱扶持，韩南教授亲自照料了太太好几年。最后因病况不同，一个眼睛失明的韩南教授，不得已入住另一个疗养院。王德威、吕芳以及其高足魏爱莲等人皆去探望。

2014年春，他翻译的《蜃楼志》英译本刚出版就被收进图书馆，八十七岁的他还想译《平妖传》。曾是他最早的博士生、论文研究敦煌变文的宾大教授梅维恒（Victor Mair），2014年4月25日应王德威、欧立德之请来演讲，与许多学者如包弼德、杜迈可、丘慧芬、葛兆光、戴燕、梅家玲、李育霖、刘大任、马小鹤及我等人正在哈佛费正清中心开会。完成首日议程后，梅维恒连夜去探望他，可能就是韩南教授最后见到的学生。我与吕芳还约着要去探病都没来得及，韩南教授4月26日就突然逝去了。

真是震惊！恓惶中思及两位给我深刻启示的韩南教授和夏教授，先后在四个月之内仙逝，心中真是百般不舍！

深深怀念20世纪80年代后期在韩南教授课堂上听讲的场景。他撇开最擅长的三言（明代冯梦龙所编纂的《喻世明言》《警世通言》和《醒世恒言》）、二拍（即凌濛初作的《初刻拍案惊奇》《二刻拍案惊奇》），或研究《金瓶梅》，或翻译《肉蒲团》等通俗文学，集中引导我们研读含有对后来《红楼梦》等小说创作极有启示的诸多明末清初小说：《隋炀帝艳史》《隋史遗文》《隋唐演义》《醒世姻缘传》《禅真逸史》和好些后续文字《西游记补》《水浒后传》《续金瓶梅》；更选有《平山冷燕》《玉娇梨》《好逑传》；也没漏掉清初才子李渔的《无声戏》(现在只有在日本才能找到)和《连城璧》。他告诉我每年他只收三两个正式的学生，但在不太大的教室中，大家热烈研讨，与2006年再回来哈佛教过课的台湾"中研院"的胡晓真教授，以及哥伦比亚大学的刘禾、商伟教授等人，在韩南教授的小说课同堂共话，令我对白话小说思古非常！

2006年春在他把张爱玲的绣荷包交给我的当儿，想要为他与绣荷包照张相，常是和风细雨的他，竟透着俏皮诙谐轻笑着说："我可不愿拿着这个照相。"我不觉会心，忙中一时也未有机灵做他想，只顾向他诉说：纸本的书，有签名或无，都可以交哈佛燕京存藏，住这儿的我们随时可读……之后就撇开去了，很遗憾地错过这个拍照的永恒机缘。后来他真把藏书全捐给了哈佛燕京图书馆，成为图书馆的韩南特藏！

韩南教授也对我细述他与张爱玲在哈佛的不期而遇："真是开心惊喜的巧遇，那是我来哈佛的第一年，1968年深秋，是几月嘛？记不得了。"蔼然可亲又带点羞怯表情的韩南教授说：也可能是1969年初春，就在哈佛燕京图书馆底楼，在古典小说的书架旁，初初邂逅，谈了好半天。"她想看看我的研究，很喜欢我的《〈金瓶梅〉探源》，于是我们开始通信……"他们也倾谈她翻译的《海上花列传》，张爱玲说："《海上花列传》真是好！像《红楼梦》一样好！"其后韩南教授邀她为1936年创办的《哈佛亚洲研究学报》写文章，她竟写成一本文学评论集子——《红楼梦魇》(1977)，一本书代替了一篇论文！(此书中，张爱玲曾提到韩南教授考据《金瓶梅》从第五十三回到五十七回是两个不相干的人写的。)

韩南教授依稀记得："张爱玲后来几次找我写介绍信，大概是应征加大柏克莱分校，可能也有些其他申请未竟其功。"韩南教授与我忆起，与夏志清教授等推荐许多申请，联系经年，帮了她一把。1969年春，素来幽居不见人的张爱玲，意外邀请他和太太安娜到剑桥布拉图街83号43公寓吃饭，"究竟吃什么或没有，我想不起来了"，但韩南太太对我说确实吃了饭。

那次聚会，张爱玲把亲笔签名和订正过的、于1967年在英伦凯赛尔公司(Cassell)出版的《怨女》和《北地胭脂》英文版送他；又赠给韩南夫妻一个腰间垂挂，或为手携的绣花荷包，那是李鸿章女儿、她的祖母李菊耦的家传宝物。这稍大于女子手掌的绣荷包，横量长十二厘米，高约七厘米，两厘米左右的百折式黑缎袋口共有十四折，口子上有一边松脱出缝合的白线。袋子的袋口以葱绿丝线——长长的六十一厘米的绿线往两边系去。绿线的尾端还拿金丝线打了双层的如意结，两个结之下，就是紫色和绿色两溜流苏，左右二色四溜。最难得的是袋子的主体：双面都是金丝线底，除了绣有繁复多彩的花鸟、红花绿叶之外，有一面还绣了只公鸡，红冠金羽夹杂褐、蓝、白色毛羽，踏着正绿色的青草地。

回忆旧事，韩南教授说那个春天他们都好忙，待韩南伉俪打算回请她时，她已离开了。

已经退休的韩南教授，数度约我在哈佛大学会面，并谦言："要不是你，我办不成这事。"在2005年夏和2006年春，韩南教授分别把绣荷包，以及带有签名的《北地胭脂》和后来获赠的《红楼梦魇》，带到图书馆托付给我。

颇有历史使命感的我，踌躇未决，该安放何处？我先咨询过独步收藏了许多手稿的哈佛燕京图书馆郑炯文馆长和两位老友：刚回哈佛的出版了《海上花列传》英译本的王德威教授；又再任南加大东亚系系主任的张错教授，即邀得宋淇邝文美夫妇捐藏张爱玲英文手稿者（宋淇，原名奇，字悌芬，大戏剧家、藏书家、"褐木庐"之主、宋春舫哲嗣，笔名林以亮）。我也曾考虑台湾"国家图书馆"和北京中国现代文学馆，后再询加大柏克莱东亚图书馆周欣平馆长等人，几番思量过后，终于当机立断决定了存藏之处……

先把韩南夫妇特捐的书和荷包，分头安排妥当：仅收纸本手稿书画的哈佛燕京图书馆，珍藏张爱玲签名亲笔订正过的《北地胭脂》《红楼梦魇》。张爱玲绣荷包和林海音、鹿桥（赠纪刚）等人的遗珍交给加大柏克莱东亚图书馆周欣平馆长收藏，随机遇收藏的加大柏克莱东亚图书馆设有专馆。新馆是田长霖东亚研究中心的第一座建筑：史达（C. V. Starr）东亚图书馆，2004年5月动土，2007年落成举行开馆庆典。此馆耗资五千两百万美元，由一千五百多位捐款人捐赠。周欣平馆长珍惜地专辟一处陈列永藏！于是相约2006年4月20日陪先生黄绍光博士同去开会演讲时，顺道赠送。一并捐赠的珍稀宝物另有林海音的小象摆设、别针和"伊豆的舞娘"木娃娃,平路赠张凤的威尼斯面具胸针,鹿桥教授赠纪刚医生书于绫绢丝帛上的墨宝。

张爱玲到哈佛女校,先是以1967年7月至1968年6月在瑞克利夫研究院申请得到的独立研究经费,翻译19世纪的小说《海上花列传》。张爱玲于1967年9月往女校正式报到,从1967年9月起住在剑桥布拉图街83号45公寓。其丈夫赖雅于1967年10月8日过世于剑桥。次年她又延长研究经费,并搬到剑桥布拉图街较小的83号43公寓。1969年4月1日,张爱玲曾在瑞克利夫研究院宣读《中国翻译作为文化影响的桥梁》。在此期间,她继续为港美新处翻译。

据1966年11月4日张爱玲致夏志清教授信:"Fred(赖雅Reyher)久病,在华盛顿特区替他安排的,统统被他女儿破坏,只好去把他接了来,预备申请哈佛,在附近城里找个公寓给他住着,另找一个人每天来两次照料,但迄今未找到人,在我这极小的公寓挤着,实在妨碍工作。"

1967年3月24日,她又写信给在台休假的夏教授:"(哈佛大学女校)瑞克利夫研究所因赖雅的病需(就近照料或另租屋请人照料),通勤改为住定剑桥,年薪也由三千元加为五千,要待1967年4月初发表,暂请保密。"她后来说两年共拿八千美元,推论头一年为五千,第二年恢复年薪三千。张爱玲于1967年4月18日离俄亥俄牛津镇迈阿密大学,到纽约暂住阿拉玛旅馆(Alamac)两个月看医生,之后再到哈佛女校。

巧的是柏克莱也与张爱玲有宿缘:柏克莱陈世骧教授那儿的中国研究员陈少聪、刘大任为她的同事助理,张爱玲的工作接替的是夏济安、庄信正(她之后为陈若曦)担任过的位置,这也是张爱玲在美国的最后一个正式工作,她曾散散地打了三页履历,接着又寄给柏克莱改正的第三页。(夏教授主动影印寄给我,张爱玲亲手打字制成的履历表三页。这星星点点模糊不清、还被描改的珍贵复印件,注有夏教授蓝色亲笔:原复印件Copy不清楚,重印更不清楚,很抱歉。志清,1996年4月5日。)

当年在柏克莱的庄信正与她鱼雁往还三十年,曾为她查《南朝金粉》《北地胭脂》未获。为其少数信任者的庄先生在经夏教授引介后,也通信指点我。庄先生曾为她做与陈世骧教授之间的信使,并代张爱玲重打履历,照指示找间房——要求近又不老的干净房子，有无榻床沙发均可。1969年6月，张爱玲搬入柏克莱杜伦街2025号307公寓，永别美东。

陈世骧教授1971年以心脏病突发离世，张爱玲终亦另取得经济的保障，如版税等，无须年年再苦谋生计，故自1973年起她选择居住在气候宜人的洛杉矶终老，但1995年孤单独逝数日始为人发现。为张爱玲处理后事的遗嘱执行人林式同，亦为庄先生推荐。

2005年，张爱玲《海上花列传》的英译本，终于请香港中文大学孔慧仪修订润稿后，由哥伦比亚大学出版。张错早在1997年发现张爱玲《海上花列传》的英译稿时就来信告诉我，在锲而不舍诚邀下，宋淇夫妇终于捐藏，张错托在港的表弟取稿寄稿，再由主掌东亚系的张错交南加大图书馆，后经浦丽琳整理，并在夏志清（王洞伉俪为出版此书，曾请宋淇女儿宋元琳一家做客吃饭）和王德威二位教授的关怀与玉成下出版。

张爱玲逝世已多年，她的一事一物仍能触动读者学者。如今她的绣荷包，永藏于她最后一个正式工作地点——加大柏克莱分校，让大众可借之缅怀这传奇女子一生的点滴。

周欣平馆长盼望我为文作记，同送收藏（图书馆当时仍在原点）。这天，楼外树色翁郁碧草青青，电报街头南天门内，学生坐卧享受久雨初晴的丽日，大理石阶依旧，曾由李锦桂（Ms. Evelyn. Kuo）、赵雅静二位协助代表接受的珍藏，幸将与罕见古雅的珍藏同存于田长霖馆，自是欣慰躬逢其盛。周馆长并多次亲迎，解说新馆收藏别出心裁，再度亲见我阔别多年的张爱玲的绣花荷包等宝物，深情地大拍其照。将来此馆将会更耀人耳目，大放异彩地发展为北美华文文学之出色景点。

感动不已的还有赵淑侠大姐相赠了在她身边三十年的原白玉雕吊坠和黑河蓝玛瑙项链，赵淑敏二姐相赠的是东洋银镂皮包和手链，还有庄因手书的墨宝……本书中所写的诸位长年的师友，亦有类似故事。

很怀念琦君阿姨，她曾给我亲织紫红毛线袜、赠送金笔；恩师曾祥和教授，即早年台大沈刚伯院长的夫人托千金沈念祖带来德意志国心形水晶盒。柯庆明张淑香教授赠送故宫仿青花桌巾、小说家苏伟贞向友人订制的镌刻有我夫妇名字的一对陶杯、诗人冯晏所赠哈尔滨玉石手镯、舒乙赠高档檀香扇，还有陈忠实远购自陕西耀州窑陈炉烧成的耀瓷倒流壶，色温声铿，为橄榄绿闪黄名瓷，晶润沉雅，拈来皆成趣，均堪称贵品，终是我的传家宝。平路多年前送的雪白绣花大圆桌布，更老早招待过无数贵客。

流畅华年难再，暮色到头来，宿命力有不逮。世变沧桑复波涛汹涌，巢空云又散，无可奈何人生失意为常，体悟起码能尽欢报偿之当儿，应实时掌握。可将呈现各人生命情境的文物，八方求索寻得高洁之归宿，并见证文学先进含光熠熠的浓情厚谊，风范长存，也算不辜负多番的福缘恩遇！

附　录

哈佛燕京学社的汉学贡献

摘要：哈佛燕京学社联合哈佛、燕京两所大学之缘起，学社创建哈佛燕京图书馆、东亚系之历史考查，中美双方互派学者的研究计划及哈佛与燕京大学的学社及其相关的中外名人述要、历届主任、著名华裔教授生平成就，兼及哈佛燕京之文物收藏掠影，哈佛燕京图书馆多元之馆藏、特藏及三任馆长及同仁之汉学贡献简史，析论在中国百年现代化的西化框架中，重新指涉出哈佛燕京学社卓越的独特地位，它丰富了哈佛和世界的历史文化体系，跨过世纪，建树恢宏。

缘起

在东西文化交流上举足轻重的哈佛燕京学社，是由美国铝业公司创办人查尔斯·马丁·霍尔（Charles Martin Hall）的遗产捐赠而成立的。

1863年12月6日霍尔生于俄亥俄州汤普森镇一寒门传教士家庭。1885年，其以文学士毕业于奥柏林学院（Oberlin），1886年发明以电解提炼铝土，在纽约州尼加拉瀑布、宾州等地经营铝业，创建美国铝业公司。1914年12月27日逝世。霍尔终身未娶，单身在佛罗里达州过世，遗命除将小部分财产分给亲友及美国基督教会等（另赠三分之一予俄亥俄州奥柏林学院，六分之一予肯塔基之伯瑞亚学院，六分之一赠予美国传教士协会），并立意捐三分之一成立基金会，资助教会在亚洲兴办高等教育事业和学术研究，地区包括日本、亚洲大陆、土耳其和欧洲巴尔干半岛等。霍尔曾广受华人支持，他所收集的东方文物，如瓷器、地毯等物品皆遗赠母校。

在此之前已有美基督教公理会在1889年于中国通州成立协和大学，基督教美以美会在北京创建汇文大学，1918年两校合并为燕京大学，1920年加入北京协和女大，校长为司徒雷登；1926年燕京大学在民国时期的教育部备案，依定规外人在华设校不得自任校长，乃延聘老翰林吴雷川出任校长，司徒为校务长，对外仍称校长，采用所谓双长制。（见燕大学生自治会所编《燕大三年》）1921年鲁斯（Henry W. Luce）为燕京大学筹款时，就从基金会得了些捐款。司徒雷登的回忆录中有云：五年后基金会又赠燕京大学三十五万元，用于购买书籍，建造住宅和发电厂。

哈佛筹款主管董纳姆（W. Donham）也希望为化学、艺术等系积极争取，惜因申请不能合规（见樊书华的英文报告《哈佛燕京学社创建述要》），几经周折，只先后派华那（Langdon Warner）、杰尼（H. Jayne）等以探索研究为名，与中方北大的王近仁、陈万里等组队前往西北敦煌考察，陈毓贤在《洪业传》中提到：洪业以史坦因偷运文物赴英的教训为由，特加保护阻止，使哈佛与北大合作的想法因而受挫也只好暂停。但燕京与哈佛大学的合作关系得以确定。

其后哈佛在中国挑寻合作的六个教会大学（燕京得到一百万美元，另有几所大学如岭南得七十万，金陵得三十万，华西协和得二十万，山东齐鲁得十五万，福建协和得五万等，几个大学得到捐款者皆为合乎至少有三个教会一同合办的基督教大学的条件，所以圣约翰、沪江等基督教大学并未得到此项资金），据推论还是特别看中燕京等早与霍尔基金有联系基础的大学，加上燕京的成就，因势利导更易于成功。

经过燕大校长司徒雷登、洪业和董纳姆几番筹划，终有结果。1928年1月4日，哈佛燕京学社正式成立。由九人董事会决策，包含伍兹（J. H. Woods）、柯立芝（C. Coolidge）等，为一独立机构。北京方面也同时成立管理委员会，据校方记载，先成立国学研究所由陈垣任所长，并有容庚、洪业、顾颉刚等五位研究教授，办理后成绩未见理想，注册学生渐减。1932年改组，仿照大学管理制度，取消国学研究所名称，所长改称哈佛燕京学社北平办事处总干事，负责管理学社在北京的研究工作，并维持与哈佛燕京学社及同在中国之六个相关大学的联络。

1928年至1939年首任总干事为哲学系博晨光（Lucius C. Porter，美裔燕大哲学教授，出身教会世家，生于天津，长于山东，毕业于耶鲁神学院，1909年开始在华教书，常返美，1922—1924年为哥伦比亚Dean Lung讲座教授，1928和1932年在哈佛）。1939年洪业（煨莲）继任，1941年梅贻宝代理校长兼任，1946年聂崇岐亦曾代理，1947年由檀香山美籍华侨陈观胜接任，至1950年告一段落。

燕大图书馆也获经费，藏书量迅速增长，由1925年所藏一万册，到1929年的十四万册，1933年已达二十二万册。有一度曾委托哈佛燕京学社北平办事处每本书采购两份，一份留在燕大图书馆，一份寄往哈佛燕京学社汉和图书馆，两得益彰。

燕大司徒雷登校长回忆说：哈佛燕京学社给了燕大许多实惠，其中使燕大的中国文学发展为中国大学中的最高水平；而且好些设在中国的教会大学，也因燕大得益。

有了哈佛燕京学社的充裕经济后盾，燕京大学文史方面能聘请到权威学者：在中文系有容庚（考古）、郭绍虞（文学评论）、郑振铎（中国文学史）、孙楷第（小说）、高名凯（语言音韵学）；在历史系有顾颉刚（上古史）、洪业（历史方法论、基督教在中国）、张星烺（中西文化交流史）、许地山（社会宗教史）、邓之诚（中国通史）、齐思和（上古史）、聂崇岐（宋史）、陈垣（中国历史研究）；日籍鸟居龙藏（考古等）。名师阵容坚强，成为中国的历史研究中心。

哈佛大学的哈佛燕京学社

正而名之，以哈佛、燕京两个大学为名的哈佛燕京学社，并不属于哈佛大学，但又与其有环环相扣的关系，例如社长总是由哈佛东亚系或人类学系、历史系的教授荐选出任的。多年来可以说是关系微妙。

哈佛燕京学社用地由哈佛大学提供，原在哈佛园中威德纳总图书馆右侧的博斯屯楼（Boylston Hall）地下室，1958年搬到如今的剑桥神学街2号，是一座三层楼古典红砖建筑。学社具有专属的职员，也被视同为哈佛大学职员，但财务完全独立，由哈佛燕京学社信托委员会经营管理。

哈佛燕京学社得到霍尔基金会六百三十万美元，账目分为两项：一为普通账目不受限；一为限制账目，限制以一百九十万美元所得的利息，每年八万多美元，分配给六个教会大学，燕京配额最高，占大部分。基金遵嘱，不得应用到宣讲传道。

哈佛燕京学社由六百三十万美元的赠予基金（现有基金已累计高达一亿美元），开源节流投资所得之孳息部分，作为每年开支：1928年先建立哈佛燕京学社汉和图书馆，藏书地点先在威德纳总图书馆98小室，再迁博斯屯楼地下室，可以称是冷落无人闻问的尘封失修死角，馆中只有在潜水艇中才用的铁质旋转窄楼梯，落差极大地连接阅览室和书库，创业维艰。

1936年哈佛燕京学社创办出版《哈佛亚洲研究学报》，开设研究生奖学金。法国汉学名家伯希和推荐他的学生俄裔世族叶理绥（Serge Elisseeff）在1934年至1956年担任社长及新成立的东亚系系主任，哈佛东亚研究于是蓬勃发展。

1928年至1929年，伯希和及博晨光、洪业两位燕京教授被聘请到哈佛分别教授哲学和历史。洪先生曾开设"1793年以来的远东历史"等课程，许多本科大学生选修。1931年至1932年博晨光（1922—1924年为哥伦比亚丁龙Dean Lung讲座教授）又开讲"中国哲学"。

学社补助燕京大学出版学术性书刊：

一是《燕京学报》，1927年至1950年每年出版两册，战时停刊，共计三十八册，发表学社所补助的教授之论文，前后由容庚及齐思和教授主编，学者如伯希和等皆特别称许，曾刊登过冯友兰、王国维、钱穆等约一百三十位学者的论文。1995年，由北京大学的一群燕京校友复刊，1999年之后再度获得哈佛燕京学社津贴出版。

二是《哈佛燕京学社汉学引得》，在1930年至1950年，由洪业先生为便利学者由浩如烟海的古籍中，获得重要资料而创设引得编纂处，洪先生任主任，其后由聂崇岐接办。工作人员前后逾二十人。共出版四十一种正刊、二十三种特刊，合计六十四种共八十四册，包括《春秋左传》《论语》《孟子》《汉书》《大藏经》《水经注》等古籍引得，20世纪80年代在上海出版。（见燕大文史资料第三辑、第六辑）

哈佛燕京学社相关的中外名人

中国名人在哈佛留学研究者，据考查有：刘瑞恒、赵元任、胡适、梅光迪、陈寅恪、汤用彤、张歆海（鑫海）、楼光来、顾泰来、俞大维、吴宓、李济、唐钺、胡正祥、陈岱孙、江泽涵、杨嘉墀、张福运、俞大维、梁实秋、林语堂、张星烺、罗邦辉、秦汾、金岳、杨诠（杏佛）、宋子文、竺可桢、齐思和（致中）、翁独健、郭斌龢、范存忠、黄延毓、郑德坤、林耀华、陈观胜、杨联陞、周一良、严仁赓、任华、刘毓棠、吴于廑、关淑庄、张培刚、高振衡、陈梁生、施于民、李惠林、全汉昇、梁方仲、王念祖、王伊同、蒙思明、王钟翰、谢强、邓嗣禹、王岷源、李方桂、任叔永（鸿隽）、陈衡哲、梁思成、梁思永、洪深、钱端升、贺麟、姜立夫、张炳熹、张芝联、洪业、方志彤、赵理海、胡刚复、冯秉铨、丁文江、卫挺生、郭廷以、袁同礼、陈荣捷、殷海光、严耕望、董同龢、梅祖麟、徐中约、梅仪慈、王浩、王安、贝聿铭、许倬云、汉宝德、成中英、郝延平、萧启庆、周玉寇等人，不胜枚举，多数曾经接受燕京学社资助，也重塑了哈佛大学的文化建构。

哈佛燕京学社从1929年的三四十年代起，就派遣年轻的研究生及学者赴华留学：据菲利浦·韦斯特（Philip West）研究，魏鲁男（楷）（James Roland Ware，1929—1932）、毕乃德（Knight Biggerstaff，1930—1935）、施维许（Earl Swisher，1931—1934）、顾立雅（Horrlee Glessner Creel，1931—1935）、卜德（Derk Bodde，1931—1935）、费正清（John King Fairbank，1932—1933）、贾天纳（Charles Sidney Gardner，1925—1928，1938—1939）、饶大卫（David Nelson Rowe，1935—1937）、柯立夫（Francis W.

Cleaves）、李约瑟（Joseph G. Needham）、海陶玮（James R. Hightower）、狄百瑞（William Theodore DeBary）、柯睿格（Edward A. Kracke, Jr.）、戴德华（George Edward Taylor, 1930—1932）、西克门（Laurence C. S. Sickman, 1930—1935）、芮沃寿（Arthur Frederick Wright, 1939—1940, 1941—1947），叶理绥（Serge Elisseeff）、史华慈（Benjamin Isadorz Schwartz）、倪维森（David Shepherd Nivison）、拉铁摩尔（Owen Lattimore）、费维恺（Albert Feuerwerker）、贝拉（Robert N. Bellah）等曾大多接受燕京学社资助来华研究，或辅以罗兹学者或洛克菲勒基金赴华。另有赖世和（赖肖尔，Edwin O Reischauer, 1935—1938）等赴日，后来都为美国汉学界领有声名的亚洲学教授，如费正清被誉为美国的中国研究之父。

魏鲁男（楷）、叶理绥、费正清、赖世和、海陶玮、柯立夫等均曾任哈佛东亚系系主任；赖世和出任哈佛燕京学社社长，在哈佛的日本研究中心以其命名；魏鲁男译释《论语》《孟子》《庄子》；贾天纳曾任教哈佛、宾大、哥大，后在耶鲁图书馆担任中国史顾问；诗词专家海陶玮著《中国文学题材》《韩诗外传》，与名家叶嘉莹教授合作研究诗词；蒙古史专家柯立夫，出版诠释蒙古史及伊朗史料；近代思想史名家史华慈为杜维明、李欧梵、林毓生教授的指导教授，著有《寻求富强：严复与西方》《中国的共产主义与毛泽东的崛起》《古代中国的思想世界》等。［见威斯特英文著作《燕京大学与中美关系（1916—1952）》及张凤考察。］

毕乃德为华盛顿大学及康奈尔大学教授，著有《中国最早的近代官办学校》等；卜德于宾夕法尼亚大学教授中国哲学，曾译冯友兰的《中国哲学史》，1948年又以傅布莱特学者再次赴京，著有《北京日记》，同情中国；狄百瑞为哥伦比亚大学儒家思想专家；顾立雅为芝加哥大学知名教授，主攻上古史与哲学史，著有《中国的诞生》《孔夫子其人和神话》《中国思想》等书；戴德华曾任华盛顿州大东方学院院长，擅现代政治，著有《为华北而斗争》《变化中的中国》；西克门长于中国艺术史，后任密苏里美术馆东方艺术馆馆长；佛学哲学专家芮沃寿曾任斯坦福和耶鲁大学教授，"二战"期间被拘于潍县"敌侨营"，1945年释回美国；李约瑟以《中国科学史》闻名；

饶大卫是耶鲁国际政治研究名家；倪维森可算是哈佛燕京学社由美国派到燕京大学的最后一位研究生，擅长中国哲学，任教斯坦福；柯睿格任教芝加哥大学，擅长中国政治史等，著《中国遗产》《宋初文官制度》《中国思想制度》。

事实上在哈佛燕京学社成立之前，哈佛校园中就有不少中国同学社团活动，（多谢中山程焕文馆长）由裘开明馆长的老档案中寻出的1919年左右的中国同学会名单，有梅光迪（安徽）、倪建候（福建）、牛惠生（江苏）、刘树梅（湖南）、孙学悟（山东）、施济元（浙江）、唐钺（福建）、唐腴卢（浙江）、祝隆德（湖北）、姜蒋佐（浙江）、卫挺生（湖北）、温毓庆（广东）、王纯焘（湖南）、何杰才（江苏）、吴宪（福建）、尹寰枢（湖南）、余文灿（广东）、杨诠（杏佛，江西），江苏来的吴旭丹为秘书，江苏的牛惠珠为副会长，C P Chow为会长。

杨诠曾于1914年，同会长任叔永（鸿隽）、赵元任（秘书）、秉志（会计）、胡适、胡明复、周仁、邹秉文、过探先、金邦正等人成立"中国科学社"，杨诠是《科学》月刊的编辑部部长。

赵元任先生在1922年至1923年，就曾由伍兹教授协助，申请霍尔基金，当时他正在哈佛大学开讲中国哲学，又首度在国外开中国语言课，此外他还曾开设过数学、物理、哲学、心理学等课程，直到他应邀回清华，担任清华国学研究所的导师。其女儿新那等人编著的年谱中提到，赵元任离开哈佛时，伍兹和贺进（Hocking）都极力挽留，认为他是最好的学生之一，不但应留哈佛而且应回到哲学专业。赵先生于1942年再度来哈佛燕京学社与王岷源等人编纂字典并开课。

梅光迪于1915年至1920年间由芝加哥的西北大学转到哈佛后，师从白璧德（Irving Babibtt），归国任教于南开、东南大学。1922年与吴宓、胡先骕等创刊《学衡》。他们嗜古，反对忽略古典的文学革命，致力于导源，翻译西方蕴藉深永的重要学术文艺。因赵元任推荐其继任，于1924年至1930年接任哈佛教席，其中他曾于1927年回国任中央大学（原东南大学）代理文学院长，1936年之后任浙江大学文学院院长。著有《梅光迪文录》。

吴宓在日记中把陈寅恪、汤用彤、张歆海（鑫海）、楼光来、顾泰来、俞大维和吴宓在1920年8月17日的聚会，视为"七星聚会"（仿法国著名文艺团体"七星社"）。吴宓认为梅光迪的"白话文应提倡，但文言不可废"是不朽之论，并曾师从陈寅恪，汪荣祖在《史家陈寅恪》中说：他听讲风雨不误。清华毕业生张歆海（鑫海）以论文《马修安诺德的尚古主义》，在哈佛同学中第一个获文学批评博士学位。

哈佛同学梁实秋、林语堂虽未替《学衡》撰文，算外围，但在文学文化观念上，却成为新人文主义最积极、有系统的宣传实践者。

哈佛燕京学社接受研究生申请，依照燕京研究院的标准加以审核，学社提供奖学金，成绩优异的学生可在哈佛大学深造攻读博士，如历史学的齐思和（致中）、翁独健、王伊同、蒙思明、杨联陞、邓嗣禹等，考古学的郑德坤，日本文化与佛学的周一良，佛学与印度语言则有陈观胜等。

奖学金计划：每年中文及历史系等研究生可申请攻读学位或继续研究工作，款项足够包括学费、膳宿费及零杂费用。燕京研究生的奖学金计划，在当时，初启智识之士求学西洋，有如大旱之望云霓，能申获奖金自别有意义。

他们前后影响相互熏陶之例很多，周一良旁听陈寅恪讲魏晋南北朝史，眼前大放异彩，佩服得五体投地，心悦诚服地立意跟随钻研。任华、周一良、吴于廑（保安）与杨联陞等意气相投之人于20世纪40年代在哈佛组有"成志学社"，类似兄弟会。写有《毕竟是书生》的周一良治日本文史，精通梵文，他的论文《中国的密教》为汉学界研究佛教史的必读参考书目。杨联陞亦随陈寅恪研究两税法等。治人类学的林耀华、蒙古史的翁独健，后出任社科院民族所正副院长；齐思和、周一良先后出任北大历史系主任。

燕京大学迁成都时，陈寅恪、李方桂两位教授亦由学社补助七千美元支持他们的研究工作和发表论文。卫挺生曾对"中华民国"政府的财经制度有过贡献，后移居香港、南洋，最终定居在哈佛大学附近。

在他校研究的著名学者很多也会特来哈佛演讲。自1944年10月22日起，胡适来讲学。1960年，在耶鲁讲学半年的钱穆先生也于1960年春假期间，3月底来哈佛燕京学社演讲，主题为"学与人"，地点就在哈佛燕京聚会厅，原挂慈禧太后像那一间，由杨联陞先生翻译；1960年7月27日，又同李田意、瞿同祖，以及杨联陞夫妻儿女到赵如兰、卞学锽家中晤叙，我幸得赵教授影印传下的珍贵签名文献。

钱先生创办的新亚研究所于1955年获哈佛燕京学社资助，设奖学金，添藏书，出版学报和论文，流露出浓厚的义理人情。1966年，他个人又得津贴撰述《朱子新学案》。耶鲁的雅礼学会也给了新亚大力协助。1967年至1968年专擅诗词的叶嘉莹教授亦来访讲学。

哈佛燕京文物收藏

在剑桥镇牛津街之东，与其平行的神学街2号有著名的哈佛燕京学社、东亚系和哈佛燕京图书馆，自1958年由原来的博斯屯迁徙到这红砖建筑起，就有一对前代铸造的石狮子镇守大门。这对石狮是波丽·柴尔·史达（Polly Thayer Starr）太太为纪念母亲（E R Thayer）柴尔太太从中国买来的，现已经成为通往哈佛大学东亚研究心脏的象征。

入门左向为燕京图书馆，右向是燕京学社社长办公室，正面步上大理石台阶是东亚系，楼梯左下有十八号大阶梯教室，因杜维明教授的鼓励，我们自20世纪80年代以后，经常在那儿办文史哲方面和有关电影的演讲，同声相应，同气相求，来了许多热爱中国文化和文学的人士，由我随手命名的哈佛燕京大礼堂和"聚会厅"（Common Room）之称号不胫而走，俨然成为英语世界及哈佛以中文宣讲"国学"文化及文学的道场。

哈佛燕京图书馆在裘馆长任内大力采购善本书，在1931年左右，还收藏了数件墨宝，现都高悬阅览室。在悬挂裘馆长相片的上方有傅增湘的题字"艺海珠英"，其次是叶恭绰题字"海外琅嬛"，对面还有陈宝琛题字"学者山渊"，以及日人题字"道者同于道，德者同于德"及其他无数极为珍贵的老照片。在入门墙上，悬着的是曾任燕京文理学科科长、学养渊博的洪业相片。他似以悠然的姿态，冷眼看着他曾热情贡献过的图书馆及东亚系、燕京学社，却以哈佛燕京研究员的名义终生，显然有怀才不遇壮志未酬之不平。

霍尔的相片还挂在社长室相片门外,他的相片斜左方为徐世昌题字"居今识古。辛未六月"。罗振玉所写"拥书权拜小诸侯"一匾,挂在图书馆长室外面的对墙。很有趣的是清末皇帝的老师陈宝琛以八十四岁高龄,还另写有对联"文明新旧能相益,心理东西本自同",悬于我们常主持文化演讲的聚会厅,它的位置恰恰好,是大家喜欢对着照相的文雅背景。此联的对面墙上,本有幅慈禧太后像,是大家拍照的最爱。可是在1992年至1997年间,哈佛为保护文物,将其存挂到福格(Fogg)博物馆去了。图书馆的第二任馆长吴文津,曾说起太后像是因1907年圣鹿邑(St. Louis)万国博览会时,希望展出各国元首的画像,于是慈禧请美国画家胡博华士(Hubert Vas)所作。博览会后,先被纽英伦的收藏家温耍(Winthrop)保有,然后才与其他文物一同捐给哈佛,有好一段时间此画与我们同在,因此我们又设法将画像索回,高挂于书库入门,想与它近距离地合影,不大容易。后又因怕光线损毁,此画于2000年再度成为哈佛保护文物,存回福格博物馆。

中国文物在哈佛甚多,艺术系及各博物馆都有。哈佛的东亚学问研究分门别类也很广,如考古、地质、音乐、宗教、建筑、医卫、科学史等,都带上一抹中国色彩。好比在纪念大堂当中,东堂有双层五叶扇形的半圆桑德斯剧场可供上课、听音乐会,在节庆、展览、毕业校友重聚等重要时刻也在发挥效用。例如,杜维明教授在此开设容纳近千名学生的核心课程——儒家伦理;各国政要或文艺名人等来哈佛演讲;马友友等名家或校方乐团的演奏会,校外各种音乐社团演出,包含我参加过的大波士顿区中华文化协会合唱团,演出就(借用或)租赁此地。

九个博物馆,或多或少地展出中国文物,以及如玛雅文明等各类展出。亚诺(Arnold)等七个植物园,都移植了槐树等数百种中国的植物,在植物园中徜徉,赏心悦目。

在1936年中国的哈佛同学会(胡适、宋子文、林语堂等人参与此活动,而吴文藻代表燕京大学)曾送了一尊似狮似麟的驼碑吉兽华表,庆祝美国哈佛大学建校三百年,上刻四百多个汉字,立于博斯屯馆原址前,多年的雨打日晒中,风化斑驳,几乎失去了刻字及棱角,哈佛大学每年冬天便将碑包裹起来加以保护。其文如下：

美国哈佛三百年纪念

文化为国家之命脉。国家之所以兴也，繇于文化；而文化之所以盛也，实繇于学。深识远见之士，知立国之本必亟以兴学为先。创始也艰，自是光大而扩充之，而其文化之宏，往往收效于数百年间而勿替。是说也，征之于美国哈佛大学，滋益信之矣。哈佛约翰先生于三百年前由英之美，讲学于波士顿市，嗣在剑桥设立大学，即以哈佛名之，规制崇闳，学科兼备，因而人才辈出，为世界有名之学府，与美国之国运争荣。哈佛先生之深识远见，其有造于国家之文化也大矣。我国为东方文化古国，然世运推移，日新月异，志学之士复负笈海外，以求深造。近三十年来，就学于哈佛，学成归国服务于国家社会者，先后几达千人，可云极盛。今届母校成立三百年纪念之期，同人等感念沾溉启迪之功，不能无所表献，自兹以往，当见两国文化愈益沟通，必更光大扩充之，使国家之兴盛得随学问之进境以增隆，斯则同人等之所馨香以祝而永永纪念不忘者尔。

西历1936年9月，哈佛中国留学生全体同学敬立

2002年5月10日至14日，时任校长的桑默（L. Summers）率领十多位教授包含杜维明、萧庆伦等历史、公共卫生、法律、人类等各行学者访问中国，会晤国家主席及亚洲校友，并参观长城，在清华还宣布肯尼迪政府学院将为中国培训公职人员等合作计划。而前任鲁丹斯丁校长是哈佛建校以来第一位访问中国的在任校长，中国留学生在哈佛现约六百人。

哈佛东亚系的开创

哈佛中国学的开创，最早可以上溯到1879年至1882年间戈鲲化的特别中文课程。1921年至1923年间赵元任先生应邀去哲学系教中国语言和哲学；

继任者梅光迪于20世纪30年代在哈佛任教,1929年时洪业、博晨光、伯希和等人开课授业。当时的哈佛大学只渴慕研究中国古代学问,开的课程不持续,且无铭刻注记纤细不遗之史录文献。

常春藤盟校过去只重视中国古典文史,在1936年费正清进入哈佛任教后,稍有转变,开始聚焦于近代中国。1986年,由台大请来王德威教授才有了讲授中国近现代文学的起点。他曾转任哥大,担任讲座教授及两任系主任,2004年应邀返回哈佛演讲任教。

现任哈佛大学负责先进学习部门副教务长,1998年时任系主任的中国中古思想史讲座教授包弼德(Peter K. Bol)代读我所查得的不得对外公开的老档案(因含各教职员薪水属个人隐秘),后来信见告:1940年至1941年东亚语言系的字样首度出现在系中的年度目录(1940—1941 Catalogue)上。

东亚语言系于1940年左右成为文理学院的一系,时间虽不明确,但亦相去不远,经费皆由哈佛燕京学社提供,直到20世纪50年代末期,才由哈佛大学接管(紧接着有哥大、耶鲁、加大伯克莱等学校设立了东亚系)。1972年之后才改成东亚语言文明系。此前仅在教职员工会议中提到过,1937年2月9日曾投票创立一个东亚语言部门,但很不恰当地隶属闪族语言历史系。后又在1937年10月5日教职员工会议上提到东亚语言部门和东亚语言系。

印证此事可参照赵元任教授于1942年开授中国方言、粤语课程,并在1943年至1944年参与美国政府军队特殊训练计划,由陆军战略服务处委托大学开办中日语言训练班,每年派遣一百多个官兵,来哈佛接受为期十个月的中国话速成(北京话和粤语)训练。当时还是学生的赵如兰及杨联陞、卞学鐄、周一良伉俪等,都曾兼任训练班助理教授。

1944年10月到1945年6月,胡适曾来哈佛讲授了八个月的《中国思想史》等课程。20世纪40年代后期,洪业先生和聂崇岐都开设过中国目录学等课程。哈佛大学对汉学有其热心,但其早年相关的组织结构却相当薄弱。

杨联陞破天荒地在1947年成为哈佛首位华裔助理教授,并于1951年升任副教授,1958年升正教授,1965年他几乎被请到密歇根去,哈佛大学以讲座教授之职极力挽留,遂成为头一个荣膺哈佛燕京讲座教授的华裔。

这位在学术界被公认为启沃西方汉学的名师,和后来任教加大柏克莱分校的音韵语言学大师赵元任及其长女赵如兰,与李欧梵及在哈佛的陆惠风和商伟等教授,都曾在哈佛攻读博士学位。在艺术系任教的汪悦进和已去芝加哥大学的巫鸿教授,原来都是哈佛燕京学社访问学者,转而申请为系中研究生。

普大东亚系的高友工教授,与赵如兰、张灏、劳延煊、刘翠溶、陆惠风等教授皆为受教于导师杨联陞教授的哈佛同门。

在哈佛人类学系于1981年至1984年兼任系主任,1985年至1988年兼任哈佛东亚咨议委员会主任与哈佛赫德荪(Hudson)考古讲座教授,并曾任台湾"中研院"副院长的张光直教授是哈佛博士;于1983年至1986年曾任哈佛大学宗教研究委员会主任、1986年至1989年兼任哈佛东亚语言与文明系系主任并于1988并荣膺美国人文科学院哲学组院士,自1996年起出任哈佛燕京学社社长的哲学思想史教授杜维明,于1999年荣膺哈佛燕京中国历史及哲学与儒家研究讲座教授,此教席为英语世界里第一次以"儒学研究"命名的讲座教授,此项荣誉亦为华裔的第一遭。

曾获院长提名在东亚系兼任族裔研究计划主席和当选台湾"中研院"首位中国现代文学院士的李欧梵教授,及于1991年至1997年任耶鲁东亚系系主任、擅以女性主义角度评论诗词的、曾经的研究所所长孙康宜教授(高友工教授的学生),常到哈佛燕京学社研究,不时在《哈佛亚洲研究学报》上发表论文。在哥伦比亚大学兼任东亚系系主任的丁龙(Dean Lung)讲座教授王德威原是哈佛大学第一位中国近现代文学教授,曾于1986年至1990年任教哈佛,2004年起再度以哈佛大学 Edward C. Henderson 讲座教授任教于哈佛。自2008年起担任哈佛燕京学社的九人委员会委员,他们在各常春藤盟校的地位,又多被誉为"百年以来华裔第一人",真是华人之光。

哈佛充裕庞大的财源,有助于罗致本身具有引领教化能力的超拔学者。哈佛汉学领域,也以高瞻的优势向各名校延揽挖角。20世纪中从欧洲敦聘汉学家,如伯希和的得意门生叶理绥(Serge Elisseeff)及以后的韩南、包弼德、伊维德(Wilt Idema)等人;又请来上述当代华裔汉学精英人物,如20世纪中叶之后的杨联陞、梅祖麟、王浩等,以及现在的王德威、汪悦进、李惠仪、田晓菲、李洁等人。其中张光直教授,是由耶鲁请回来的;杜维明教授、李欧梵教授,是由加州大学各名校区移帐而来;明清文学专家李惠仪教授由普大请来,田晓菲则由康奈尔大学来……

哈佛燕京学社对东亚系、赖世和中心、费正清中心、韩国中心以及广纳南亚、中亚的亚洲中心(成立于1998年),均有长期的支持,其焦点大多集中在当代政治社会制度等方面。

哈佛燕京学社指定荐举之大学及机构

哈佛燕京学社资助采用单位推荐制。学社根据其教学优异与否、研究和出版条件指定荐举之大学及机构:由指定荐举之大学及机构,于每年夏天左右推荐所属访问学者、研究讲师、博士学者候选人的申请资料,现在年龄限制已经松动,秋季左右由社长或指定代表,在当地面谈。哈佛委员会研究商议之后,年底圣诞节前决定邀请名单。

哈佛燕京学社指定荐举之大学及机构常因评估而变动:

中国大陆:北大、清华、复旦、南大、南开、浙大、川大、吉大、山大、人大、武大、中山、厦大以及中国社会科学院、上海社会科学院,等等。

香港:香港中文大学、香港大学。

台湾:台湾大学、台湾师范大学、台湾"清华大学"、台湾"中研院"。

其他地区如日本、韩国、越南、泰国、新加坡和印度等均有指定荐举机构。但巴尔干、土耳其区域尚未正式列入。

哈佛燕京学社历任社长

首任社长 叶理绥(Serge Elisseeff)教授,1934—1956年。

叶理绥教授是至今为止任期最长的社长,哈佛燕京学社起头的二十二年全由其掌舵。

哈佛燕京学社，原计划聘请法国汉学名家伯希和任社长，他却推荐了得意门生、法籍俄裔世族叶理绥（日文名英利世夫），担任社长。

叶理绥教授生于1889年，出身于俄国彼得格勒的世家，其家族原是俄国有名的食品东家。他曾在德国柏林洪堡大学学语言，日俄战争时期赴日（1908—1914），从芳贺矢一、藤村作等人研究日本文学，成为东京帝国大学首位文学科西洋毕业生；十月革命后，归化定居法国巴黎，为伯希和门生，通日、法、英、德语，且纯熟流利，关于日本语言学、文学、戏剧、音乐、艺术的知识都能圆融贯通；并可阅读汉语古籍，生性诙谐，又有引人入胜的口才，在任内倡建东亚语言系。东亚系成立后任系主任，1956年由社长退休专任教授，1957年返回法国，1975年逝世。

1936年叶理绥教授创办刊印了首期《哈佛亚洲研究学报》，他是主编，到1956年第19期转手，列其他教授为编委，学社经援。至今仍坚持每年出刊两期，早成为美国研究东亚人文方面炙手可热的学刊代表。

另外叶理绥教授还开创了两种系列丛书：在1935年的哈佛燕京学社专论系列丛书，内容包含东亚的人文、历史、诗词、文学、宗教思想等分门别类之论者，持续出版了五十本以上。1950年之后，开始印行哈佛燕京学社研究系列丛书，包含结集特殊主题的论文集。这系列丛书，均假手哈佛大学出版社印行。

第二任社长 赖世和（Edwin O. Reischauer），1956—1963年。

赖世和（或音译赖肖尔）教授，其父为赴日的基督教长老会传教士。赖世和1910年生于日本，十六岁之前的早年岁月是在日本度过的，1931年毕业于美国欧柏林学院，1932年获哈佛硕士学位，1933年至1938年获哈佛燕京学社奖学金，在法、日、中等国研究日本的语言和历史，1939年他以古代中日关系史的研究获哈佛博士学位。他是叶理绥的学生，亦曾任东亚系教授，第二次世界大战时曾加入美国陆军部，担任日本电讯密码解读工作，战后回哈佛任教，担任日本语言和历史课程。

1961年，赖世和应肯尼迪总统之邀，担任驻日大使，时值日本因签订美日安保条约而反美情绪高涨,他以日本研究者、日本通的身份,替战后美日关系化解了严重危机。在担任驻日大使两年期间,社长职务由副社长巴斯特(Glen Baxter)代理,1963年卸任后,仍回哈佛从事研究工作,著有《日本——过去与现在》《合众国与日本》等专门著作,对推动哈佛亚洲研究颇有贡献。

赖世和把原在哈佛园博斯屯楼的哈佛燕京学社搬到现址,并调整哈佛燕京学社财务,将东亚系归到哈佛大学旗下。在他任内日本学者来访研究频繁,华裔张光直、赵如兰等教授皆于其任内得学社奖学金,攻得博士。鉴于他对日本的研究,哈佛大学日本研究中心以其名字命名。

第三任社长　裴泽(John Pelzel),1963—1976年。

裴泽是哈佛人类系教授,也是研究日本皇权和社会结构的专家。他精通以有力可信赖的田野考查,其演讲和讲稿把日本的社会结构分析得洞彻明晰。

在担任社长前,第二次世界大战之后裴泽就由学社资助,设立日、韩以及中国台湾、香港地区系列的研究评议会,日后各地经济起飞,学社才决定不再经援,停止这项资助。

1965年因裴泽社长的提案,1966年起实施合作研究学者计划:已有声望的哈佛教授可以提名邀请一位亚洲同行,访问哈佛一年,共同开讲座,进行研究计划、翻译工作等,如在1967年至1968年从台大邀来的上古史权威许倬云教授;学者和研究生奖学金仍依常规,如郝延平教授在1963年至1965年获得了哈佛的奖学金,其博士论文研究的是19世纪的广东买办商行,毕业后任教于田纳西大学。

哈佛燕京学社在亚美学术交流上,提供了许多学者来访的机会,他们回国后有大量的学术作品出版。应慎重地考查和正面评估多彩的亚洲文化舞台,例如在校园里曾充斥着抗议的声音。1970年5月,约莫有二百名示威群众,将美国研究亚洲,如针对北京琉璃厂艺术品和古书珍藏等的研究,诋毁为伺机而动,以干涉内部、学术文化圈。

他们在哈佛燕京学社所在的神学街上,大吼大叫,扔石头,砸窗户,如火如荼沸腾的情绪行动，使临街的窗户全都破碎，神学街头满是玻璃碎片，弄得学社和图书馆的人和东亚系教职员神经紧张。哈佛燕京学社事后开会决定：向校方申请修复，巩固安全措施。关闭哈佛燕京学社整栋楼，同时也关闭集会的大教室，并与文理学院协议，预测约计所需的费用为十万，双方各付一半。他山之石，或可以攻错，哈佛燕京学社在贡献丰硕之余，也值得再思。

裴泽任内哈佛燕京学社与哈佛大学双方达成合作和经费协议：建成赖世和研究中心，哈佛大学全力支持（1965年改名的）哈佛燕京图书馆，并支付哈佛东亚语言文明系的日常费用。学社才得以将大宗经费用为学者交换计划。

第四任社长　克雷格（Albert Craig），1976 — 1987年。

克雷格得赖世和真传，为其得意门生，曾与导师赖世和及费正清共同撰写《东亚传统和转型》，这本书自1958年出版上册以来，一直是大学中奉为圭臬的东亚教科书。

他本人致力于研究日本近代史，特别是明治维新时期的历史，是知名专家。在经历过美国的反共反战、东南亚的越战、中国的"文化大革命"之后，他将哈佛燕京学社的定位带回到平顺，以沉稳宽容的态度，重新复归学术研究的初衷。

他于1977年将早期学社的研究讲师计划，重铸为崭新的博士奖学金计划。因20世纪60年代学社缩减给欧美研究生的奖学金，到70年代全都颁发给亚洲学生，据他亲往经济成长的亚洲国家考察，学界的年轻讲师获奖金后到哈佛或美国其他大学深造的博士回国任教后效果良好。

1981年副社长艾迪·贝克（Edward Baker）加入，接替即将退休的巴斯特。贝克先生在耶鲁得到法律博士后，曾参加和平军团在韩国服务，与金大中总统相熟。他是韩国事务高手，并曾往越南方面拓展研究，为学社尽心服务了二十二年才退休，之后由Peter Kelly接手了一段不长的时间。

第五任社长　韩南（Patrick Dewes Hanan），1987 — 1996年。

韩南教授，1927生于新西兰，1948年获新西兰大学学士学位，1949年获新西兰奥克兰大学硕士学位，1953年获伦敦大学硕士学位，1960年获伦敦大学博士学位，先后任教于伦敦大学亚非学院、斯坦福大学。自1968年起任哈佛大学东亚系中国古典文学教授并兼任主任，并自1998年起为哈佛大学卫特·托马斯（Victor S. Thomas）讲座教授，1995年为南京大学合作教授。和蔼可亲的韩南教授，1997年荣退，2014年病故，终年八十七岁。身为古典小说专家的他也是哈佛燕京学社第一位研究中国学的社长。

韩南教授在任内，于1989年建立访问研究讲师计划，专门针对已成为讲师的博士候选人，向这些二三十岁的学者提供赴美进修发展的机会。一年的哈佛学习，让他们有机会在校园中接触哈佛大学的学者和学生。现为最热门的计划之一。

韩南教授谨慎地继续其他原有计划，如博士奖学金计划，安度困难时期。他又与三联书店在1991年签约出版一系列的《三联哈佛燕京学术丛书》，以提振第二次世界大战后哈佛燕京学社在中国出版学术书籍日趋低迷的情况，1993年出版第一本。

第六任社长　杜维明，1996 — 2008年。

杜维明教授是当代儒学第三期的代表人物之一。2009年6月8日，他邀请我参与庆祝其社长照片高悬哈佛燕京学社门楣的仪式，首见华人在哈佛大学光耀门楣，感慨万千。

他任教至2010年，七十岁庆生后荣退。现转任北京大学高等人文研究院院长。

杜教授担任社长后，在他的明智决策下，被誉为不可置信地强化了学社的威力，燕京学社转变为更兴旺耀眼、创造开放的一个学社。

第七任社长　裴宜理（Elizabeth Perry），2008 — 至今。

裴宜理教授，是哈佛亨利·罗素夫斯基（H. Rosovsky）政治学讲座教授、中国领域的比较政治专家。作为美国人文艺术与科学学院院士和古根汉姆奖学金获得者，裴宜理教授在众多主要学术期刊担任编委会成员，还在六所中国大学获得荣誉教授职位并出任亚洲研究协会的主席。裴宜理教授的研究关注当代中国的草根政治与游行，已有著作包括《北方中国的叛乱与革命（1845年至1945）》（1980）、《后毛泽东时代的政治经济改革》（1985）、《现代中国的政治文化和民众游行》（1992）、《"单位"：比较历史角度下的改变中的中国工作环境》（1997）、《当代中国草根政改》（2007）、《毛氏影响：中国特色统治的政治基础》（2011），以及《安源：中国的改革传统》（即将出版）；其著作《上海罢工：中国劳工政治》（1993）曾获美国历史协会的约翰费正清奖。

哈佛燕京图书馆

哈佛燕京图书馆是西方世界规模最大的大学东亚图书馆。燕京图书馆不但有一百四十多万册书的馆藏，包含中、日、韩、越等国及蒙、满、藏、纳西等文字，还有报刊、微卷、胶片等多种数据库等。这个研究图书馆收藏很重视要点，如当代第一手史料，有记载长征史实最早的文献《红军长征记》朱德签名本，还有胡汉民、蒋廷黻、鲁迅、胡适手稿等数十种20世纪政党珍贵图书文物稀有物件。另有当代文学文化的收藏如纪刚、鹿桥（吴讷孙）、赵淑侠、陈若曦、李黎、廖辉英、吴玲瑶、洪素丽、刘克襄、许悔之、向阳、胡台丽、钟铁民等几十位的手稿。

馆藏最有特色的是各地的方志、丛书及珍藏宋元明清善本、钞本、拓本、法帖等，有不少孤本，为西方大学图书馆之冠。

走进哈佛燕京图书馆，即可见一帧相片，这就是身着清朝服饰的戈鲲化。在中美文化交流史上，戈鲲化是首位应聘赴美的中文教师，据哈佛历史档案的溥西图书馆数据记载：戈鲲化，1835年生人，徽州（今歙县）人士，知府候选，曾供职沪宁英美领馆，久居宁波十五年。1879年，遴选他到哈佛开课。

正因开设中文课程，哈佛始购中文书，约四千五百册。（哥伦比亚大学收藏自1902年起；欧洲国家收藏中国书籍更早，如英国牛津始于1604年）而哈佛大学早有一些喜爱日本思想艺术的教授如伍兹（J. H. Woods）及医学院毕业的碧歌楼（W. S. Bigelow）等，1914年哈佛来了两位东京帝大的教授服部宇之吉（Hattori Unokichi）和姊崎正治（Anesaki Masaharu），由两位为讲学研究而捐赠的日文书亦有一千六百册左右。

这些收藏1910年先由哈佛大学图书馆主任柯立之（C. Coolidge）统管。他个人因教授亚洲历史课程，也收集了一些外文的亚洲历史书籍。

1928年，哈佛燕京学社成立，并创立"哈佛燕京学社汉和图书馆"，接收了哈佛所藏的亚洲书籍，并请正做整理工作的农业经济研究所学者裘开明博士担任馆长。

裘博士是第一位被聘为美国东亚图书馆馆长的中国人，到目前为止，也是任期最长的一位。裘馆长在任内大力采购书籍，曾数度亲往北京监督，购得许多善本书，辛勤地为馆操劳约四十年，草创基业功不可没，所创裘氏汉和图书分类法，据赖永祥先生考查此法曾为二十五所外国图书馆使用。1965年裘馆长退休后交棒给由斯坦福东亚图书馆聘来的吴文津馆长，1998年由加大洛杉矶分校东亚图书馆郑炯文馆长接任第三任馆长。

早期馆内藏书，主要着眼于汉学方面，以中日文为主；20世纪50年代开始收韩文书，此后也收入满、蒙、藏、越文的书籍，西文书籍也逐渐丰富。

1965年，正式更名哈佛燕京图书馆，1976年转隶哈佛大学图书馆系统，并开始筹募经费，发展馆务，积极加强近代及当代资料之搜集，渐与古典资料并驾齐驱。目前哈佛燕京图书馆为欧美大学东亚图书馆之冠，也是世界汉学研究和东亚问题研究的资料重镇。藏书之丰仅次于国家管理的美国国会图书馆。

馆中历年向中日韩及港台地区订购包罗万象的书籍，到2013年为止藏书共有1409133册，计有：汉语815532册，日文340132册，韩文171579册，西文51545册，越南文22131册，藏文4265册，满文3455册，蒙文494册；期刊10127种；117251种微卷微片；报纸29种，及多种数据库。

为便利各地学者起见，1986年，在担任副馆长二十年的赖永祥先生（原台大图书馆系系主任）主编下，先将近百万张中日目录卡，由纽约嘉兰出版公司刊印完成七十二册，韩文目录在1980年即已出版。

1989年年初，编目自动化开始，中日韩西文目录数据均输入OCLC CJK数据库，亦转入哈佛大学图书馆计算机系统存盘备查，2001年已完成将全馆目录卡片逐步变为机读格式，以应读者需要。

1996年赖先生退休后，由国会图书馆请来的林国强博士接任，曾多次讲授编目课程，令人获益良多。藏书之中，特色亦复不少，中国传统地方志藏量多达四千种，数年前，大陆所出的《新方志》，凡能采购者亦已收藏，有些已不易在中国寻得。馆藏中，各种类书共计一千五百种，六万余册特藏中有宋版十五种、元版二十五种、明版一千三百二十八种、清乾隆时期前之版本有一千九百六十四种，另有抄稿本一千两百一十五种、拓片五百余张、法帖三十六种（三百零一册）。其中有不少在国内已失传的秘本，是向日本或中国藏书家如齐耀林昆仲等处购得。珍本如1036年的宋刻本《纂图互注扬子法言》，1085年宋朝元丰年起刻的崇宁万寿大藏本《六度集经》，1208年宋刻《汉书》残本，1581年的《世说新语》四色套印版本，1728年印成的类书巨著《古今图书集成》是铜活字版本，《大般若波罗蜜多经》是宋代单刻，《齐世子灌园记》《鼎刻江湖历览杜骗新书》为明代单刻，另外蒙文藏文佛经以及云南纳西族的图书文字等，均属举世罕见。

据1992年受聘担任编纂馆内中文善本书志和主管善本书的沈津先生调查，馆藏的一千余部抄本，应为全美第一。《美国哈佛大学燕京图书馆中文善本书志》出版后，已成为一部极有价值的参考工具书。沈津2011年退休，由王系女士管理。

哈佛大学是一个十分传统保守的学府，有石狮守门的燕京图书馆，虽经历迁徙，并未能拓展多少空间。20世纪90年代才装置活动书架，其余馆内设备原是老式，郑炯文馆长将其逐渐改置装新，全馆部门自动化。为收集电子信息资源，郑馆长首先向哈佛大学编目网页引进东亚字体，创设系统检索档案，并将善本书编目及六万张珍藏的相片数字化编目。郑馆长还设立交换学者馆员计划，鼓励馆员发挥所长进行外访交流，由郑馆长带领走出去参与相关会议，申请经费完成有帮助的计划；建立资源信息互惠，并加强罗致特藏如志书等，并增加出版。郑馆长与杜维明社长同有"知识为天下公器"之观念，精选六十七种罕见珍本，在2003年与广西师范大学出版社、商务印书馆合作编印《美国哈佛大学哈佛燕京图书馆藏中文善本汇刊》，属美国哈佛大学哈佛燕京图书馆所编重刊书，曾得到国家图书首奖；并继续出版哈佛燕京图书馆书目丛刊：尹忠男和金成焕编《燕京图书馆韩国贵重本解题》，铃木淳和山田久仁子编《燕京图书馆的日本古典籍》，龙向洋编《美国哈佛大学哈佛燕京图书馆藏民国时期图书总目》及《美国哈佛大学哈佛燕京图书馆藏民国文献丛刊》，张美兰编《美国哈佛大学哈佛燕京图书馆藏晚清民国间新教传教士中文译著目录提要》，李丹编《美国哈佛大学哈佛燕京图书馆藏中国旧方志目录》，方秀洁和伊维德编《哈佛大学哈佛燕京图书馆藏明清妇女著述汇刊》等；计划将一万六千部线装书（非善本书）的目录编印为《美国哈佛大学哈佛燕京图书馆中文古籍目录》；出版哈佛燕京图书馆学术丛刊，包含策划《裘开明传》的书写，等等。郑馆长更常留神图书馆藏之运用及扩展。

哈佛燕京图书馆更能以实实在在的库藏文献典籍，吸引远近学者，知识的力量的确无垠。图书馆近常获得赠送签名著作，除通过我和作协赠书外，或有团体赠书，如1998年由蒋子龙、扎西达娃、向前、冰凌、周蕊、宋晓亮等人代表四百多位华裔作家赠书给哈佛、耶鲁、哥伦比亚大学，克兰（Nancy Cline）总馆长和郑炯文馆长在仪式中受赠致辞；并由李欧梵教授与我主办一场文学座谈圆成这次"中国文学的丝路之旅"。2011年又有世界华文微型小说研究会秘书长凌鼎年、冰峰、冰凌、林美兰等代表微型小说作家赠书；1999年获冯国经先生赠文渊阁四库全书电子版开放检索等许多重要赠予。

哈佛图书馆华裔人才辈出。如哈佛大学图书馆已退休的总馆长冯彦采就是华裔；原任职商学院生化和分子生物系王倬教授的太太黄淑兰、原在视觉收藏掌一方天地的金樱（波士顿艺术博物馆东方部主任吴同太太）、鲁贝尔亚洲艺术研究图书馆馆长林衍秀（物理专家赵昌炽太太）等都是个中佼佼者。

哈佛燕京图书馆经过于镜宇（震寰）、冯汉骥（曾为湖北图书馆主任、四川大学考古学教授）两位副馆长，以及刘楷贤、赖永祥、陶任简、陆秀、黄星辉、戴廉、朱宝樑、胡嘉阳等前辈先后襄助裘、吴两位馆长，现在更有好多位图书馆专家，如马小鹤、杨丽瑄、邱玉芬、王系、王蔼牧等悉心辅佐郑炯文馆长分门别类地推进馆务，对汉学的研究贡献，实在功劳卓著。感谢郑馆长和主管杨丽瑄、马小鹤、林希文和同事张良玉等人对我写作材料的指点。

哈佛大学除哈佛燕京图书馆外，还有东亚文献中心（包含费正清中心图书馆和当代日本文献中心、韩国中心等），皆是针对东亚的。哈佛其他图书馆也有东亚收藏，如国际法学研究中心也有东亚法学研究典藏；艺术系图书馆和鲁贝尔亚洲艺术研究图书馆存有东方艺术收藏品；哈佛大学艺术博物馆新展馆的展览空间比原有的三个馆加起来还多了百分之四十，拥有二十五万件藏品，包括东亚典藏如慈禧画像等。威德纳总馆更广备南亚、东南亚、中亚藏书，并有藏放西藏书籍的散斯克图书馆；在拉蒙图书馆藏放有政府文献、微卷外国报纸，以及普西图书馆的哈佛大学地图收藏部，均有东亚收藏。

2003年，哈佛燕京学社和哈佛燕京图书馆，曾在10月16日至18日同时欢庆七十五周年，由哈佛燕京图书馆郑馆长主办欢庆七十五周年的学术研讨会，以"东亚书史：图书资料与学术的关系"为主题，邀请各地著名汉学学者、图书馆馆长发表论文共十八篇，会后出版论文集，以兹庆祝。

哈佛燕京学社与其创建的哈佛燕京图书馆、东亚系，渐次展开中美双方互派学者的研究计划，自1928年以来，也充实了燕京大学，燕京大学虽在20世纪50年代遭整合，但哈佛燕京学社却依然好风凭借力地营造出充盈的成果。在中国百年现代化的西化框架中，重新指涉出学社卓越的独特地位，其也算历经兴衰更替、沧海桑田，几经消长，一言以蔽之，总归是拓广增益不断注入活水，丰富了哈佛和世界的历史文化体系，跨过世纪，建树恢宏。

哈佛理科人物掠影

应用物理系
应用科学系
计算机科学系
数学系
分子及细胞生物学系
化学及化学生物系（原化学系）

哈佛大学理科各系，多散布在牛津街两边的校园。若由化学及化学生物系穿过牛津街，一迎面就是应用科学系的麦凯楼（Gordon Mckay），上端前伸是杰弗逊（Jefferson）楼，向右去接近法学院的L形系馆，增建的比尔·盖茨为纪念母亲所捐建的Maxwell Dworkin亦属应用科学系。紧连着赵元任读博士时住过的Perkins和对街的Conant Hall，是和牛津街几成平行的皮尔斯（Pierce）楼及计算器实验室，为物理系和应用科学系合用；化学及化学生物系向左过街，数学系就设在科学中心楼上，科学中心是由拍立得公司捐建，所以由哈佛老园角度去看，整栋建筑造型就像一台照相机。

在康奈尔大学时，就听由哈佛物理系毕业的颜东茂教授谈起20世纪60年代在哈佛物理系求学研究的一些情形。1982年来到哈佛，果然物理系相关的华裔教授，就只有一位吴大峻（Tai Tsun Wu）教授。这位前辈，被他的好友——麻省理工学院的郑洪教授称为"怪才"，是睿智又难得见到的莫测高深人物。据说，有些同事，也几年才得与他碰面。能在1994年秋与他见面，实在是托郑教授的福。吴大峻教授是跨物理系和应用科学系的教授，有半数时间都在欧洲瑞士做研究，他与郑洪的合作曾被诺贝尔奖提名。

带着家乡口音上海腔调的吴教授，多礼相迎之后，即问能不能讲上海话，我答："侬用上海言话亦好！"他一听开心地说，他的普通话是到美后才学的，讲不好，于是面前也摆了本笔记簿的他，就用上海话有问有答，还笔记地谈了好半天。

吴教授，1933年生于上海，为哈佛华裔教授之中最资深的。他在哈同附中毕业后，就跟随曾经留学康奈尔大学的父母来到美国。双亲在阿肯色（Arkansas）大学教书，他到明尼苏达（Minnesota）大学念电机。1953年大学毕业，听从数学教授罗森彭（C. Rosenbloom）的建议离开明尼苏达大学，到哈佛念应用物理。1954年得硕士学位，1956年攻得博士学位，接着因获物理系1956年至1959年青年学者奖金，轻松、没有责任、随心所欲地研究了三年物理。1959年秋，任应用物理系助理教授，1963年升副教授，1966年起任麦凯讲座教授，70年代后期被提名诺贝尔奖，1980年获选台湾"中研院"院士。

郑教授说吴教授到哈佛深造，是因考得普特南（Putnam Exam）美加数学天分测验冠军奖金，吴教授却自谦：初到哈佛书念不好，巧遇杨振宁及其弟杨振平教授（现任教俄亥俄），是他应用物理方面的同学，成为讨论难题的知交。杨振宁教授自普林斯顿来讲学，又立即引领他物理上的方向，后来继续合作研究。

不仅杨振宁对他这位不世出的奇才始终倚重，他在微波方面的实验及理论亦属少见。著名微波专家金恩（R. W. P. King）是他应用物理指导教授，前些年竟写了本书献给吴教授，对他之赞赏，令他也大吃一惊。物理方面他尤其擅长高能散射理论。

从1964年就与他密切合作的郑洪教授，除钦佩他二十年如一日的研究兴味及狂热，更说他能瞬间掌握透彻，又快又准，解决问题的才气也极独特。那思路精深又富原创性的脑袋，似乎永不停歇，不顾睡眠饮食、生活细节，全副心思投入，曾有领薪数月散置桌上的妙事。吴教授说稍有空档，最喜聊天，以研究为主，天南地北很愉快，也爱看《蜀山剑侠传》《三国志》等，"以及郑洪写的小说《红尘里的黑尊》"。

吴太太余秀兰，由香港来美念华沙学院，再到哈佛物理系攻得博士，现任威斯康星大学物理讲座教授，做实验物理，亦为世界级名家，有时在瑞士日内瓦做研究。吴教授说：这是很大问题，他俩时常飞来飞去。

应用科学系尚有何毓琦教授，亦是著名的前辈。何教授是1934年出生在上海的浙江诸暨人，1949年（十五岁）前往香港完成高中教育。1950年就到麻省理工学院念大学，1953年得电机学士学位，1955年再得电子工程硕士学位。

他先在班迪（Bendix Aviation）公司研究部门担任工程师，三年间就在数值控制方面荣获四项专利，1958年到哈佛继续读博士，1961年攻得应用数学博士，即被留任助理教授，1965年升副教授，1969年即任为麦凯讲座教授，1988年再任柯立芝（T. J. Coolidge）讲座教授，获选美国国家工程院院士、中国科学院及中国工程院外籍院士。

他长期从事系统控制科学及工程应用研究，在最优控制、微分对策、团队论、离散事件动态系统和智能系统等方面做出了重大贡献，是动态系统现代控制理论的创导者之一。2001年由哈佛荣退，研究依然退而不休，在清华开设讲座等。

何太太胡小非，河北人，安贺斯学院生物系毕业，喜爱音乐、合唱，曾任大波士顿区中华文化协会合唱团指挥多年。何太太精益求精继续学习声乐及钢琴，使她原本就常单独演唱的女高音更加圆融。兴来她常约几个爱唱歌的朋友，或同去听她"杰作合唱团"的演唱（她曾任团长），或到他们家感受那乐音缭绕的气氛。他们夫妻的三个儿女，均已成长。两人对华人社区的公益亦极热心。

何太太为华人参政及活动中心服务过，何教授也曾任全美华人协会纽英伦分会会长。他与陈香梅、吴先标在2000年发起"八十——二十促进会"，以团结就是力量的新理念，针对过往华裔在选举中的散漫无章，希望借总统大选彰显华裔的力量，呼吁至少80%的华裔及亚裔人士共同将手中的选票投向保证亚裔利益的总统候选人，将投票权转化成能够在美国社会获得充分发展的公平机会，赢得两党看重。他们曾在东西两岸同步召开记者会，并尽力关注华裔案件。

何教授不仅担任麻省人文公众政策基金会董事，也曾任麻省亚裔联合餐会1985年总主席；而且由于他在自动控制和运筹学等方面的高超成就，成为电机电子工程师学会（控制系统会）的杰出院士，还得到电机电子工程师学会1989年控制系统和科学专业奖。1988年他担任学会机器人和自动化大会主席，并创立网络动力公司（自动化方面的工业软件公司），又是参与美苏交换计划的资深专家，还两度赴邀英国伦敦皇家学院，1993年并获香港蒋氏慈善基金奖。清华大学为他出版中英双语的《新学者融入世界科坛》等书，他曾受访于中央电视台的《华人世界》。

他是国家科学基金会决策管理科学部门的委员，也曾任电机电子工程师学会控制系统会顾问团主席，自1980年后一直是该会行政管理董事会委员，在自动控制方面的论文老早就得过首奖。多年来，他常在世界各名校讲学，更回中国在清华等大学以科研经验和教育理念协助引领国内科学界。他应邀在科学网开写"何毓琦的博客"，这个常用英文写了多年的博客有三百多万人之点击……余暇以步行、爬山、滑雪、旅行作为消遣，难忘2012年秋我曾与他俩同登游轮遍游莫斯科、圣彼得堡及两城之间的水域，他也爱自制物件。

何教授犹如智者引领，坦诚地从亲身成功的经验谈起：在专业上不要害怕到崭新领域去挖掘发展，而且有了学问工具之后，应该有恃无恐去寻索出真正的问题钻研，而不该因有工具榔头就找钉子随意钉，以致本末倒置。

1992年跳槽到应用科学学院计算机科学系的名教授孔祥重（H. T. Kung）是张系国教授的好友，起先也是由他介绍而认识的。

孔祥重教授1945年生在上海，在台湾基隆长大，住了十八年，初中读基隆中学，高中念成功中学，台湾"清华大学"1968年的数学系毕业生。他自谦在台念书压力太大，爱下棋又好田径，训练耗时不少。来美后先到新墨西哥大学念一年获数学硕士学位，即赴西雅图的华盛顿大学。翌年影响他最大的指导教授车奥（J. F. Traub）到卡内基梅隆（Carnegie-Mellon）大学做计算机系系主任，从此跟到匹兹堡住了二十年。

1973年他由该校攻得博士学位，经过一年博士后研究，1974年担任助理教授，1982年升为正教授，1992年来哈佛，成为应用科学学院的麦凯讲座教授之一；后来荣任哈佛大学比尔·盖茨讲座教授及哈佛大学信息科技与管理博士学程共同主席多年。他在信息科学的贡献声誉卓著，1990年获选台湾"中研院"院士，1993年得选美国国家工程学院院士。他的研究领域包含平行算法、大型积体电路架构设计、行动计算与计算机网络等，获美国华人工程成就奖、海湾信息科学讲座、台湾"行政院"SRB会议海外专家与科技顾问、暨南大学名誉商学博士学位等殊荣。

孔教授除了在学术上有非凡的成就外，亦不辞辛劳地为台湾多项科技研发与建设计划提供关键性指导，如数位台湾计划（e-Taiwan）、行动台湾计划（M-Taiwan）、"电信国家型计划"、WiMAX发展蓝图、"网络通信国家型计划"等资通领域重大计划之发展方向与策略，均在其手中擘画完成，奠定可与国际匹敌的基础，对提升台湾全球竞争力影响深远。

孔太太张玲玲也是台湾"清华大学"和西雅图华大硕士，曾任职匹兹堡大学医院和当地一家公司的会计师多年。她热爱文艺，每有熟悉文友来，她也来聚会。他们的一儿一女都毕业于哈佛。

孔教授不仅对自己擅长的信息交流网络，感觉兴味十足，像游戏一样，每天"玩"到很晚才回家；他对相关的科学如经济学也常涉猎，哲学、庄子、金庸、琼瑶统统都看，无聊的时候还一早去钓鱼。

在节律式处理大量平行运算的观念上，孔教授是首创的先驱人物，他创建了好多高速并行计算机，且常任各工业界大公司以及许多政府及民间的计算机研究协会顾问，还常返回台湾"中研院"、台大等处做演讲，阐释信息科学促进社会民主进步的关系，提倡理工学者也该广及人文等。

他常引导学生身体力行，把发现的最新科技，不仅运用在哈佛校内，也在国际学术网络建立出一个系统。学习的过程中，他爱画图，能懂的网络观念就能画，他认为视觉是最重要的理解方式，黑板上全是程式。

他笑说学工的人想法实际，做出的东西不像文理艺术的创造有长久的价值，造福了社会，却未必完成个人理想，所获的补偿是活得待遇好一点罢了。

在数学系有几位华裔教授丘成桐、萧荫堂及姚鸿泽，均极抢眼。萧荫堂是广东南海人，1943年生在广州。刚二十岁那年从香港大学一级荣誉毕业，他就得数学系的黄用诹主任大力推荐，到美国明尼苏达大学留学。次年得硕士学位，又得正在该校客座的几何学大师卡拉比（Calabi）推荐，到普林斯顿从根宁（Gunning）研究分析多元复变函数论，二十三岁即获博士学位，开始任教。1966年至1970年间先在普度和圣母大学任助理教授，1970年转任耶鲁数学系副教授，1972年升正教授，1978年跳槽斯坦福，自1982年起担任哈佛数学系教授，1992年升讲座教授（William Elwood Byerly Professor），1992年至1995年任系主任。1993年入选德国哥廷根科学院院士，随后获美国人文科学院、国家科学院，及中国科学院、台湾"中研院"院士等荣衔，并获美国数学会颁发的Bergman奖，以表扬他在分析多元复变函数方面的杰出贡献。另一项荣誉是三度被邀为国际数学家大会主讲人。他也是香港大学、澳门大学和德国Bochum大学的名誉博士。目前他是多个机构的Scientific Advisory Board委员，例如美国剑桥克雷数学学院、新加坡国立大学的数学研究所、南洋理工大学的高等数学研究所等。

萧太太黄秀芳教授也是香港大学一级荣誉毕业生，主修历史，后在哥伦比亚大学攻得社会福利博士，曾任教波士顿卫洛克学院（Wheelock College）社会工作系二十多年，并任系主任长达十年，现已退休，在华埠做义工，服务新移民。2005年3月获颁发"社工教育最大贡献奖"，又于2009年2月获香港大学社会工作社会行政系颁发"杰出校友奖"。夫妇俩是香港大学纽英伦区校友会的联络人，也经常参加基督教教会的活动，闲时喜与友人相聚合唱。

萧教授与同事丘成桐合作部分研究，他们都是培正中学先后的同学，崔琦、卓以和等卓越的科学家和也写小说的麻省理工学院的物理教授郑洪，亦为培正毕业。萧教授说："在培正常听老师夸毕业生在工科的成绩，有一时期还向往读工科，经推究比较，还是对纯数学的美兴趣较大，才走这路子。"他们几位也已改写了培正纪录。2009年普林斯顿大学出版 *Mathematicians: An Outer View of the Inner World* 一书，搜集了现今全球最杰出的九十二位数学家的自述及黑白照片，萧教授与丘成桐均榜上有名。

萧教授回顾大师卡拉比上课，常借手势表达流型论概念，少写黑板，学生难得能懂，选课者不多，博士后研究员才去听课，他因有些基础却能学到不少，当时不能全部明白，过后慢慢反刍，而能心领神会。

他建议年轻人定要保留专注思考的空余时间，多与师友讨论理论演绎中的发展步骤，掌握他人的思路精髓，所以好的大学研究素质和氛围，也是促人孜孜不倦的动力。

丘成桐教授在他那哈佛科学中心六楼、悬着米芾书法的数学系办公室，用略带广东腔的口音回忆起影响他最大的是父亲丘镇英教授。

丘成桐教授是蕉岭客家人，是丘逢甲同宗后裔。母亲梁若琳女士是梅县人。1949年他生在汕头，长在香港，毕业于香港中文大学，英文姓名也依广东发音拼成 S. T. Yau。1969年入加大柏克莱分校数学系，两年得博士学位，仅二十二岁即开始研究教书，曾短暂地担任过纽约州立大学石溪分校助理教授，1974年起即为斯坦福延揽，成为正教授，至1979年再为普林斯顿大学研究院邀请去任教五年，1984年赴加大圣地亚哥校区任讲座教授，1987年转任哈佛。

他是几何学权威，尤其是在微分几何、卡拉比猜想、广义相对论中的正质量猜想等，都是他近二十年在数学界最重要的发现。自1982年得到国际数学界视为数学界的诺贝尔奖的菲尔兹奖（Fields）后，他陆续荣膺美国人文科学院、国家科学院，及中国科学院、台湾"中研院"院士等荣衔。他时常针砭学界建立良好的学术风气，得奖无数也设奖鼓励学生。

1982年才创设的克拉福德奖（Crafoord）在1994年时，由颁发诺奖的瑞典皇家学院宣布丘教授与牛津的唐纳森（Donaldson）共得，由瑞典国王颁赠。此奖的目的在表扬从事物理、化学、医科以外的科学家，因诺贝尔奖未设这些项目。2010年，他再获以色列有数学家终身成就奖之称的沃尔夫数学奖。

他父亲曾在中文大学前身的崇基联合书院任哲学历史教授，不但鼓励他小一时就做得不错的数学课目，还要他读哲学书以及儒学书，其中有冯友兰的《中国哲学史》等。那些书十二岁的年纪是看不大懂的，但在无形中潜移默化培养了他的深层和宏观的视野。可惜父亲过世颇早。忆起从事研究的历程，他以曹雪芹的"字字看来皆是血，十年辛苦不寻常"，激励青年勤奋和坚持。在出了不少数学高手的培正中学，他有幸碰到黄逸樵老师，老师把数学教得好活。在他看来，勾股定律就很美。学生不应只是忙着应付考试，还希望能得到各方面兴趣发展。读书期间他就爱好中国文学，喜欢读魏晋之前的朴实古诗，尤其爱读《诗经》《史记》和屈原的诗。丘教授在柏克莱的博士导师陈省身教授，多年前即预测他将出人头地，他也由书架拿来他主编的《20世纪最伟大的几何家——陈省身》英文版给我看，对他尊师重道之贴切油然而生钦敬之感。顶级的数学家竟然在1998年后也写诗文，以"满座高贤乐韵扬，沃夫奖赏显辉光。妻儿亲伴心常暖，总统嘉言意味长"之句入诗《以色列议会领奖》。《丘成桐诗文集》2011年由岳麓书社出版，收集丘成桐的百余篇诗、词、赋、散文和游记。他更在港京浙等地创立数学中心培养人才，又帮助清华大学数学所成为世界一流的研究所。稍有闲暇他也乐意参与我们作协或专协及北大新英格兰校友会年会演讲。

丘太太郭友云，台大毕业，柏克莱物理博士，现在麻省理工学院林肯实验室任职。从清华客座返美后，儿子的数学中文程度已高于学校，她就自己教读中文。难能可贵的是她在百忙中仍然什么书都浏览，除了本行研究，相关领域的演讲也不放过，时常能见其聆听演讲，还曾问起杜维明、何炳棣两位关于克己复礼诠释之争发展如何……

较年轻的姚鸿泽教授是1959年在台湾出生的，1977年建中毕业，1981年获台大数学系学士学位，1987年获得普林斯顿大学博士学位。1988年起任教纽约大学数学研究所，并在1987年至1988年、1991年至1992年和2003年还兼普林斯顿高等研究院的会员。

姚教授于2000年获得庞加莱奖（Poincaré Prize），以及奖励对人类文明有重大贡献的麦克阿瑟奖（MacArthur Fellow）。2001年入选美国人文科学院院士，并获得北京晨兴数学金牌奖，2002年获选为台湾"中研院"院士，2003年转任斯坦福大学，2005年应聘哈佛大学数学系。姚教授精于概率论、统计力学及量子力学，对多体复杂系统的物质稳定性问题、天文物理中星球稳定性问题提供了坚实的理论基础。如何从微观粒子的基本原理去推导出巨观系统的性质，一直是数学及物理上非常困难的挑战，姚教授于此引入了新的想法及技巧，从统计力学原理严格推导出宏观的 Euler 及 NavierStokes 方程，是极大贡献。近来，姚教授专注量子动力学相关的题材领域。姚教授兴趣广泛，不仅喜欢看书赏画，还喜欢滑雪及其他运动，保持身心健康愉快。他与太太王娟娟育有一子。

哈佛大学2012年8月15日正式在官网首页发布统计系主任（Whipple V. N. Jones）讲座教授孟晓犁升任哈佛大学文理研究生院（GASA）院长。

孟晓犁1963年生于上海，1982年复旦数学系毕业后，于1984年至1986年继续在复旦数学研究所概率统计研究生班毕业，1990年获得哈佛统计学博士学位，后在芝加哥大学统计系任教，2001年获聘为哈佛大学统计系教授，2004年，出任哈佛大学统计系主任，成为中国大陆学者首位出任哈佛系主任者。他神奇性地扩展系务，使统计学的核心课程人气激增，并开创课程教授像"现实生活统计学：你会快乐或痛苦的概率"，使得统计学充满吸引力，大受学生欢迎，并鼓励跨学科和校际研究。

曾任哈佛分子及细胞生物学系系主任的王倬教授，1970在台大化学系客座，教过绍光，所以见到他，我们总要亲切地尊称王老师，当年他办公室近在咫尺。

王倬教授祖籍江苏金坛，1936年生，小学没念完便随家赴台，考入台湾师大附中，做了六年附中学生。1959年毕业于台大化工系。大一时，李远哲教授未转化学系前与他同班，但因是百人大班，那时不太认得。1961年在南达科塔州十个月内就拿到硕士学位，三年后得密苏里大学博士学位。王教授赴美后，因兴趣，也改念化学系，主修物理化学。

王教授做无机化学、金属离子热力学方面实验时，指导他的教授刚毕业，所以王教授是他第一位博士学生。学校小仪器少，就得开始自己动手，从做测温计开始。后到加州理工学院跟戴维森（N. Davidson）做博士后研究，做金属离子跟DNA的作用研究，半年后转到对DNA本身的研究。

1966年王教授到加大柏克莱校区任化学系助理教授，继续研究DNA。1969年任副教授，1974年为正教授。1977年被哈佛挖角，1983年至1985年兼系主任，1986年至1987年他曾同其他五位在美的教授回台北南港，以十四个月为台湾"中研院"分子生物研究所奠基。1988年任Mallinckrodt讲座教授。他自1982年后即分别当选"中研院"、美国人文艺术科学院、美国国家科学院院士等，赢得无数殊荣。

太太黄淑兰，毕业于台大历史系，赴美转攻图书馆硕士，曾在哈佛商学院图书馆任职，有时在宴会相逢，总对我亲和地谈点他们的经验。

王教授伉俪曾是南京中央大学附属小学四年级的同学，彼此十分体贴。他过去晚上一向还到实验室，两个女儿念完博士结婚离家后，就只白天出来。书架书桌上放着几张他为太太、女儿、外孙拍的照片。王教授说喜欢美国学界的单纯，应酬少。

在分子生物方面他还获得美国国家科学院奖，又多次任美国国家卫生总署（NIH）与生物及生化有关的研究委员和主席，并赴中、日、欧洲各国讲学或主持国际会议。如此成就，不禁直接问他是否就能得到学术界的至高荣誉——诺贝尔奖？早已听说他被提名。

他谦辞表示生化进展日新月异，出色者太多，研究的乐趣是在做的过程，有些实验上的欢喜，实不足为外人道。有回做铜离子化合结晶，原本绿色的溶液放入冰箱，吃完晚饭一看，变成蓝色，惊诧中又眼见变回绿色。这种因温差而变色的现象，理论上并不难了解，但遽然目睹，当时兴奋莫名。

对于文学，近年他更能体会魏晋唐宋的诗词文章，常想来日若要写书，便要创作以中西文化冲突为背景的小说。想起从《李宗恬文集》中读过他颇含晋人风味的诗作："君子之交山涧水，偶得敛影添清辉；苍松不识道山路，犹自伫望故人来。"

关于分子生物方面的研究，他建议学子：读论著需善于走马观花，挑选值得细读的著作，也要常思考问题的重要性，即现阶段和下一步的发展。趁年轻时广泛涉猎，打好基础，而决定专题无须过早。王教授1998年提早荣退，含饴弄孙。

关于化学及化学生物系，依先生黄绍光之意，应当完全避讳，他不便提供数据。这是三十年间我比较熟悉的系，见到不少杰出的新人才，但我似乎被剥夺了报道自由，反使中外记者捷足先登。绍光最早上报，是在五十年前，当时他十五岁。《中国时报》的前身《征信新闻报》采访他与二姐淑宝、大妹淑英，考家乡杨梅中学时一门三榜首的故事。他们手足从大姐淑江到小妹淑梅，一向优秀，在父母黄火生与陈己贤两位白手起家辛勤的客家作风影响下，各有所成。

近年他被中国的一些媒体以及哈佛和《波士顿环球报》记者采访，则多为他所钻研的核磁共振（NMR）或任马萨诸塞州州长亚裔顾问之事。

1978年他刚到康奈尔大学担任化学系核磁共振实验室主任，就有前辈告以常春藤和东部名校化学系一向是犹太人的天下，不似物理界有杨振宁、李政道等，生化界有吴瑞、钱煦等，数学界的陈省身、林家翘，电机系的顾毓秀、朱兰成等诸位大师也老早出线，创下华裔基业，使年轻一辈较为平顺。他得任实验室主任，在系中还算首次突破。

康奈尔大学四年他也遇到公司、大学挖角，系中不愿放弃竞争，以求留住人才。1982年哈佛化学系系主任出马争取，在水涨船高半年的拉锯之后，仍对康奈尔大学说："我们决心争到他来做核磁共振室的主任。"康奈尔大学才因经费条件不敌而放绍光东迁。到哈佛三十余年，他的实验室继续扩大兴建。1989年至1990年加州理工学院这个势均力敌的名校又来争聘，哈佛大学再以高超的优势把他留下。黄绍光目前在哈佛大学核磁共振实验室及贵重仪器中心（Director of Laukien-Purcell Instrumentation Center）主任的重任上，依然日日进取研究。

由于核磁共振（NMR）运用日广，他除系中及哈佛医学院、麻省总医院等本地学校和机构，亦多次远赴纽约、加州、芝加哥以及加拿大、瑞、德、法、意、捷及大陆中科院和各主要大学，包括港台各校讲学和担任其贵重仪器实验室的顾问或主持主讲国际会议，他还担任NIH化学及生化方面的委员。1991年他当选ENC（实验性核磁共振会议，该行的主要会议）的执行董事会委员，据前辈言，亦是有史以来华裔首任。

1995年是核磁共振测得五十周年。他筹备了场几千人与会的国际会议，就在波士顿召开，又被选为核磁共振主管研究学会主席。

黄绍光，出生于1949年的台湾桃园杨梅，祖籍广东梅县蕉岭，家族已迁台两百多年。曾在炮杖锣鼓之间，应邀返乡寻根谒祖，当年他是建中保送台大化学系第一名，1971年台大毕业，1973年至1977年在密歇根州立大学攻读化学博士学位，在伊利诺伊大学厄本纳–香槟分校（Champaign）做过短暂的博士后研究，1978年往康奈尔，1982年到哈佛。他得过不少奖，如美国化学家荣誉奖、物理及生物科学杰出贡献奖等，1988年获美国化学学院院士。因陈长谦、李远哲前辈的提拔，1993年获选华美化学学会会长，为美国化学学会和许多国际会议的主持。多年来一直担任华美化学学会董事会委员。他也曾数次返两岸任中科院及台湾"中研院"、台湾大学、台湾"清华大学"、辅仁大学等处的客座教授。

绍光在纽英伦区曾被推为台大校友会、大波士顿区中华文化协会会长，也曾任中华专业人员协会、建中校友会董事，并为马州州长亚裔顾问。忙碌耕耘中，曾在台大担任过台大合唱团团长、训练委员和学生指挥的他，已难得上台唱歌和抽空读最喜爱的历史和诗词，他常对我和三个儿女（启宁、启远、启扬）说要走的路很长，当知承先启后，努力进取，乐观超越。

除已述的物理、化学及化学生物系、应用科学、数学、统计、分子及细胞生物学系外，文理学院的天文、地质、心理（和社会关系）等理科系所，均无长俸华裔教授。研究及求学的华裔学者来去是极多，从世纪之初的胡刚复（物理）、吴宪（生化），到之后的竺可桢（地理）、江泽涵（数学）、杨嘉墀（计算器）、姜立夫（数学）、俞大维（数理）、王安（电子），再到化学与生物化学系教授谢晓亮等人。2011年谢晓亮获选美国科学院院士，出身于化学世家，父母均是北大教授。他1962年出生在北京。1984年从北大化学系毕业后，在加大圣地亚哥校区完成博士学位，现任哈佛大学化学及生物化学教授。2008年，当选为美国人文艺术科学院院士，据称他将返回中国任教。

还有2006年哈佛聘请的庄小威于2012年获选美国科学院院士，其现为休斯医学研究所研究员，哈佛大学化学和化学生物系、物理系双聘教授，中国科大大师讲席教授。庄小威1972年出生于江苏省如皋市，1987年十五岁的她从苏州中学考入中国科学技术大学少年班。1996年获得加大伯克莱分校物理学博士学位，导师为沈元壤，之后师从1997年诺贝尔物理学奖获得者朱棣文教授，在斯坦福大学做生物物理学博士后研究。她曾是首位获得2003年度全美"麦克阿瑟天才奖"的华人女科学家，前程远大。

这些位教授及在附近荣退的波士顿学院的潘裕刚教授、陈易虹老师和其夫婿丁石谷教授，马萨诸塞大学达特茅斯校区的沈邦全教授，麻省理工学院的郑洪教授，以及林肯实验室的高小松、吴绍中、周健夫博士等人，另有工业界的周中平、生化医药界的曾清英、李秀玲以及苏怀仁医生等；文科有韦斯利学院中文系系主任刘元珠、宋明炜教授，马萨诸塞大学阿默斯特校区的张恩华教授，任教波士顿学院的苏玉昆教授，还有对文学很有素养的刘年玲老师等人，都曾在哈佛读书、做研究或任职。在人参和中国植物学方面有骄人成就的胡秀英博士，以及计算器专家胡永春等，也都是哈佛前辈。

在波士顿城的医学院有刘瑞恒等是1913年首批留学生，现有陈良博、林继检等教授，黄诗厚、庄明哲教授已转任其他大学；公共卫生学院则有萧庆伦、魏立人、李敦厚教授、吕陈生教授及兼课的李小玉、王世辉医生等人。

其中，眼科郑宏铭医生襁褓之时，父亲郑子昌医师，于日据时期被日本征召到南洋战地服务。1945年1月12日，其父搭乘的"神靖丸"在西贡东头顿市遭美军鱼雷击沉。郑宏铭医生与母亲吴玉叶母子相依的故事，写进了龙应台的《大江大海1949》一书，并拍入由王小棣监制、黄黎明导演的"目送一九四九——龙应台的探索"纪录片中。郑宏铭医生还于2007年底创建了有淡水史及"神靖丸"故事的英文网站。郑宏铭医生十分勤奋，1966年台大毕业服役后，即赴美深造，取有生物科学博士及 OD 视光眼科医师双学位，1974年起即任职于哈佛大学医学院，一直升到眼科副教授。太太赵小怡也曾在牙医学院担任过研究工作。1997年应邀到新加坡眼科研究所任教授及研究主任。1998年回到波士顿后从事临床工作至今，目前也在台湾地区以及中、日等地担任客座和讲座教授，理论与临床经验均极丰富。

文理学院之浑然一体，主因是像人类学系、科学史、环境研究系等很多是跨学科的，外加生物物理等也有种种跨系学位。如东亚语言文明系过去跨系的赵如兰教授亦隶属音乐系，张光直教授曾任人类学系主任及东亚咨议委员会主任；杜维明教授曾任东亚系主任，也跨历史系及宗教委员会，并曾兼任哈佛燕京学社社长；新上阵的是王德威、李惠仪、田晓菲，还有艺术系的汪悦进教授、语言系的黄正德教授等人。陆惠风和艺术系的巫鸿教授已经离开，赵如兰与张光直教授离世，李欧梵、杜维明等已经荣退。与当年赵元任（哲学）、梅光迪（文学）、陈寅恪（史学）、汤用彤（哲学）、李济（人类）、张星烺（史学）、梁实秋（文学）、林语堂（文学）、梁思成（建筑）、梁思永（人类）、洪深（戏剧）、翁独健（史学）、钱端升（政治）、周一良（史学）、洪业（史学）、方志彤（文学）、贺麟（哲学），到贝聿铭（建筑）、王浩（逻辑）等的留此研究时代相比，更是看得出人文荟萃，充分显示校徽"美丽充实"之感。

语言学系有华裔黄正德教授，经济、统计、历史，以及英、美、德、拉丁语（Romance，亦称罗曼语）、塞尔特（Celtic）、梵语及印第安语言系均有分设，社会、古典和比较文学、美国非裔及拉丁裔研究等均属文理学院，现在于教育、设计及政府学院多无华裔终身教授。

法学院亦然，这是法政方面如张福运、吴经熊、李模、张伟仁、丘宏达、黄维幸、赖英照、陈长文、马英九、吴东升、於兴中、廖英智、陈宇廷等当代活跃人物的母系。查尔斯河对岸的哈佛商学院有杨联陞教授外孙吴其光（乔治）、我北一女导师韩崇仁先生的女儿韩宁（海伦）等后起之秀轮番任教。商学院隔河正好对照，交相辉映。

哈佛十大院系，实非一己所能尝试概括叙及的。这里只谨敬地悉集心力地介绍较熟悉的文理学院部分学者而已。

诺贝尔奖得主的启示

赫施巴赫

哈佛教授俱乐部二楼的餐厅,餐具餐桌灯光,全是讲究情调的柔和温馨,一般只预留给各系开宴使用,此刻嘉宾都低语轻笑,细致幽雅一如往常的用餐。酒刚斟上,透过端在手上的施华洛世奇名贵水晶高脚杯看起来,一切都有点恍惚迷离。1976年因硼烷化合物结构研究而得诺贝尔化学奖的威廉·利普斯科姆教授举杯过来,碰!我再转向外子近邻的宽颇教授夫妇示意,啜饮了一小口。

甜点刚罢,1986年与李远哲教授因当年在哈佛及往后的合作,同以交叉分子束探索化学动力学(化学基元反应的动力学过程)的研究,而分享诺贝尔化学奖的赫施巴赫,用银匙把闪亮的水晶杯横敲出清脆的叮叮声,循例起身,把这晚庆祝科里教授因具独特贡献而得到诺贝尔化学奖的主旨提出后,就面露英气飞扬的笑容,说化学系同人公推他献诗一首。似醺未醉的化学学者和夫人们的喧笑,静止在他极有节奏的磁性颂诗中……

他身畔穿着黑底白蓝碎花西裙、曾任职文理学院院长室的精干"太座",正浅笑仰望着他那为遮掩稀疏头顶分得很低的发线,见此场景,我也不由得想起无数次由哈佛燕京图书馆下班后,会合化学及化学生物系的外子,沿校园小径,走往停车场途中,常常与遛着两条猎犬的赫施巴赫相遇,他总要谈笑风生地寒暄几句;有几回还向我挤挤眼,再眸光慧黠地指着其中那一只较小的说:那只是女儿的狗,也是她托我遛的,反正我也得等太座一同下班……明朗挑达令他看上去颇像饰演英国007情报员的肖恩·康纳利。

赫施巴赫的学生时代，曾入选足球校队，还擅写诗。正式上学前他就已懂得阅读的乐趣，主要是被连载的漫画所吸引，热切地想层层揭晓谜底，看看究竟那漫画故事中的气球里有啥玩意儿。

其后他渴望读历史和传记，进到斯坦福大学，读书更是无数，很难说那对他后来有多大影响，然而那种由读传记而衍生的灵感，无论到哈佛大学念博士或教书阶段，对他都有着不可磨灭的深远意义。

他倾心科学，是缘于十一岁看了《国家地理》杂志上一篇有关星座的文章，非但绘有繁复精美的星象图，还标出黄道十二宫的神话传奇，令他深深着迷。他开始尝试自己画星象图，追究行星的运行。

得奖后，忙里偷闲依然爱读书，每月总要看两三本。书本世界是那么浩瀚，他说："我不容易说明哪本是我的最爱，我的兴味与时俱变。"

在科学书中他较嘉许的要算是莱纳斯·鲍林（Linus Pauling）和威尔荪（E. B. Wilson）合著的《量子力学概论》；非科学的书，他最心仪泰克曼（Barbara Tuchman）和包温（Catherine Drinker Bowen）的几本传记。

他读书不做笔记，也大多不画重点；曾与其他学者合写过好几本书，除作为科学杂志编辑外，还写了一部研讨化学物理上的空间度缩展问题的书。

布拉克

哈佛的老化学家布拉克（Konrad E. Bloch），1964年因对人体胆固醇及脂肪酸新陈代谢过程的研究贡献而获得诺贝尔医学奖。

生于德国耐斯（Neisse）的布拉克，幼年并无意当科学家。对科学，竟然只知爱因斯坦一家，其父学法律，后因接管家业并未做律师。家教严峻，布拉克凡事以父母的决定为权威，记得十三岁生日时，伯父任他挑大提琴或划艇做礼物，依他的心，自然选划艇，但父母却令事与愿违。

中学起有偏爱自然科学及工程的倾向，最爱读郭选（S. Goschen）书中有关冶金、矿物和结晶方面的书，影响他最深的是塔门（G. Tamann）的《金属及合金的化学及物理性》，一俟进了慕尼黑技术学院，选修的冶金课令他十分失望，反而费雪（H. Fischer）的有机化学引发他的大兴趣，也促成他后来走上有机和生化合成的路线。

1936年，布拉克离德赴美，先入耶鲁医学院做研究助理，又辗转进入哥大攻得博士，加入显海沫（R. Schoenheimer）的实验室研究甫三年，不幸显海沫英年早逝，布拉克事业顿失依傍，只得试着另谋出路，峰回路转因指导教授克拉克力荐他与另两位学者接管显海沫遗留的大宗研究费及研究重点，三人欣然，却不知如何分派，只能把蛋白质合成、氨基酸和脂肪酸的新陈代谢做成三个签，一抽就定江山，决定了他的命运。

他说："我对研究题材，不论是抽来的或1946年到芝加哥大学做教授后自选的，总是追根究底，热切又执着不轻信定论。"

布拉克退休后，依然勤奋以"活到老学到老"为座右铭，随时随地，不放弃学习。近两年专心写书，盼把生化上许多重要而易为人忽视的研究题目剔选出来，好让年轻人师法，钻研生命的奥秘！

布隆伯根

尼古拉斯·布隆伯根（Nicolaas Bloembergen）是1981年诺贝尔物理奖得主，与外子黄绍光同行，是研究核磁共振的先驱前辈，任教于哈佛大学物理系，真是出于暗室昏灯下的荷兰才子。

1920年，布隆伯根生于荷兰书香门第，外婆是做高中校长的数学博士，父亲为化学工程师，母亲拥有法文教师头衔，他在新教徒的勤俭精神下成长，对知识的追求，绝对受到赞扬。

中学时期，他遗传到的数理天分，引发他用数学描述物理现象的兴趣。由于太过潜心于书堆中，而遭父母规定每天定时在荷兰故乡纵横交错的河道里练习撑帆驶艇、游泳滑水或上岸打曲棍球。这些小时候开始的户外活动，养成他即使在长年勤奋的研究中，仍不忘打网球、爬山滑雪的习惯。

第二次世界大战中德国占领荷兰，他幸运地在大学关闭、风云变色的战局来临前得到硕士学位。接下来的两年为了避纳粹战乱，举家躲在暗室里，甚至以郁金香球茎充饥，以市场上能买到的劣质灯油照明，每二十分钟就得清理一次，尽管环境恶劣，在昏黄的灯下，他仍研读柯瑞摩（Kramer）的《量子物理》，并计划漂洋过海出国深造。

欧洲浩劫过后，他来到美国哈佛，正逢普色（E. Purcell）、托律（H. Torrey）、庞德（R. Pound）刚刚测得核磁共振信号六周，忙于为麻省理工学院的无线电放射实验室编写微波技术丛书。他的际遇颇好，被录用为研究助理协助设计仪器，同时则大量吸取新知，在核磁共振这个尚未开发的领域中，上下求索，完成被引用频繁的 BPP 理论，也以此获得莱登大学（Leidan）博士学位。1948年更出版《核磁共振松弛理论》这本经典著作。

布隆伯根回欧洲做两年博士后研究时，结识了他的日裔印度尼西亚籍太太，她是一位学医的钢琴艺术家。布隆伯根说，他爱做几个人的小规模实验；教书常遇年轻人使青春长驻，讲学顾问，令他不与现实社会脱节。他还有一本广为流传的书《非线性光学》。

科里

1928年生在波士顿北边四十八千米的艾里亚斯·詹姆斯·科里（Elias J. Corey）教授，1990年由于对化学合成反应及应用计算器辅助有机合成的理论和方法超群绝伦，而独得诺贝尔化学奖，他说："最影响我的是比书要复杂得多的境遇！"

他十八个月时丧父，祖父母和外祖父母均是黎巴嫩移民，在那经济大衰颓的年代，母亲仅靠一间小服饰店，养大他们四个孩子，虽有膝下犹虚的姨妈姨丈同住帮忙，所能做的除了努力还是努力。

中学之前，他读天主教教会小学，除数学外是不教其他科学的。高中时因老师教法得当，他最喜欢数学。大学到博士班都在麻省理工学院，沉醉于有益于人类健康的有机合成化学。二十二岁获博士学位，转任伊利诺伊大学厄本纳-香槟分校（UICU）的助理教授，八年后为哈佛大学延揽。

他研读化学论文喜欢晚间夜读，笔记无数，建了三四十个档案柜，还收藏了十书架的书和论文，在办公室一行行排列得有如图书馆。这在哈佛的同事中，亦属少见。

世界的科学杂志，他都注意看，其论文最常发表在《美国化学学会杂志》和四面体（Tetrahedron）。

他又爱读不同国家历史及风土人情的书，奈保罗（V. S. Naipaul）所写的有关印度的书，描述作者由生于加拿大，后回到父母的祖国印度去寻根的经历，访五十年前各行各业各阶层的人物，有艺术家、烟草商、教士等，令他更能了解印度。他指导的学生来自各国，所以在对学生关爱之余，亦爱屋及乌地想了解他们的故乡。

对有关中国的书，他看得不少，包括《中俄之战：中国百年革命》《战线之后》《到北京及其他》等，还读了耶鲁历史教授史景迁的中国史书。我不禁暗自惊愕，这位忙碌的化学名家，竟对钻研过明清史中的利玛窦等研究领域的史学家史景迁的书感兴趣。无怪乎他对青年们的忠告是：把握时间，时间最珍贵。

恩斯特

1991年秋天，诺贝尔奖揭晓化学奖，瑞士联邦科技学院教授恩斯特（Richard Ernst）因创造出福传式核磁共振光谱仪，增速解析分子组成结构研究而得奖。他也是外子在哈佛结识的研究同行。

谈起读书治学，他有些腼腆地说："我从小就不喜欢死读书，只热衷科学方面的书籍。"他父亲是位建筑师，叔叔是化学家，所以酝酿了从年轻就爱读化学书的喜好，也有机会学着做些实验，然而真上了化学系，才明了其实化学的许多方面是不能跳脱记诵的范畴的。对他这思想活络的年轻人而言，是索然无味的，因而特别选了物理化学。

恩斯特认为对他影响最大的书是20世纪40年代山谬·格拉顿（Samual Glast-one）所写的几本物理化学。

获得诺奖后，他所受关注陡然增多，许多旧年往事也被翻出来。比如少年时不读死书，颇调皮；高中时还曾在课堂上，拿面镜子把阳光反射在墙壁上照来照去，搅得老师不胜其烦，要求他父亲要好好管教，不然就勒令其退学。此事在他故乡苏黎世北郊工业城温特突地方报纸上喧腾了几日。

回头看现在的大学生，他认为用功的不多，真想读书的又过于死板，都不是他的理想。早年他对音乐感兴趣，常拉大提琴自娱。现在则很少，想把大提琴送给我们。

后来他慧眼独具地欣赏中国藏族的宗教艺术，看这方面的书。由香港、印度、中国各地搜集而来的一壁壁陈列，其中有好几十幅有浓厚宗教气息的西藏画和艺术性很高的相关器物，他还亲手制框裱起来，功夫之巧比诸在行在业者，毫不稍逊，曾获邀在巴黎展出，令人叹为观止！

卡普拉斯

2013年的诺贝尔化学奖颁给了三位用计算机仿真分子化学反应的先驱者。第一位是同在哈佛大学化学及化学生物学系以及法国斯特拉斯堡大学任教的马丁·卡普拉斯（Martin Karplus），第二位是任教于美国斯坦福大学医学院的迈可·列维特，第三位是任教于美国南加州大学的阿里耶·瓦舍尔。这三位当中，马丁·卡普拉斯年纪最长，也算是其他两位的老师。但是另两位在受教于他前，就已经在这题目上踏出了重要的一步，所以，瑞典皇家科学院让他们三位平分了这年的化学奖。

1982年，绍光刚从康奈尔大学应邀转任到哈佛大学。一天中午，我们到学校的银行办事，在排队的时候，正好看到前面站着的是卡普拉斯教授。因为绍光的博士导师和他是师兄弟，两人都是在加州理工学院得过两个诺贝尔奖的莱纳斯·鲍林的学生，所以绍光是久闻卡普拉斯教授的名字，而卡普拉斯教授也知道这层关系。外子和他打了个招呼，也给我做了介绍。卡普拉斯教授当时只不过五十出头，但头发已疏，显出宽广的额头，一脸聪明相，他穿着非常随便，一件暗红毛衣套在浅蓝色的衬衫上，卡其裤和便鞋，一点都没有大牌教授的模样，说起话来面带微笑，半漏出几只不太整齐的牙齿，模样让人觉得非常亲切。

初来乍到的绍光的办公室离卡普拉斯教授的办公室不远，与他常会不期而遇，卡普拉斯教授还说在20世纪60年代初他刚到哈佛任教时的办公室就在绍光办公室的隔壁。卡普拉斯教授从年轻开始，就从事有关核磁共振的理论研究，这正是绍光的相关领域。他才二十几岁就导出了一个方程式，用来解释三键外氢原子之间偶合常数与第一、第三键夹角的关系。这个方程式后来被化学家们广泛运用，称为"卡普拉斯方程式"。

他发表这方程式的论文，也成为有史以来被引用最多次的论文之一。所有研究分子构造及分子动态的化学家，都非得用他这方程式不可。绍光早就预测卡普拉斯教授一定会拿到诺贝尔奖。但是一年等过一年，他都还没有轮到。

一回卡普拉斯教授和外子聊天，他告诉外子，不久前他参加了一个学术会议，和学者们在鸡尾酒会上互相介绍，对方听了他的名字吓了一跳说："你就是推导出卡普拉斯方程式的那位？真是难以置信，我还以为卡普拉斯是很老的前辈，已经不在世上了！"

卡普拉斯教授是1930年生在维也纳的犹太人，他祖父是医学院教授，外祖父开了一间私人诊所，其他家族里还有很多人都是当医生的，所以亲友们也认为他将来一定也会成为医生。他有个比他大三岁的哥哥，非常聪明，总是觉得有股压力要逼他步上哥哥的后尘。但他自己已有很强的主见。三岁时被送去上暑期幼儿园，他觉得很没意思，就偷偷地从学校走了一里多的路逃学回家。学校老师发现他不见了，紧张地通知家长，到处寻找都没找到，最后才发现他在家里。他妈妈虽然急得要死，却没有很严厉责骂他，竟然还答应他不再去上那幼儿园。还有，保姆叫他要把盘子里的菠菜吃完，他不喜欢，就把一汤匙的菠菜往上扔，印在天花板一摊绿渍，久久不消。

1938年奥地利在亲德派当政后开始排斥犹太人。许多犹太人就开始了逃亡的日子，就像电影《真善美》里描述的情景，他们准备举家逃到瑞士。但临行前，爸爸却被关进牢里，只有母亲、哥哥和他成功逃离。后来靠着早年就移居美国波士顿、担任美国通用无线电公司总裁的伯父的担保和安排，他们花了几个月时间，辗转经由法国移民到美国。令他惊喜的是，在上船前的几天，爸爸突然现身。1938年10月8日，当船驶进纽约港，远远望见在雾中的自由女神像，那种心情，他至今都难以忘怀。一登岸，他们就立刻搭上火车前往波士顿。

到了波士顿时，他们不再是生活优渥的富有家庭了。爸爸得当修理工，妈妈帮人烧饭、打扫，才能养家。他也从三年级插班。

初中后，与朋友到波士顿市立图书馆听一系列有关鸟类识别的演讲，激起了他浓厚的兴趣。从此，他就常常拿着父亲的望远镜，到住家附近的林子里，或是牛顿城墓园里寻找各种鸟类，还找机会参加爱鸟社团的野外活动。高中时，他还以对鸟类的研究为题，赢得极负盛名的西屋奖。凭着这西屋奖和优异的学业成绩，他申请到哈佛大学；当时他非常有自信，就只申请了哈佛，并且得到国家奖学金，足够负担他大学住校的费用。

此后，可说是一帆风顺，他在加州理工学院拿到博士学位，到牛津大学做博士后，到香槟城的伊利诺伊大学和哥伦比亚大学任教，得到永久聘书，1966年回到哈佛大学当正教授。他的研究成果非凡，获无数大奖，2013年终于得到了最高荣誉诺贝尔化学奖。

1982年卡普拉斯的原配苏姗过世，留下一双聪明的女儿。随后续娶了跟他多年的秘书玛霞，又生了一个儿子。两个女儿后来都成了医生，也算是补偿亲友们多年来对他的期望。

他的学生和加入过他的团队的学者总共不下两百人。就像他的博士导师鲍林教授一样，他总是尽量提供让学生发挥自己理念的空间，和与其他组的人相互切磋的环境。学生当中有许多已成为名校教授或是研究机构的领导，真可谓是桃李满天下！

霍夫曼

罗德·霍夫曼（Roald Hoffmann），1981年诺贝尔化学奖得主，因通过前线轨道理论和分子轨道对称守恒原理来解释化学反应的发生而获奖。

他是外子在康奈尔大学化学系时的同事和系主任。我们在哈佛大学的三十年中他也常常来访。

犹记得在个喧闹的宴会，他淡淡地对我说："以一个自十一岁就移民美国的波兰裔犹太人来说，我是太不美国化了。"

看他不太合身的衬衫西裤和寡言不迎合的态度，我了解地认为他恰好为梭罗所说的"高超的思想，往往产生于单纯的生活"下了个很好的脚注。虽然，他这种不擅社交人缘较少的情商EQ，差点使康奈尔大学化学系在1969年前后不评给他终身教授，但他依旧不改其安于朴实的读书研究生活。

当年纳粹占领波兰，杀机笼罩整个犹太村，成人儿童几乎被杀绝，父母将他"束之高阁"，在乡间的农家阁楼顶，他度过靠隙缝透入阳光才能读书的童年。后来幸免于难，辗转来到美国。

早在1962年，他刚由哈佛大学随利普斯科姆教授读了博士，就成为伍德华（Robert Woodward）的研究员。他应用分子轨道理论预测化学反应，导出著名的"伍德华·霍夫曼规则"（边际轨域理论），在1966年之后的十年中，被引用多达八千次，迅速进入化学论文被引用次数最多的前十名，也在1971年印出由"边际轨域理论"发展成的《分子轨域对称守恒》一书，被广泛地运用到化学、医学等学术领域及工业界的有机和无机化学合成，这是他获奖的主因。

忆起得奖那天早晨，他刚把一只漏气的脚踏车胎打足了气，进屋把腿裤夹上夹子，准备轻装简行骑车到康奈尔大学教课，听见晨间新闻，将他的名字播错为"罗讷德·霍夫曼"。

他少年得志，四十岁出头就得了诺贝尔奖，他说："就某些观点言，科学就像文学；科学家就像诗人赋诗。"依他的说法，字句和现象都早已存在，文学家只是组字逐句，将观念用不同的方式表达出来，科学家也一样，他与伍德华结合智慧，以适当的图画文字，将稍早日本人富井谦一的规则清晰表明，融会有机和无机，贯通实验理论化学，得奖实非出人意料。

霍夫曼教授通晓多国语文，喜爱写诗，早年颇想研究艺术史，对于年轻人，诚挚地鼓励："各人把稳单纯耕耘的方向，勤朴终将收获！"

利普斯科姆

夜宴邻座的威廉·利普斯科姆教授，是1959年开始在哈佛大学任教的。

这位老人家，当年是早由哈佛化学系退休的老教授，曾对我回忆起中学时念过一本发明家汤姆·史威特（Tom Swift）的书，大获启发；十三岁时做音乐家的妈妈给他买了一套吉尔伯特（Gilbert）化学实验用具，他就开始了在屋里做化学实验的日子。药用尽，就利用爸爸做医生的方便，去药房采买，陆续订购其他仪器。

进高中，他发现肯塔基的乡下学校所拥有的化学设备，还不如他自用的完善，就将自己的捐出来给学校，化学老师特准他不用听讲，可以独个在教室后边做实验，不时还要他协助教课；只有考试时，他才像一般学生作答如仪，出类拔萃地走过那段时光。

那时，他最喜欢读的两本书，一本是艾伯特（Abbott）的《平地》，描写四度空间及爱因斯坦的相对论；另一本是克罗（A. Carrell）的《人类未知》，述及人类未知的医学上问题。

化学之外，由于母亲的陶冶，家中姐妹都会弹奏乐器，钻研音乐书。他也不例外，能拉小提琴，更偏爱吹黑管。

他对天文物理也有极浓厚的兴趣，常往肯塔基大学天文台观察星象。那时教天文和数学的道宁（Downing）送他一本贝克著的天文学教科书，令他深有体悟。

利普斯科姆教授主张学生要开拓广大的视野，勿钻牛角尖，所以他一直跨几门不同的学科：化学、物理、生物……常扼要地说"遇到问题，没有得到答案之前，决不放弃"！

对年轻人，他主张给多一点机会指点路线，不要太早改变他们，有人一辈子都不容易改变，多给他们信心最为重要。

他们之中赫施巴赫最擅巧妙的推崇，记得他主持合作研究者李远哲教授的演讲会：在紧接餐会的哈佛讲座演说时，介绍李先生出场，他很别致地先放了一段柴可夫斯基的《1812年序曲》，赞赏李先生的实验，做得像柴可夫斯基的作曲一样伟大。并且明了李先生的嗜好，代表哈佛化学系里送李先生一件红色的棒球衣，请他穿上演说。那场化学专题演讲，搭配得异趣横生，令人难以忘怀。

那夜的颂诗，既诙谐又华美，赫施巴赫在掌声中完成朗诵！

利普斯科姆教授对我说："他非但诗写得不错，提琴也拉得好！"又对外子说："你说我们系中该不该组个室内乐团？""对啊！你的小提琴、赫施巴赫的大提琴，外加戈顿的钢琴……"他瘦瘦高高的，不像其他教授打着红、黑领结，或色彩庄严的领带，每次宴会，最喜欢打着有如西部牛仔式样的带状花蝴蝶结，是他的衣着特色。要说赫施巴赫像肖恩·康纳利那样遒劲挺拔，那么利普斯科姆就像西部老牌明星加里·库珀，但又白皙文弱得多。

举座酣畅，不知怎么就想念起1965年以有机合成得奖的伍德华（Robert Woodward）的墓地。伍德华在1979年过世，葬在奥本山百年文化古坟场，新辟的墓地似乎特别阴郁……正惶恐他们情绪陷入玄秘，想转话题，了结这番生死契阔的追怀，幸好科里过来道谢：谢谢我俩在他得奖当天就由欧洲电传贺词。那天我伴外子正在瑞士开会，火车上看到日内瓦德文报上的这则喜讯，我俩都为这位极亲和的前辈同事兴奋不已，也感念外子刚被哈佛从康奈尔挖角搬家来时他的古道热肠，于是立传贺忱。

哈佛大学的诺贝尔奖得主，历年已超过五十位，如2007年和平奖得主戈尔副总统，他也是小说和电影《爱情故事》男主角的原型，大学本科就与汤米·李·琼斯（Tommy Lee Jones）和作者西格尔（Erich Segal）同宿舍，主角糅合了两位的个性……这还不算上哈佛法学院出身2009年诺贝尔和平奖得主奥巴马等。

散席前宽颇太太传来两盆花饰，利普斯科姆立刻周到地接下，捧一盆给我："祝你今夜愉快！另一盆就带回去，给我的太太。"他们老夫妇曾领养了一个十八个月大的中国女孩。

儒家思想中有"智者利仁，仁者安仁"的说法，他们这几位科学智者，似乎亦度向仁者的境界。他们也给后辈留下深刻的指点："不要相信天才或捷径，唯有下功夫一途。""人类的知识，虽经过千百年的累积，至今仍十分有限，所以学者需要探索……"

在暗夜之中，我瞬间剔透起来，猛然有悟，哈佛的这些位诺贝尔奖得主，胸襟既不狭窄，对万丈红尘也非漠不关心，更未傲然地以千秋万世之不朽者自居，反之，他们可亲而热切的关怀，绝不只在人人盛赞的科学表象，衷心激赏他们人生智慧的涵养，正暖暖含光地益发显得深彻邃远。

哈佛三百七十五周年庆散记

哈佛大学生日快乐！三百七十五年！

哈佛大学庆祝三百七十五周年大生日！庆典选在2011年10月14日傍晚开始，始料未及，天不作美，竟在大雨滂沱、千万伞下，于常行毕业典礼的三百周年纪念露天剧场举办！

哈佛是美国最先创建的学院，最负盛名的大学。1636年自英移民来的清教徒，才登陆普利茅斯港十六年，捐头羊、献匹布为建学院。依次再有成立于1693年的威廉玛丽—弗吉尼亚大学的首所学院；耶鲁设立于1701年；宾夕法尼亚大学创建于1740年；哥伦比亚大学于1754年开创……

上回庆祝哈佛三百五十周年，我还是手推婴儿的少妇，如今儿女皆长成。精神今非昔比，但还是与一同任职哈佛核磁共振实验室及贵重仪器中心主任的外子，冒雨去参与这全校师生的同庆，激赏学生的表演，心疼他们在课业繁忙，雨水汹涌有如淋浴当中，赤足依然再三滑倒还见受伤的情况下，坚忍到底。在中场之后雨势方歇，发现双脚久浸校园的泥水草地中，皮鞋几乎报销，但见人潮依然此消彼长不断，上万群众热舞酣歌狂欢至午夜，真是淋漓尽致。

但开场时，雨下如注，地动树摇，狂乱得仿佛任何东西都运作失灵，表演竟是暗夜上场，舞台无声配乐——水淹损了预设的灯光音响，后幸修复；无法挤出重围去听早已盛传的演讲树，灵还是不灵——哈佛老园装置了十棵会做演讲的树重现罗斯福、丘吉尔、特里萨修女、比尔·盖茨、J.K.罗琳、戈尔、肯尼迪等人的演讲，凡世界知名人物曾来哈佛做过演讲者，均有录音播送。

放眼望去，只见合唱团和瑞克利夫交响乐团；接着是名震中外的1976年毕业生大提琴家马友友，在佛斯特（Faust）校长、贺蒙（Hammonds）院长的伴同之下，不负使命地精彩演奏巴赫以及生日快乐歌等，全场齐声高唱，high到极点的效果应不失色；还有前后连续举办的演讲和展览，都毫不受干扰。校长为哈佛许愿三桩：哈佛要让所有毕业生都有骄傲的美好未来，全体哈佛人能够实现教书研究、扩展新知的目标，哈佛大学能够持续保有其开放平等的入学机会。

哈佛周年蛋糕负责人为台湾后裔张柔安（Joanne Chang），1991年哈佛毕业的高才生，曾主修应用数学和经济，但爱上做糕饼，旁人点石成金，她能点面粉成金，忠于兴趣由商转行成糕点女王，在波士顿有三家面粉烘焙店，还与Christie Matheson合作，出版了《面粉：波士顿面粉烘焙店的壮观食谱》（2010）一书。

据张柔安的创意，将烤成哈佛英文首字H形状的哈佛殷红的大蛋糕，切给整个哈佛园黑压压的人尽情分享，用278磅牛油、1000个蛋、1290杯糖、1100杯蛋糕粉、16加仑酪乳、125杯可可粉、25杯盐、24杯香草精和16加仑法式酸奶制成的大蛋糕由赖克利夫学院的院长柯亨（Lizabeth Cohen）以大刀切开第一刀后，与观众同享。

哈佛现能狂庆，与校务基金当时多达三百二十亿美元，比以前捐的还增多四十亿，大概多少也有关系。哈佛拥有世界上任何大学都比不上的财源，目空一切，高达亿万的基金，就是各界对哈佛大学的信赖，人才济济更是擅长基金投资，近年来投资基金总数也日渐上扬。

从长远来看，除却名与利这两艘船来船往之外，三百七十五年的哈佛大学，生机勃勃地开启了无数极有意义的超越，还依然继续。真的非常值得全体人类的深思。

作者小传

张凤　Ms Chang, Phong

张凤生于台北近郊淡水，为台湾师大历史学士及密歇根州立大学历史硕士。著有《哈佛心影录》（台北麦田出版社，1995）、《哈佛哈佛》（台北九歌出版社，1998）、《域外著名华文女作家散文自选集——哈佛采微》（陕西人民出版社，1998）、《哈佛心影录》（上海文艺出版社，2000）、《哈佛缘》（广西师范大学出版社，2004）、《一头栽进哈佛》（台北九歌出版社，2006）、《哈佛问学录》（重庆出版社，2015）等作品。

张凤为哈佛中国文化工作坊主持人，主持组织百场文学、文化会议。她曾在哈佛燕京图书馆编目组任职二十五年，对哈佛汉学人物近百年的文化思想深有研究。她对戈鲲化、赵元任、赵如兰、鹿桥、叶嘉莹、夏志清、张光直、张爱玲、杜维明、李欧梵、孙康宜、王德威、李惠仪、汪悦进、田晓菲等人物的研究，概括了哈佛大学三十多年的传记思想史研究。

张凤现任北美华文作家协会秘书长、常务理事，以及北美华文作家协会纽英伦分会创会会长、现任分会会长，持续应邀前往各地作协、社科院及北京大学、清华大学、南开大学、北京师范大学、复旦大学、南京大学、浙江大学、吉林大学、黑龙江大学、苏州大学、中山大学、暨南大学、山东大学、青岛海洋大学、武汉大学、上海财经大学、上海外国语大学、广西师范大学等内地学校演讲，其中也包括港台地区的台湾大学、台湾师范大学、台湾政治大学、台湾"清华大学"、香港中文大学等学校，并接受网络广播、电视电台等各种媒体的采访。

张凤现再度担任海外华文女作家协会审核委员、曾任《女性人》杂志编辑委员、哈佛中国文化研讨会主持人、大波士顿区中华文化协会艺文小集首任召集人、纽英伦中华专业人员协会副会长和人文组召集人、北美康州科技人文交流会人文组召集人、剑桥新语社联络人、文复会委员等职务，并被列入世界国际文化文学名人录等，其作品入选陕西人民出版社域外著名华文女作家散文自选集，北美有聂华苓、赵淑侠、张秀亚等人，域外仅十本；以及河南大象出版社《世界（纪）华人学者散文大系》，北美有夏志清、张光直、张秀亚、叶嘉莹、杨牧、琦君、庄因、陈之藩、许倬云、孙康宜、张系国、喻丽清、程步奎等，张凤的作品入世界书局畅销书榜；她也曾为《联合报》《侨报周刊》文学副刊写专栏。2010年及2011年连续荣获台湾资策会第三、第四届文学艺术和文学创艺类博客百杰奖。

张凤所学为历史，具有史家天生使命感，以独特的经验，撷取第一手资料撰写的文章在两岸的《联合报》《星岛日报》《侨报》等报纸，《汉学研究通讯》《联合文学》《传记文学》《文讯》《皇冠》《明道文艺》《中国时报》《大公报》《参考消息》《人民文学》《文艺报》《文汇报》《青年报》《新华文摘》《读书》《华文文学》《寻根》《文史哲》《台港文学选刊》《明报月刊》《亚洲周刊》《二十一世纪》《香港作家》以及 Resource（哈佛大学校报之一）等期刊；北大新青年北大讲座、台大图书馆网页、清华大学新闻网、北师大新闻在线、侨报网、新浪网、网易、凤凰网、中国网、光明网、人民网、搜狐网、中国日报网、腾讯网、中新网、人民日报（海外版）等网络媒体都有评论或刊载。

评论认为：其"以灵动的笔触，生花妙笔写哈佛。对人物、一草一木都了如指掌，如数家珍，展现栩栩如生、鲜活的特色，文笔深情绵邈，显示出文学与历史的双重魅力，可诵可赞为历史补白"，更领先为我们展示了清新智慧与卓越成就的哈佛。她以史家的冷峻、作家的温暖，用具有中国美学历史韵味的文字根底，在极其纵横深入的领域表达独特的认知世界，体现了哈佛与中国绵长的历史渊源，她的哈佛书写已是总体哈佛的有机组成，引领潮流，又十分出众。

其报道文学思想史尤为受人关注，被评为：这是北美第一部华人"学术因缘"的传述，是为承《史记》的余绪，为"文化中国"招魂，为论介研究华裔学者专精思想最具原创性的合传思想史，达到深层次的艺术概括和时代本质的揭示，以永恒的真诚，严谨且生动呈现，将如日中天一时之选的社会精英风貌动人显影。写作用语有分寸，笔锋常带感情。其作品成功之处，在于给人以历史感、文化感、民族性，为近年来少有的独具慧眼与创见的作家。

跋

本书是我到哈佛大学三十多年，参与筹划或主持文学文化演讲有感而发的一点研究和书写。能有此因缘，还得先谢我的另一半黄绍光博士，以及三个儿女宁儿、远儿、扬儿。随着绍光在哈佛化学及化学生物系担任核磁共振实验室及贵重仪器中心主任，独当一面，我才会长留哈佛，并得到这么多贵人相助。

我更应感激先严张青阳先生的栽培、先慈陈锦女士和公婆的支持，让我以文史为抉择，并谢谢弟弟张居正教授——先在纽约大学，现任教于得州贝勒大学医学院——与我多年的切磋。

自台湾师范大学历史系毕业，教书再深造，舍爱荷华大学而往密歇根州立大学研究20世纪前半叶中俄关系人物史等，我对历史人物的兴趣一直很浓厚。本作品的书写论述是我对人物与历史兴趣的延展。由康奈尔大学到哈佛大学，随家迁徙工作，能在稍尽妻子母亲女儿媳妇的职责之余，再迈出这艰难的步子，实不是三更灯火五更鸡就能道尽的辛酸。

将心比心，我看风光人物，绝不仅瞥浮面的幸运，尤其仰慕他们深层的孤怀幽抱。对这些文化和文学人物评介书写，我有幸能得两岸主编们的鼓励重视，当年《中央日报》（台湾）的梅新、胡有瑞、古蒙仁、林黛嫚；《联合报》（台湾）系从张宝琴、郑愁予到痖弦、陈义芝、苏伟贞、田新彬、宇文正、吴婉如、周匀之等；又有方鹏程、蔡文甫、陈素芳、钟惠民、蔡素芬、孙梓评、吕红诸位，尤其是鞭策我的最大动力。从《文讯》（台湾）早期的李瑞腾到现在的封德屏、杜秀卿也都应该感谢。跨过海去，要感谢上海文艺的陈先法主任、广西师范大学出版社何林夏董事长和罗文波,以及陕西人民出版社何大凡、李向晨等同仁;三联《读书》杂志前总编辑沈昌文先生以及再选刊的《新华文摘》;也感谢香港《二十一世纪》的陈方正等人,《明报》系统的潘耀明以及前《明报》系统《亚洲周刊》后来哈佛大学的马小鹤等人的邀稿。

此外,持续研究的文学人物如聂华苓、赵淑侠、赵淑敏、陈若曦、白先勇、欧阳子、张系国、郑愁予、张错、夏烈、庄因、琦君、徐薏蓝、施叔青、李黎、朱小燕、喻丽清、陈少聪、刘大任、李渝、韩秀、吴玲瑶、纪刚、王鼎钧、非马、石地夫、黄美之、伊犁、荆棘、周芬娜、黄娟和在台的符兆祥等师友,特别是林毓生、齐邦媛、柯庆明、张淑香、张维安、王润华、鹿桥(吴讷孙)等教授都以前辈先进的经验,教我鼓舞我。后来创作了《巨流河》的齐教授早先还托王德威教授带来吴鲁芹老的《英美十六家》,给我做范本,不免令我如临渊履冰,更加谨慎,在现实的狂澜下,企望呈现一部分时代的风骨。

胡适、林语堂等和"五四"学者皆鼓励大小人物记传,认为这是一般人保存当代史料最好的方法,也是知识分子对文化应尽的责任。然而今日流行的传主,多是政治人物、经济人物、影艺人物。对学术人物的论介,凤毛麟角。但我们只要回过头去看,又有谁还记得托尔斯泰时期的帝王,或者与司马迁同时的富贾?故本书是以我在哈佛三十多年间所遇的先后在此任教或受邀来访演讲的学术人物和出身哈佛大学之人物为主。大多文稿完成后,均经传主亲阅指正,再授权发表。

在哈佛大学,也许我算是一个游山游得稍微长一点的旅人。现只认真地做起山边河畔的舟子,诚挚地载起心悦的点滴,我以轻舟摆渡,载不动的更不知有多少,遗珠之憾自然难免,但仍盼将来。

原北大主管人文教学的副校长、历史系主任何芳川生前推荐我所写文字,他的学生侯颖丽博士(于北京大学美国研究中心)到哈佛大学研究时,告诉我这件事,这才知道在北大除熟悉的知友名教授外,还曾有这样一位来不及认识的知音。写下"你是人间的四月天"的林徽因曾提过:"我们的作品会不会长存下去,就看它们会不会在那些我们从来不认识的人——我们作品的读者，散在各时、各处互不认识的孤单的人的心里。"能以书写的内涵，受到各地知识界认识或不认识之人的看重，对于屡历艰危病痛——十三年亲侍母病，日夜辗转在老人家失智症病房中，依然坚持惦记写作的我来说，这真是最大的安慰！

衷心感激书中所写的诸位良师益友，没有他们的相助，不可能有这本书。感谢在京沪鼎力相助的刘孝廷、张秀华、高毅、欧阳哲生、张重岗、陈汝东、刘璐、刘树森、高峰枫、王一川、朱青生、李庆本、梁景和、王红旗、李玲、江湄、姜云飞、陈思和、徐志啸、李楠、张业松、陈引驰、查明建、雷启立、顾红亮、徐兴无、刘俊、张志强、孙笑侠、李学尧、蒋红珍诸位教授，以及重庆出版集团的诸位编辑；更特别感谢哈佛大学哈佛燕京中国历史哲学与儒学讲座教授现任北京大学高等人文研究院院长的杜维明和王德威教授所作的序；叶嘉莹、孙康宜等诸位教授，对此书一向爱护。担任哈佛大学汉德升中国文学讲座教授的王德威和哥伦比亚大学的夏志清教授，还特别为中英书名费心。"若有知音见采，不辞遍唱阳春"，马遇伯乐，人逢知己，当铭肺腑，仅以此书献给诸位，聊表谢忱。

作者近照

中国的哈佛同学会1936年赠送哈佛一尊似狮似麟的驼碑吉兽华表，立于博斯屯馆前，此馆是哈佛燕京（汉和）图书馆和东亚系原址。

哈佛燕京图书馆前的石狮，已经成为通往哈佛大学东亚研究中心的象征。

哈佛大学东亚系的大理石台阶，左后方为常常开会的18号教室，为张凤所称的"哈佛燕京大礼堂"。

只准步行的威克思纪念桥。桥下有流涡蜿蜒的查尔斯河，春夏满月之夜，就有月夜探戈的美事。此桥通向"黄金打造"的商学院。

戈鲲化1879年被哈佛聘为首任中文教师

摄影：ChristopherHuang
www.christopherhuang.com

哈佛园中的"约翰·哈佛"塑像。
雕像底座上刻有"约翰·哈佛，建校者，1638年"。其实这个雕像既不是约翰·哈佛本人，约翰·哈佛也不是哈佛的创始人，年代也应该为1636年，故而"三个谎言的雕像"之称不胫而走。

摄影：ChristopherHuang
www.christopherhuang.com

（右起为）张凤、赵如兰、夏志清、杜维明、周欣平同受邀请参与李又宁教授在纽约召开的华族对美国的贡献国际大会。（2000）

叶嘉莹九十岁寿宴。(前排左起为张凤、台大潘美月教授、叶嘉莹教授，后排左起为曾淑贤博士）

叶嘉莹教授哈佛演讲会。（2008）
（左起为叶嘉莹、李惠仪、田晓菲、张凤）

1999年，杜维明社长主持研讨会。
（前排右起为周匀之、张凤、崔蓉芝、杜维明，以及黄万盛夫妇、陈楚年以及与会的媒体编辑等人）

（右起为）北大历史系高毅教授（现任系主任）、香港城市大学中国文化中心主任郑培凯教授以及张凤、黄娟、萧蔚、陈志清、赵锺英等人在哈佛参加中华专业人员协会会议。

孙康宜教授与张凤在康州召开的文化大会合影。
（左起为蒲若茜、孙康宜、钟秀玲、张凤、俞淳。）

韩南、李渝、张凤、陈东荣受王德威（最右）邀请在哥大召开向夏济安、夏志清昆仲致敬的国际会议上演讲。（2005）

参加美东中文学校年会演讲。
（左起为张凤、台益坚及赵如兰、卞学镄伉俪）

开车带陈子善（左）、廖炳惠（右）拜访《未央歌》的作者艺术史家鹿桥（吴讷孙）教授。

张凤将韩南教授交托的张爱玲家传绣荷包,赠与加大伯克莱东亚图书馆,由周欣平馆长接收。

鹿桥领张凤参观他在圣鹿邑的主卧室(他亲笔在墙壁上写满了《易经》)。

哈佛大学校长佛斯特与张凤在盛会中交谈。(2007)